梦溪笔谈

〔北宋〕沈括 撰
金良年 点校

中華書局

图书在版编目(CIP)数据

梦溪笔谈/(北宋)沈括撰;金良年点校. —北京:中华书局,2020.12
ISBN 978-7-101-14924-1

Ⅰ.梦… Ⅱ.①沈…②金… Ⅲ.笔记-中国-北宋
Ⅳ.Z429.441

中国版本图书馆 CIP 数据核字(2020)第 227168 号

书　　名　梦溪笔谈
撰　　者　〔北宋〕沈　括
点 校 者　金良年
责任编辑　许庆江
出版发行　中华书局
(北京市丰台区太平桥西里 38 号　100073)
http://www.zhbc.com.cn
E-mail:zhbc@zhbc.com.cn
印　　刷　北京瑞古冠中印刷厂
版　　次　2020 年 12 月北京第 1 版
2020 年 12 月北京第 1 次印刷
规　　格　开本/880×1230 毫米　1/32
印张 11　插页 2　字数 280 千字
印　　数　1-4000 册
国际书号　ISBN 978-7-101-14924-1
定　　价　38.00 元

目　录

点校前言

梦溪笔谈是宋代著名的史料笔记之一，关于该书及其作者沈括，有关的介绍和研究很多，因此，在这里就摒弃一般性概述，仅就卷数与版本，以及本次整理需要说明的一些问题，略作述说。

一、关于卷数与版本

传世的梦溪笔谈均为二十六卷本，且皆出于南宋乾道二年（一一六六年）汤脩年扬州州学刊本。沈括去世于北宋绍圣初，下距汤脩年刊刻此书约七十年，汤序称"此书公库旧有之"，其刊显然是覆刻，因此，一般认为此书应有北宋刊本。

到了明代万历中，陈继儒辑刻宝颜堂秘笈的汇笈编中印有梦溪补笔谈二卷，由于汇笈编又名陈眉公家藏汇秘笈，一般称这个补笔谈本子为汇秘笈本。同时代的商濬辑刻稗海，在重印时也收入了补笔谈，并增加了续笔谈十一条，与汇秘笈本有所不同的是，稗海的补笔谈不分卷。这两种二十六卷之外的补与续，除了稗海本在续笔谈书题下注称“张设安正本有之，安正云传自梦溪之子博毅”，交代了其来源外，首印补笔谈的汇秘笈本却毫无说明。对于补笔谈，道静老师在新校正梦溪笔谈的校点说明中，有以下的简要考订：

> 沈括撰成梦溪笔谈以后，又写了些补稿，经他自己或后人编成补笔谈。在北宋人的著作里，我们还没有发现引用补笔谈的，南宋人和元人著作中，已有引用，但颇少见，大约当时传播也不广，不像梦溪笔谈那样普遍。当时流传的补笔谈，在传钞本而外，是否有刻本，也缺乏资料来说明它。

关于补笔谈“南宋人和元人著作中，已有引用，但颇少见”，在梦溪笔谈校证的引言中有这样的说明：

> 补笔谈是较后出来的，续笔谈最后问世。宋人笔记、文集、史籍、类书中引用笔谈的很多，引补笔谈的却很少（现在检查到的，只李焘的续资治通鉴长编和程大昌的演繁露引过），续笔谈则还没有见到引过。……尤袤的遂初堂书目才有续笔谈，那已在南宋较晚的时期了。

在经过对笔谈持续研究半个世纪后的今天，再来看道静老师的上述论断，虽然基本正确，但需要作一些补充。

其一，续笔谈有南宋人引用过，邵氏闻见后录卷一九中有一条说：

夔峡之人，岁正月十百为曹，设牲酒于田间，已而众操兵大噪，谓之“养乌鬼”。长老言，地近乌蛮战场，多与人为厉，用以禳之。沈存中疑少陵“家家养乌鬼”，其自也。疏诗者乃以鸬鹚别名乌鬼。予往来夔峡间，问其人，如存中之言，鸬鹚亦无别名。

其中“夔峡之人”至“用以禳之”这一段文字，又见于续笔谈（第六〇一条），据其下谓“沈存中疑少陵”云云，上述文字显然引自续笔谈。闻见后录的序末称“绍兴二十七年三月一日河南邵博序”，则续笔谈在南宋初年已经流传于世。

其二，今本补笔谈、续笔谈的名称，是明代刻书时所题，南宋至万历以前，梦溪笔谈补编的名称并不固定。朱熹的父亲朱松有芍药诗二首，其第二首云“舞困春风睡思深，东君更与缠腰金。颓檐醉慰花应笑，那有当年幕客心”，末句有小注：“事见续笔谈。”所指即补笔谈（第五七〇条）。朱熹语类有二处引及续笔谈，也都在今本补笔谈中。同样是南宋初年人的程大昌，在考古编卷九书后谨空条所引，则称补笔谈。由此，尤袤遂初堂书目所录的续笔谈，与明文渊阁书目所录一部一册的补笔谈，恐怕是同一部书。称“补”者，或因其条前批语称“补某卷某件”而来，而称“续”者，则因其是正编以外的内容而来。因此，“尤袤的遂初堂书目才有续笔谈”的说法应该修正。

那么，这部自南宋以来传钞的续笔谈或补笔谈中，是否包括了今本续笔谈的内容呢？现在没有确凿的证据，依理度之应该是有的，理由是，南宋初年邵博就引用了续笔谈中的内容，他所见到的传钞本与朱熹家传的钞本应该同出一源。复次，稗海本续笔谈书题注称“张设安正本有之，安正云传自梦溪之子博毅”，所谓“张设安正本有之”，应该是说张某人的笔谈补编本包括了补、续两个部分的内容，这个本子既然“传自梦溪之子博毅”，可以推想南宋以来传钞的续笔谈或补笔谈，也都应该如此。陈继儒所得到的，可能是一个阙失最后十一条的残本（这一点，从该本卷首第一条残阙，及编内多阙文，亦可得到印证）。至于补笔谈的二卷，大概也是陈继儒所分，原本应该是不分卷的，稗海本重刻时合并为一卷，盖从旧本也。

补笔谈的刊印问世，牵出了梦溪笔谈正本的卷数问题。在汇秘笈本补笔谈的一些条目前有“补某卷某件”的批语，最后四条批语分别补及第二十七至三十卷，补三十卷的批语还录有该卷的标题“药议二”，而传世二十六卷本中的药议只占一卷。崇祯初重刊笔谈的马元调认为：

> 世所传补笔谈，每篇首必题所补之卷……似非后人所得而创，其为旧本无疑。原书二十六卷，不补者十，馀各有补。今以其书考之多不合……盖古人之书原无定卷，即以笔谈言之，通考二十六卷，今所行者是，宋史则二十五卷，郑樵通志艺文略则二十卷，分并不恒有如此者。世所传补卷第既与通考不合，而宋史、通志之所载卷第各别，今皆不传，又不知其孰补，此吾所以放笔而为之更定也。

清乾隆年间编纂四库全书，所收笔谈据汇秘笈本著录，馆臣提要针对马元调的议论称：

宋史艺文志颠倒舛讹，触目皆是，其二十五卷之说，原可置之不论。至通志二十卷之说，则疑括初本实三十卷，郑樵据以著录，因辗转传刻，阙其一笔，故误"三"为"二"。其后勒著定本，定为二十六卷，乾道二年汤脩年据以校刻，颇为完善，遂相承至今。而所谓补笔谈、续笔谈者，则乾道本原未载，或稿本流传，藏弆者欲为散附各卷，逐条标识，其所据者仍是三十卷之初本，故所标有二十七卷、三十卷之目，实非括之所自题，分类颠舛固不足异也。然传刻古书当阙所疑，故今仍用原本，以存其旧，而附订其舛异如右。

嘉庆年间将笔谈正续编刊入学津讨原的张海鹏则认为：

今补编既有三十卷之目，安知笔谈初本之不原为三十卷，而后经重订者乎？且考原书分卷多寡不均，如乐律、象数之多至二十馀条，艺文之少至三条，则此二十六卷之目，其真出存中之手，未敢遽必也。今试分乐律、象数、杂志之二为三，异事、药议之一为二，并艺文之三为二，则适合三十卷之数，而其先后次第亦悉符所补之目，惟"纳甲"一条错入乐律中耳。即谓未必尽然，而疑以传疑，似亦无庸执彼以废此也。恭读四库提要，亦疑括书或原作三十卷，而以旧本著录，窃幸管窥有合。

道光年间的张文虎以为提要“说似矣，而犹未尽”：

窃意当日随笔纪述，略依类比，厘为三十卷，时自增删，未有定本，故多寡不一。妄人得其一本，横分十七目，为二十六卷，汤脩年见而刻之。昭文张氏谓“二十六卷之目，未必真出自存中手订”，是也。而别本逸出，犹存三十卷之旧，好事者更欲以馀稿分补，遂于各条标识卷第，以类相从。观补笔谈所标，但有卷目，不言某类，可知原书本未尝分类矣。今本卷五乐律一凡二十三叶，卷六乐律二仅四叶，何不并为一卷？卷十四艺文一凡八叶，卷十五艺文二凡九叶，卷十六艺文三仅二叶，何不并为二卷？分卷如此，极为无谓，又可知非著书人原帙也。补笔谈“十二律并清宫”一条与今本卷六第四条止数字不同，其“子午属庚”条首“又一说云”，明承原论纳音条来，馀亦多有与原书复见者。然则当日增删未定，多寡不一，流传稿本各有不同无疑也。……沈氏原书既不可考，今本独行，惟当与补笔谈各存其旧，慎毋以意编纂，使古人胡卢地下也。

以上各家虽议论纷纷，然于批语则一致信从，谓“其为旧本无疑”。既然如此，写这些批语的人——不管是作者本人还是后人，应该是对照了三十卷本才能写出来的。那么，为什么传世本是二十六卷呢？四库提要、张海鹏、张文虎都推测笔谈最初的本子是三十卷，后来才改为二十六卷，然依笔者所见，这个假设很有商榷的馀地。

我们先来看二十六卷本，大家几乎都注意到其各卷篇幅多寡不一的现象，假如后来沈括“勒著定本”，或“妄人得其一本，横分十七目，为二十六卷”，一般不会出现这种现象，因此，这个二十六卷本应该还基本保留了作者稿本的原貌，准确地说，它乃是沈括还没有最后完稿的本子。也正因为是未定稿，归类后凡数量足够一卷的先成卷，所以其各卷多寡不一，而一类分为二三卷者，其最后一卷因留待增补而基本偏少。这个初稿本很可能在沈括生前就已经流传出来了，目前所见到最早征引笔谈的渑水燕谈录有绍圣二年序，一般认为沈括是在这年去世的，那么王辟之应该是在沈括生前得见笔谈的。因为书还没有完成，沈括还续有所作，这些续写的条目分类钞写在另外一个本子或纸条上，积累到一定程度，沈括为自己的著作确定了三十卷的规模，但终因去世而没有完成写作计划。由于二十六卷本已经传钞在外，所以后来刻书者都依这个本子刊印。沈括原计划续增的那部分散札，后来也流传出来，这就是上面说到的南宋以来传钞的续笔谈或补笔谈。所以，笔者认为，笔谈最初的本子应该是二十六卷，后来才计划改为三十卷，而不是相反。

沈括计划中的三十卷本面目，依靠补笔谈条前批语可以基本复原。张海鹏称“今试分乐律、象数、杂志之二为三，异事、药议之一为二，并艺文之三为二，则适合三十卷之数”，这个说法不完全确切，误在异事这一类。张氏大概是见这类数量较多，而认为当多分出一卷，但五七〇条批语为“补第二十三卷二件”，其类属为异事，五七二条批语为“补第二十五卷后一件”，其类属显为讥谑，而二十六卷本这两类之间还有谬误类，则三十卷本的第二十四卷当为此类。再看五七〇条的前一条批语五六七条“补第二十卷后三事”，其类属显为技艺，二十六卷本的技艺与异事之间有器用、神奇二类，则三十卷本的第二十一、二十二卷当为此二类。这样核下来，三十卷本的异事不可能占二卷。笔者认为，在三十卷本中书画当多分出一卷，补笔谈五六二条批语“补第十八卷后五事”，属书画类，再下一条批语就是五六七条的“补第二十卷后三事”，属技艺类，二十六卷本这两类之间没有别的类属，三十卷本的第十九卷应该是什么类呢？是书画的可能性最大，我们可以看一下笔谈全编，凡内容较多的门类，多半属于沈括学识的“强项”，而书画正是沈括的“强项”，他家藏的书画很多，评论也很内行，应该有更多的掌故可谈，至于现在所见补编中的内容加正编还不足二卷，是因为还没有最后完稿的缘故。这样，三十卷本与二十六卷的不同之处是乐律、象数、杂志、书画、药议五类各增加一卷，而艺文则由三卷并为二卷。马元调摒弃条前批语，凭己意把补笔谈的内容按正编类目归纳，“复者削之，疑者阙，厘为三卷”，自以为“粲然可考”，其实全失沈括本旨，违背了“传刻古书当阙所疑”的规则，张文虎说他是“妄作无知”，甚是。

假如上述推测能够成立，那么，我们由此可以得知，沈括的笔谈，无论是三十卷本，还是现存的二十六卷本，其实都是还未最后完成的“未定稿”。这一判断还有一个佐证，那就是今本的续笔谈没有批语。前面提到，传钞的补编应该包括了补、续两个部分的内容，仔细阅读可以发现，续笔谈的十一条其实都是补充艺文类的，而补笔谈的批语中也恰好没有补艺文类的指示，这说明补、续两个部分乃是一个整体。为什么这部分没有批语呢？假如批语出于沈括身后的某个整理者，不会阙略区区十一条不批。这样就只有一个可能，那就是批语就出自沈括本人，这部分稿子已经初步写定且归类，但还没有来得及标明所补卷数而因故中辍。

梦溪笔谈是“未定稿”这个判断，对于我们今天整理笔谈有很重要的指导意义。

二、关于整理的一些说明

读者现在见到的整理本，是笔者二〇〇三年整理本的修订版。众所周知，梦溪笔谈通行的标校整理本是道静老师于一九五七年出版的新校正梦溪笔谈，这个本子依据之前的梦溪笔谈校证约编、修订而成，后来重印过几次，在第三次重印时，道静老师写过一个后记，对这个版本作了一些修订。上世纪八九十年代，笔者在道静老师指导下，先后参预了道静老师主持的梦溪笔谈导读和梦溪笔谈全译的写作，期间积累了一些校勘资料。二〇〇三年正值道静老师九十华诞，因此就在过去积累的基础上做了一个整理本，以为纪念和庆贺。这个整理本与新校正梦溪笔谈最大的不同点，是正编部分采用元大德本为底本。现在看来，这个做法是很可商榷的，因为在笔谈的版本史上，大德本其实并不是新材料，明万历沈氏刊本录有大德本的跋语，参照旧时的刻书惯例，说明该版本就渊源于大德本，当然，能见到原刊本，总比翻刻本要好。但大德本用来作整理底本，其实并不合适，因为其中存在诸多误字和俗体字，当时在实际操作中对这些讹误是略去不出校的，这样，所谓“作为底本”就不是很严格，再加上在排校方面也有一些误字，所以一直想找机会对这些疏误进行修订，来弥补缺憾。

其次，对梦溪笔谈的整理，笔者经常在反思，已有的整理成果，对于底本之是非与立说之是非，似乎并没有严格区分。笔谈作为一部著名的史料笔记，自问世以来引用者众多，这些引用者的异文是否都应该用来校改文本？过去的有些校勘，所校改的文字明显缺乏版本讹误的依据，似乎是在为沈括改稿。虽然笔谈是一个没有经作者最后定稿的文本，我们在整理中有必要做一些“编辑加工”，但这类“加工”应该是审慎而有限度的。基于这一思考，笔者非常希望能通过重新整理来实践上述想法。二〇一一年，笔者承担了道静老师遗稿梦溪笔谈补证稿的整理任务，藉此见到了许多新材料，直接促成了现在这个修订整理本。

对于现在的这个整理本，笔者有以下说明：

一、采用的底本与新校正梦溪笔谈一致，以清光绪中陶氏爱庐本（古书丛刊影印本，简称“爱庐本”）为底本。

参校的其他版本及简称如下：

玉海堂本——一九一六年贵池刘世珩玉海堂覆刻宋乾道二年扬州州学刊本

丛刊本——商务印书馆四部丛刊续编影印明覆宋本

大德本——文物出版社影印元大德九年陈仁子东山书院刊本

弘治本——明弘治八年徐珤刊本

万历本——明万历三十年沈儆炌刊本

稗海本——明万历商濬稗海刊本

汇秘笈本——明万历陈继儒汇秘笈刊本

津逮本——明崇祯毛晋津逮秘书刊本

崇祯本——明崇祯四年马元调刊本

学津本——清嘉庆十年张海鹏学津讨原刊本

除底本与丛刊本、大德本外，汇秘笈本间接采用民国石印本及文渊阁四库全书本，学津本间接采用丛书集成排印本，其他版本的校勘资料皆转引自梦溪笔谈校证与新校正梦溪笔谈。

二、正文的条目编号，因道静老师梦溪笔谈校证、新校正梦溪笔谈的统一编号已为读者惯用，且经覆核并无改动之必要，本整理本全部沿用。惟卷七第一二七条，经仔细研读，应分为二条，现采用条内分段方式表示。条目分合的校记，为省篇幅计，不再列出，需要的读者可查考道静老师上述著作。

三、凡改动底本文字之处，均出校记说明理由，校记附于每卷正文之后。底本中因避讳而被改动的文字，说明理由回改，同样性质的避讳改字，一般只在首次出现时出校，并声明“以下凡遇此例径改，不再出校”。

版本异文，除有参考价值者出异同校外，属于明显讹误的一般不出校。

每条中的语辞，条内如有俗体异写，一般择其中之一在条内径改而不再出校。

刻本中不作严格区别的形近字如“已”、“己”、“巳”，“間”、“閒”之类，及容易混淆的“大”、“太”，“即”、“则”之类，相通的“句”、“勾”，“常”、“尝”之类，以及个别明显的误字，如二十八宿之壁宿作“璧”之类，皆依文义径改而不再出校。

四、校勘主要参考资料、成果及其简称如下：

类苑——江少虞宋朝事实类苑，上海古籍出版社排印本

长编——李焘续资治通鉴长编，中华书局排印本

总龟——阮阅诗话总龟

挥犀——彭乘墨客挥犀

埤雅——陆佃埤雅

九域志——王存等元丰九域志

证类本草——重修政和经史证类备用本草

良方——苏沈内翰良方

胡校——胡道静梦溪笔谈校证、新校正梦溪笔谈

胡补证——胡道静梦溪笔谈补证稿，上海人民出版

社，二〇一一年

陶校——陶福祥校字记（附于爱庐本后）

王秉恩校记——王秉恩校字记（附于玉海堂本后）

张文虎校文——张文虎舒艺室杂著甲编校文

王国维校识——王国维批校（批校于明崇祯马元调刊本上）

钱宝琮校记——钱宝琮明覆宋本梦溪笔谈校勘记、梦溪笔谈"棋局都数"条校释（载宋元数学史论文集，科学出版社，一九六六年）

李群校语——李群梦溪笔谈选读（科学出版社，一九七五年）注释校文

吴以宁说——吴以宁梦溪笔谈辨疑，上海科学技术文献出版社，一九九五年

以上凡未标明版本者，皆采用通行本。

五、校记称"从胡校据某某"改、补、删、乙者，指依从道静老师校勘的结论，至于校改之依据，可能抽换为笔者认为更适当的材料，因此并非完全照录道静老师的校语，凡照录者依例加引号以为区别。

六、本整理本的附录包括以下二项：

汇秘笈本补笔谈的条前批语，爱庐本因另行分类的缘故，全部删去，过去的整理本以出校记的方式录存，为便于读者，现另行汇为"补笔谈条前批语"。

各种版本的序跋及有关提要，择其有参考价值者，汇为"序跋选录"。

七、道静老师梦溪笔谈校证曾将正文中的人物编为索引，甚便读者。笔者二〇〇三年整理本增以典籍、年号，经实际使用，不如人名索引简便实用，因此本整理本仍从道静老师的做法，重编人名索引，附于书末。

八、新校正梦溪笔谈附有道静老师的沈括事略，笔者二〇〇三年整理本因之，考虑到关于沈括的生平概述较为易见，故此次不再附入，而另摘录笔谈所记沈括行迹编制索引。道静老师梦溪笔谈校证的索引其实也编有这部分内容，隶于索引之“沈括”项下。考虑到这部分索引的体例与其他人名索引的体例不一，且篇幅较长，掺杂其中恐影响其他人名的检索，所以本整理本将其附在人名索引的后面。

谨以此书深切纪念业师道静老师，不仅因为本整理本依托于道静老师大量成果的基础之上，还因为笔者之研治笔谈，出于道静老师的认真指导与无私提携。

自　序

予退处林下，深居绝过从，思平日与客言者，时纪一事于笔，则若有所晤言，萧然移日，所与谈者唯笔砚而已，谓之“笔谈”。圣谟国政及事近宫省，皆不敢私纪，至于系当日士大夫毁誉者，虽善亦不欲书，非止不言人恶而已。所录唯山间木荫率意谈噱，不系人之利害者，下至闾巷之言，靡所不有，亦有得于传闻者。其间不能无缺谬，以之为言则甚卑，以予为无意于言可也。

梦溪笔谈卷一

故事一

1 上亲郊，郊、庙册文皆曰“恭荐岁事”[一]。先景灵宫，谓之“朝献”；次太庙，谓之“朝飨”；末乃有事于南郊。予集郊式时曾预讨论，常疑其次序，若先为尊则郊不应在庙后，若后为尊则景灵宫不应在太庙之先。求其所从来，盖有所因。按唐故事，凡有事于上帝则百神皆预，遣使祭告，唯太清宫、太庙则皇帝亲行，其册、祝皆曰“取某月某日有事于某所，不敢不告”。宫、庙谓之“奏告”，馀皆谓之“祭告”，唯有事于南郊，方为正祠。至天宝九载乃下诏曰：“告者，上告下之词。今后太清宫宜称‘朝献’，太庙称‘朝飨’。”自此遂失“奏告”之名，册文皆为正祠[二]。

2 正衙法座香木为之，加金饰，四足，堕角，其前小偃，织藤冒之。每车驾出幸，则使老内臣马上抱之，曰“驾头”。辇后曲盖谓之“筤”，两扇夹之[三]，通谓之“扇筤”，皆绣，亦有销金者，即古之华盖也。

3 唐翰林院在禁中，乃人主燕居之所，玉堂、承明、金銮殿皆在其间。应供奉之人，自学士已下，工伎群官司隶籍其间者皆称"翰林"，如今之翰林医官、翰林待诏之类是也，唯翰林茶酒司止称"翰林司"，盖相承阙文。

4 唐制，自宰相而下，初命皆无宣召之礼，惟学士宣召。盖学士院在禁中，非内臣宣召，无因得入，故院门别设复门，亦以其通禁庭也。又学士院北扉者，为其在浴堂之南，便于应召。今学士初拜自东华门入，至左承天门下马，待诏、院吏自左承天门双引至阁门，此亦用唐故事也。唐宣召学士自东门入者，彼时学士院在西掖，故自翰林院东门赴召，非若今之东华门也。至如挽铃故事，亦缘其在禁中，虽学士、院吏，亦止于玉堂门外，则其严密可知。如今学士院在外，与诸司无异，亦设铃索，悉皆文具故事而已。

5 学士院玉堂，太宗皇帝曾亲幸，至今唯学士上日许正坐，他日皆不敢独坐。故事，堂中设视草台，每草制，则具衣冠据台而坐。今不复如此，但存空台而已。玉堂东承旨阁子窗格上有火然处，太宗尝夜幸玉堂，苏易简为学士，已寝遽起，无烛具衣冠，宫嫔自窗格引烛入照之。至今不欲更易，以为玉堂一盛事。

6 东、西头供奉官本唐从官之名。自永徽以后，人主多居大明宫，别置从官，谓之"东头供奉官"，西内具员不废，则谓之"西头供奉官"。

7 唐制，两省供奉官东西对立，谓之"蛾眉班"。国初，供奉班于百官前横列。王溥罢相为东宫，一品班在供奉班之后，遂令供奉班依旧分立。庆历贾安公为中丞，以东西班对拜为非礼，复令横行。至今初叙班分立，百官班定乃转班横行，参罢复分立，百官班退乃出，参用旧制也。

8 衣冠故事多无著令，但相承为例。如学士舍人蹑履见丞相、往还用平状、扣阶乘马之类，皆用故事也。近岁多用靴简。章子厚为学士日，因事论列，今则遂为著令矣。

9 中国衣冠，自北齐以来乃全用胡服。窄袖、绯绿短衣、长靿靴，有蹀躞带〔四〕，皆胡服也。窄袖利于驰射，短衣、长靿皆便于涉草。胡人乐茂草，常寝处其间，予使北时皆见之，虽王庭亦在深荐中。予至胡庭日，新雨过，涉草衣袴皆濡，唯胡人都无所沾。带衣所垂蹀躞，盖欲佩带弓剑、帉帨、算囊、刀砺之类，自后虽去蹀躞，而犹存其环，环所以衔蹀躞，如马之鞦根，即今之带銙也。天子必以十三环为节〔五〕，唐武德、贞观时犹尔〔六〕，开元之后虽仍旧俗，而稍褒博矣，然带钩尚穿带本为孔，本朝加顺折，茂人文也。

10 幞头一谓之"四脚"，乃四带也，二带系脑后垂之，二带反系头上〔七〕，令曲折附顶，故亦谓之"折上巾"。唐制，唯人主得用硬脚，晚唐方镇擅命，始僭用硬脚。本朝幞头有直脚、局脚、交脚、朝天、顺风，凡五等，唯直脚贵贱通服之。又庶人所戴头巾，唐人亦谓之"四脚"，盖两脚系脑后，两脚系颔下，取其服劳不脱也，无事则反系于顶上。今人不复系颔下，两带遂为虚设。

11 唐中书指挥事谓之"堂帖"。予曾见唐人堂帖〔八〕，宰相签押，格如今之堂札子也。

12 予及史馆检讨时，议枢密院札子问宣头所起〔九〕。予按唐故事，中书舍人职掌诰诏〔一〇〕，皆写四本〔一一〕，一本为底、一本为宣，此"宣"谓行出耳，未以名书也。晚唐枢密使自禁中受旨，出付中书，即谓之"宣"。中书承受，录之于籍，谓之"宣底"。今史馆中尚有故宣底二卷，如今之圣语簿也。梁朝初置崇政院，专行密命，至后唐庄宗复枢密使，使郭崇韬、安重诲为之，始分领政事，不关由中书直行下者，谓之"宣"，如中书之敕，小事则发头子、拟堂帖也。至今枢密院用宣及头子。本朝枢密院亦用札子，但中书札子宰相押字在上、次相及参政以次向下，枢密院札子枢长押字在下、副贰以次向上，以此为别。头子唯给驿马之类用之。

13 百官于中书见宰相，九卿而下，则省吏高声唱一声"屈"，即趋而入，宰相揖及进茶皆抗声赞喝〔一二〕，谓之"屈揖"。待制以上见则言"请某官"，更不屈揖，临退仍进汤。皆于席南横设百官之位，升朝则坐，京官已下皆立。后殿引臣寮，则待制已上宣名、拜舞，庶官但赞拜，不宣名、不舞蹈。中书略贵者，示与之抗也；上前则略微者，杀礼也。

14 唐制，丞郎拜官即笼门谢。今三司副使已上拜官则拜舞于阶上〔一三〕，百官拜于阶下而不舞蹈，此亦笼门故事也。

15 学士院第三厅学士阁子，当前有一巨槐，素号"槐厅"。旧传居此阁者多至入相，学士争槐厅，至有抵彻前人行李而强据之者，予为学士时目观此事。

16 谏议班在知制诰上，若带待制则在知制诰下，从职也，戏语谓之"带坠"。

17 集贤院记开元故事〔一四〕，校书官许称学士。今三馆职事皆称学士，用开元故事也。

18 馆阁新书净本有误书处，以雌黄涂之。尝校改字之法，刮洗则伤纸，纸贴之又易脱，粉涂则字不没，涂数遍方能漫灭，唯雌黄一漫即灭，仍久而不脱。古人谓之"铅黄"，盖用之有素矣。

19 予为鄜延经略使日新一厅，谓之"五司厅"。延州正厅乃都督厅，治延州事；五司厅治鄜延路军事，如唐之使院也。五司者，经略、安抚、总管、节度、观察也。唐制，方镇皆带节度、观察、处置三使。今节度之职多归总管司，观察归安抚司，处置归经略司。其节度、观察两案，并支掌推官、判官，今皆治州事而已。经略、安抚司不置佐官，以帅权不可更不专也。都总管、副总管、钤辖、都监同签书〔一五〕，而皆受经略使节制。

20 银台司兼门下封驳，乃给事中之职，当隶门下省，故事乃隶枢密院。下寺监皆行札子，寺监具申状，虽三司亦言"上银台"。主判不以官品，初冬独赐翠毛锦袍，学士以上自从本品。行案用枢密院杂司人吏，主判食枢密厨。盖枢密院子司也。

21 大驾卤簿中有勘箭，如古之勘契也。其牡谓之"雄牡箭"，牝谓之"辟仗箭"。本胡法也，熙宁中罢之。

22 前世藏书分隶数处，盖防水火散亡也。今三馆、秘阁凡四处藏书，然同在崇文院，其间官书多为人盗窃，士大夫家往往得之。嘉祐中置编校官八员，杂雠四馆书，给吏百人，悉以黄纸为大册写之，自此私家不敢辄藏。校雠累年，仅能终昭文一馆之书而罢。

23 旧翰林学士地势清切，皆不兼他务。文馆职任，自校理以上皆有职钱，唯内外制不给。杨大年久为学士，家贫请外，表辞千馀言，其间两联曰："虚忝甘泉之从臣，终作莫敖之馁鬼〔一六〕。从者之病莫兴，方朔之饥欲死。"

24 京师百官上日，唯翰林学士敕设用乐，他虽宰相亦无此礼。优伶并开封府点集。陈和叔除学士，时和叔知开封府，遂不用女优。学士院敕设不用女优，自和叔始。

25 礼部贡院试进士日，设香案于阶前，主司与举人对拜，此唐故事也。所坐设位供张甚盛，有司具茶汤饮浆。至试学究〔一七〕，则悉彻帐幕、毡席之类，亦无茶汤，渴则饮砚水，人人皆黔其吻。非故欲困之，乃防毡幕及供应人私传所试经义，盖尝有败者，故事为之防。欧文忠有诗"焚香礼进士，彻幕待经生"，以为礼数重轻如此，其实自有谓也。

26 嘉祐中进士奏名讫，未御试，京师妄传王俊民为状元，不知言之所起，人亦莫知俊民为何人。及御试，王荆公时为知制诰，与天章阁待制杨乐道二人为详定官。旧制，御试举人，设初考官先定等第，复弥之〔一八〕，以送覆考官再定等第，乃付详定官，发初考官所定等以对覆考之等，如同则已，不同则详其程文，当从初考或从覆考为定，即不得别立等。是时王荆公以初、覆考所定第一人皆未允当，于行间别取一人为状首，杨乐道守法，以为不可，议论未决。太常少卿朱从道时为封弥官，闻之，谓同舍曰："二公何用力争，从道十日前，已闻王俊民为状元，事必前定，二公恨自苦耳。"既而二人各以己意进禀，而诏从荆公之请，及发封，乃王俊民也。详定官得别立等自此始，遂为定制。

27 选人不得乘马入宫门。天圣中选人为馆职，始欧阳永叔、黄鉴辈皆自左掖门下马入馆，当时谓之"步行学士"。嘉祐中于崇文院置编校局，校官皆许乘马至院门。其后中书五房置习学公事官，亦缘例乘马赴局。

28 车驾行幸，前驱谓之"队"，即古之清道也。其次卫仗，卫仗者视阑入宫门法，即古之外仗也。其中谓之"禁围"，如殿中仗，天官掌舍"无宫则供人门"，今谓之"殿门"。天武官〔一九〕，极天下长人之选八人，上御前殿，则执钺立于紫宸门下，行幸则为禁围门，行于仗马之前。又有衡门十人、队长一人，选诸武力绝伦者为之，上御后殿，则执梃东西对立于殿前，亦古之虎贲、人门之类也。

29 予尝购得后唐闵帝应顺元年案检一通，乃除宰相刘昫兼判三司堂检〔二〇〕，前有拟状云："具官刘昫。右，伏以刘昫经国才高，正君志切，方属体元之运，实资谋始之规。宜注宸衷，委司邦计〔二一〕，渐期富庶，永赞圣明。臣等商量，望授依前中书侍郎兼吏部尚书、同中书门下平章事，充集贤殿大学士，兼判三司，散官、勋封如故，未审可否。如蒙允许，望付翰林降制处分。谨录奏闻。"其后有制书曰:"宰臣刘昫。右,可兼判三司公事,宜令中书门下依此施行。付中书门下,准此。四月十日。"用御前新铸之印,与今政府行遣稍异。本朝要事对禀,常事拟进,入画可然后施行,谓之"熟状"。事速不及待报,则先行下〔二二〕,具制草奏知,谓之"进草"。熟状白纸书,宰相押字,他执政具姓名。进草则黄纸书,宰臣、执政皆于状背押字。堂检,宰、执皆不押,唯宰属于检背书日,堂吏书名用印。此拟状有词,宰相押检不印,此其为异也。大率唐人风俗,自朝廷下至郡县,决事皆有词,谓之"判",即书判科是也。押检二人乃冯道、李愚也,状检瀛王亲笔,甚有改窜勾抹处。按旧五代史应顺元年四月九日"己卯,鄂王薨。庚辰,以宰相刘昫判三司",正是十日,与此检无差。宋次道记开元宰相奏请〔二三〕、郑畋凤池稿草、拟状注制集悉多用四六,皆宰相自草。今此拟状冯道亲笔,盖故事也。

30 旧制,中书、枢密院、三司使印并涂金。近制,三省、枢密院印用银为之,涂金,馀皆铸铜而已。

校勘记

〔一〕上亲郊郊庙册文　"郊"字原不重,据大德本、丛刊本及类苑卷一八引补。按爱庐本"郊"字乃陶校据津逮本删,"亲郊"乃礼仪名称,"郊"字不当删。

〔二〕皆为正衙　"为"字原作"谓",据大德本改。

〔三〕两扇夹之　"之"字原作"心",据类苑卷三三、李壁王荆公诗注卷二八引改。按宋史仪卫六云"扇筤,绯罗绣扇二、绯罗绣曲盖一,并内臣马上执之。驾头在细仗前,扇筤在乘舆后",

则作“之”是也，盖因形近而讹。

〔四〕有蹀躞带　“蹀躞”原作“鞢韄”，然下文数作“蹀躞”，大德本、丛刊本同，查载籍皆称“蹀躞”，则此处乃涉上“长勒靴”而从革，类苑卷三二、章如愚群书考索续集卷二六引述可证，故据改。又，类苑卷三二引无“有”字。

〔五〕以十三环为节　“十”字各本皆无，从胡校据类苑卷三二、高承事物纪原卷三引及王国维校识补。按天子带以十三环为节，史志可证。

〔六〕贞观时犹尔　“贞”字原作“正”，乃避宋仁宗讳，从胡校回改。以下凡遇此例径改，不再出校。

〔七〕二带反系头上　“二”字原作“折”，从胡校据类苑卷三二引及王国维校识改。

〔八〕予曾见唐人堂帖　“予”字原作“子”，从上读，按下文皆称“堂帖”，李肇唐国史补卷下亦谓“宰相判四方之事有堂案，处分百司有堂帖”，则此处之“子”字乃“予”之讹，故据改。

〔九〕枢密院札子　“枢”字原无，从胡校据大德本补。

〔一〇〕职掌诰诏　“掌诰”原作“堂语”，据类苑卷二六、职官分纪卷一二、高承事物纪原卷二引改。

〔一一〕四本　大德本、丛刊本及类苑卷二六引同，万历本“四”作“二”。

〔一二〕抗声赞喝　“喝”字原作“唱”，据大德本改。按唱、喝形近，核史籍当以“赞喝”为是。若然，前文“高声唱一声”之“唱”亦当作“喝”。

〔一三〕拜舞于阶上　大德本、类苑卷二六引“于”下有“子”字，丛刊本此字空阙，胡校云：“疑剜去字也。”

〔一四〕集贤院记　晁氏读书志有唐韦述集贤注记二卷，胡补证：“集贤注记，宋史艺文志史部故事类载录，王应麟玉海多引之，盖其书南宋时尚存。本条‘集贤院记’之‘院’字，疑为‘注’之讹。”

〔一五〕签书　“签”字原作“籖”，从胡校据大德本、丛刊本改。

〔一六〕莫敖之馁鬼　据杨亿武夷新集卷一四再乞解职表、容斋续笔卷一六引表文，“莫”当作“若”，然东轩笔录卷一〇所引表文亦作“莫”，且笔记非照引杨亿表文，疑当时流传如此，故不改。

〔一七〕学究　原作“经生”，大德本、类苑卷三〇引作“学究”，胡校云“疑故书实作‘学究’”，是，据改。

〔一八〕复弥之　类苑卷三〇引“弥”上有“封”字，稗海本、学津本“封”字在“弥”下。

〔一九〕天武官　“天”字原作“文”，从胡校据大德本、丛刊本及宋史仪卫志改。

〔二〇〕除宰相刘昫　此与下文“具官刘昫”、“伏以刘昫”、“宰臣刘昫”、“以宰相刘昫”中之“昫”原皆作“句”，胡校云“作‘句’乃避宋哲宗嫌名”，故据类苑卷二七、三二引改。又，“除宰相刘昫”、“伏以刘昫”、“以宰相刘昫”之下原皆有“右”字，盖后之翻刻者因见文中“具官刘句”、“宰臣刘句”下有“右”字，以为其人名如此，皆改为“刘句右”，胡校云“另两处‘刘昫’下有‘右’字，乃状制具名程式”，是，今一并据大德本及类苑引删。

〔二一〕邦计　“邦”字原作“判”，从胡校据职官分纪卷一三引改。

〔二二〕先行下　此下原有“具先行下”四字，从胡校据王国维校识及类苑卷二七、三二与职官分纪卷一三引删。

〔二三〕开元宰相奏请　春明退朝录卷下“请”下有“状”字，盖括转引脱去。

梦溪笔谈卷二

故事二

31 三司使班在翰林学士之上。旧制，权使即与正同，故三司使结衔皆在官职之上。庆历中，叶道卿为权三司使，执政有欲抑道卿者，降敕时移权三司使在职下结衔，遂位翰林学士之下〔一〕，至今为例。后尝有人论列，结衔虽依旧，而权三司使初除，阁门取旨，间有叙学士上者〔二〕，然不为定制。

32 宗子授南班官〔三〕，世传王文正太尉为宰相日始开此议，不然也。故事，宗子无迁官法，唯遇稀旷大庆，则普迁一官。景祐中，初定祖宗并配南郊，宗室欲缘大礼乞推恩，使诸王宫教授刁约草表上闻，后约见丞相王沂公〔四〕，公问："前日宗室乞迁官表，何人所为？"约未测其意，答以不知。归而思之，恐事穷且得罪，乃再诣相府，沂公问之如前，约愈恐，不复敢隐，遂以实对，公曰："无他，但爱其文词耳。”再三嘉奖，徐曰：“已得旨，别有措置，更数日当有指挥。”自此遂有南班之授，近属自初除小将军，凡七迁则为节度使[五]，遂为定制。诸宗子以千缣谢约，约辞不敢受。予与刁亲旧，刁尝出表稿以示予。

33 大理法官皆亲节案，不得使吏人。中书检正官不置吏人，每房给楷书一人，录净而已。盖欲士人躬亲职事，格吏奸，兼历试人才也。

34 太宗命创方团球带，赐二府文臣，其后枢密使兼侍中张耆、王贻永皆特赐，李用和、曹郡王皆以元舅赐，近岁宣徽使王君贶以耆旧特赐，皆出异数，非例也。

35 近岁京师士人朝服乘马，以黪衣蒙之，谓之“凉衫”，亦古之遗法也，仪礼“朝服加景”是也，但不知古人制度、章色如何耳。

36 内外制凡草制除官，自给谏、待制以上，皆有润笔物。太宗时立润笔钱数，降诏刻石于舍人院，每除官则移文督之，在院官下至吏人、院驺皆分沾。元丰中改立官制，内外制皆有添给，罢润笔之物。

37 唐制，官序未至而以他官权摄者为直官，如许敬宗为直记室是也。国朝学士、舍人皆置直院，熙宁中复置直舍人、学士院，但以资浅者为之，其实正官也。熙宁六年舍人皆迁罢，阁下无人，乃以章子平权知制诰而不除直院者，以其暂摄也。古之兼官，多是暂时摄领，有长兼者即同正官。予家藏海陵王墓志，谢朓文[六]，称“兼中书侍郎”。

38 三司、开封府、外州长官升厅事，则有衙吏前导告喝。国朝之制，在禁中唯三官得告，宰相告于中书、翰林学士告于本院、御史告于朝堂，皆用朱衣吏，谓之“三告官”。所经过处，阍吏以梃扣地警众，谓之“打杖子”。两府、亲王自殿门打至本司及上马处，宣徽使打于本院，三司使、知开封府打于本司。近岁寺、监长官亦打，非故事。前宰相赴朝，亦有特旨许张盖、打杖子者，系临时指挥。执丝梢鞭入内，自三司副使以上，副使唯乘紫丝暖座。从人队长持破木梃〔七〕，自待制以上。近岁寺、监长官持藤杖，非故事也。百官仪范，著令之外，诸家所记尚有遗者，虽至猥细，亦一时仪物也。

39 国朝未改官制以前，异姓未有兼中书令者，唯赠官方有之。元丰中，曹郡王以元舅特除兼中书令，下度支给俸，有司言：“自来未有活中书令，请受则例〔八〕。”

40 都堂及寺观百官会集坐次，多出临时。唐以前故事皆不可考，唯颜真卿与左仆射定襄郡王郭英乂书云：“宰相、御史大夫、两省五品〔九〕、供奉官自为一行，十二卫大将军次之；三师、三公、令仆、少师、保傅、尚书左右丞、侍郎自为一行，九卿、三监对之。从古以来，未尝参错。”此亦略见当时故事，今录于此以备阙文。

41 赐功臣号始于唐德宗奉天之役，自后藩镇下至从军资深者，例赐功臣。本朝唯以赐将相。熙宁中，因上皇帝尊号，宰相率同列面请三四，上终不允，曰：“徽号正如卿等功臣，何补名实？”是时吴正宪为首相，乃请止功臣号，从之，自是群臣相继请罢，遂不复赐。

校勘记

〔一〕位翰林学士之下　“位”字原作“立”，长编卷一六四据笔谈述此事“立”作“班”，盖括原文当作“位”，长编引述乃师其意，故据改。

〔二〕叙学士上者　“上”字原无，据胡校从王国维校识及长编卷一六四引述补。

〔三〕宗子授南班官　长编卷一一七引“授”字作“换”，按长编云“宗子换官，沈括笔谈当得其实”，则当以“换”为是，疑传刻本因形近而讹。

〔四〕丞相王沂公　长编卷一一七引“丞”字作“宰”，按笔谈“宰相”、“丞相”杂用，然一条中不当两歧，则当以长编所引为是。

〔五〕凡七迁则为节度使　长编卷一一七引“七”字作“八”。

〔六〕谢朓　“朓”字原作“眺”，乃避宋僖祖讳，从胡校回改。以下凡遇此例径改，不再出校。

〔七〕从人队长　弘治本“人”字作“入”。

〔八〕请受则例　胡补证：“容斋三笔卷十二兼中书令条引‘受’作‘俸’。”

〔九〕两省五品　颜鲁公文集卷一一与郭仆射书“五品”下有“已上”二字。

梦溪笔谈卷三

辩证一

42 钧石之石，五权之名，石重百二十斤。后人以一斛为一石，自汉已如此，“饮酒一石不乱”是也。挽蹶弓弩，古人以钧石率之，今人乃以粳米一斛之重为一石。凡石者，以九十二斤半为法，乃汉秤三百四十一斤也。今之武卒蹶弩有及九石者，计其力乃古之二十五石，比魏之武卒，人当二人有馀；弓有挽三石者，乃古之三十四钧，比颜高之弓，人当五人有馀。此皆近岁教养所成，以至击刺驰射皆尽夷夏之术，器仗铠胄极今古之工巧，武备之盛，前世未有其比。

43 楚词招魂尾句皆曰“些”苏箇反。今夔、峡、湖、湘及南、北江獠人，凡禁咒句尾皆称“些”。此乃楚人旧俗，即梵语“萨嚩诃”也，萨音桑葛反，嚩无可反，诃从去声。三字合言之即“些”字也。

44 阳燧照物皆倒，中间有碍故也，算家谓之“格术”。如人摇橹，臬为之碍故也。若鸢飞空中，其影随鸢而移，或中间为窗隙所束，则影与鸢遂相违，鸢东则影西，鸢西则影东。又如窗隙中楼塔之影，中间为窗所束，亦皆倒垂，与阳燧一也。阳燧面洼，以一指迫而照之则正，渐远则无所见，过此遂倒。其无所见处正如窗隙、橹臬，腰鼓碍之，本末相格，遂成摇橹之势，故举手则影愈下，下手则影愈上，此其可见。阳燧面洼，向日照之，光皆聚向内。离镜一二寸，光聚为一点，大如麻菽，著物则火发，此即腰鼓最细处也。岂特物为然，人亦如是，中间不为物碍者鲜矣。小则利害相易、是非相反，大则以己为物、以物为己，不求去碍而欲见不颠倒，难矣哉。酉阳杂俎谓“海翻则塔影倒”，此妄说也。影入窗隙则倒，乃其常理。

45 先儒以日食正阳之月止谓四月，不然也。正、阳乃两事，“正”谓四月，“阳”谓十月，“岁亦阳止”是也〔一〕。诗有“正月繁霜”、“十月之交，朔月辛卯〔二〕，日有食之，亦孔之丑”二者，此先王所恶也。盖四月纯阳，不欲为阴所侵；十月纯阴，不欲过而干阳也。

46 予为丧服后传书成，熙宁中欲重定五服敕，而予预讨论。雷、郑之学，阙谬固多，其间高祖、玄孙一事尤为无义〔三〕。丧服但有曾祖齐衰三月〔四〕、曾孙缌麻三月〔五〕，而无高祖、玄孙服，先儒皆以谓“服同曾祖、曾孙，故不言，可推而知”，或曰“经之所不言则不服”，皆不然也。曾，重也，由祖而上者皆曾祖也，由孙而下者皆曾孙也，虽百世可也。苟有相逮者，则必为服丧三月，故虽成王之于后稷亦称"曾孙"，而祭礼祝文无远近皆曰"曾孙"。礼所谓"以五为九"者，谓旁亲之杀也〔六〕。上杀、下杀至于九，旁杀至于四，而皆谓之"族"，族昆弟父母、族祖父母、族曾祖父母。过此则非其族也，非其族则为之无服。唯正统不以族名，则是无绝道也。

47 旧传黄陵二女，尧子舜妃。以二帝道化之盛，始于闺房，则二女当具任、姒之德。考其年岁，帝舜陟方之时，二妃之齿已百岁矣，后人诗骚所赋，皆以女子待之，语多渎慢，皆礼义之罪人也。

48 历代宫室中有謻门，盖取张衡东京赋"謻门曲榭"也，说者谓冰室门。按字训，謻，别也。东京赋但言别门耳，故以对"曲榭"，非有定处也。

49 水以漳名、洛名者最多，今略举数处。赵、晋之间有清漳、浊漳，当阳有漳水，赣上有漳水〔七〕，鄣郡有漳江，漳州有漳浦，亳州有漳水，安州有漳水；洛中有洛水，北地郡有洛水，沙县有洛水。此概举一二耳，其详不能具载。予考其义，乃清浊相蹂者为漳。章者，文也、别也。漳谓两物相合，有文章且可别也。清漳、浊漳合于上党，当阳则沮、漳合流，赣上则漳、湞合流〔八〕，漳州予未曾目见，鄣郡则西江合流，亳漳则漳、涡合流，云梦则漳、郧合流。此数处皆清浊合流，色理如螮蝀，数十里方混如。璋亦从章。璋，王之左右之臣所执，诗云："济济辟王，左右趣之。济济辟王，左右奉璋。"璋，圭之半体也，合之则成圭。王左右之臣，合体一心，趣乎王者也。又诸侯以聘女〔九〕，取其判合也；有事于山川，以其杀宗庙礼之半也。又牙璋以起军旅，先儒谓“有钼牙之饰于剡侧”，不然也。牙璋，判合之器也，当于合处为牙，如今之合契。牙璋，牡契也，“以起军旅”，则其牝宜在军中，即虎符之法也。洛与落同义，谓水自上而下有投流处。今淝水、沱水，天下亦多，先儒皆自有解。

50 解州盐泽方百二十里，久雨，四山之水悉注其中未尝溢，大旱未尝涸。卤色正赤，在版泉之下，俚俗谓之“蚩尤血”。唯中间有一泉乃是甘泉，得此水然后可以聚。又其北有尧梢音消水，一谓之“巫咸河”〔一〇〕。大卤之水，不得甘泉和之，不能成盐，唯巫咸水入则盐不复结，故人谓之“无咸河”，为盐泽之患，筑大堤以防之，甚于备寇盗。原其理，盖巫咸乃浊水，入卤中则淤淀卤脉，盐遂不成，非有他异也。

51 庄子云“程生马”，尝观文子注〔一一〕：“秦人谓豹曰程。”予至延州，人至今谓虎豹为程，盖言虫也。方言如此，抑亦旧俗也。

52 唐六典述五行，有“禄命”、“驿马”、“湴河”之目。人多不晓“湴河”之义。予在鄜延，见安南行营诸将阅兵马籍，有称“过范河损失”，问其何谓“范河”，乃越人谓淖沙为范河，北人谓之“活沙”。予尝过无定河，度活沙，人马履之，百步之外皆动，澒澒然如人行幕上。其下足处虽甚坚，若遇其一陷，则人马驼车应时皆没，至有数百人平陷无孑遗者。或谓此即流沙也，又谓沙随风流谓之“流沙”。湴，字书亦作“埿”蒲滥反。按古文，埿，深泥也。术书有“湴河”

者，盖谓陷运，如今之“空亡”也。

53 古人藏书辟蠹用芸。芸，香草也，今人谓之“七里香”者是也。叶类豌豆，作小丛生，其叶极芬香，秋后叶间微白如粉污〔一二〕，辟蠹殊验，南人采置席下，能去蚤虱。予判昭文馆时，曾得数株于潞公家，移植秘阁后，今不复有存者。香草之类，大率多异名，所谓“兰荪”，荪即今菖蒲是也，蕙今零陵香是也，茝今白芷是也。

54 祭礼有腥、焊、熟三献。旧说以谓腥、焊备大古〔一三〕、中古之礼，予以为不然。先王之于死者，以之为无知则不仁，以之为有知则不智。荐可食之熟，所以为仁；不可食之腥、焊，所以为智。又一说，腥、焊以鬼道接之，馈食以人道接之，致疑也。或谓鬼神嗜腥、焊，此虽出于异说，圣人知鬼神之情状，或有此理，未可致诘。

55 世以玄为浅黑色，璊为赭玉，皆不然也。玄乃赤黑色，燕羽是也，故谓之“玄鸟”。熙宁中，京师贵人戚里多衣深紫色，谓之“黑紫”，与皂相乱，几不可分，乃所谓玄也。璊，赭色也，“毳衣如璊”音门。稷之璊色者谓之“穈”，穈字音门，以其色命之也，诗“有穈有芑”〔一四〕，今秦人音穈，声之讹也。穈色在朱、黄之间，似乎赭，极光莹，掬之粲泽熠熠如赤珠。此自是一色，似赭非赭。盖所谓璊，色名也，而从玉，以其赭而泽，故以谕之也。犹鴘以色名而从鸟，以鸟色谕之也。

56 世间锻铁所谓“钢铁”者，用柔铁屈盘之，乃以生铁陷其间，泥封炼之，锻令相入，谓之“团钢”，亦谓之“灌钢”。此乃伪钢耳，暂假生铁以为坚，二三炼则生铁自熟，仍是柔铁。然而天下莫以为非者，盖未识真钢耳。予出使至磁州锻坊观炼铁，方识真钢。凡铁之有钢者，如面中有筋，濯尽柔面则面筋乃见，炼钢亦然，但取精铁锻之百馀火，每锻称之，一锻一轻，至累锻而斤两不减，则纯钢也，虽百炼不秏矣。此乃铁之精纯者，其色清明，磨莹之则黯黯然青且黑，与常铁迥异。亦有炼之至尽而全无钢者，皆系地之所产。

57 诗"芄兰之支，童子佩觿"，觿，解结锥也。芄兰生荚，支出于叶间垂之，正如解结锥。所谓"佩韘"者，疑古人为韘之制，亦当与芄兰之叶相似，但今不复见耳。

58 江南有小栗，谓之"茅栗"茅音草茅之茅。以予观之，此正所谓"芧"也，即庄子所谓"狙公赋芧"者芧音序。此文相近之误也。

59 予家有阎博陵画唐秦府十八学士，各有真赞，亦唐人书，多与旧史不同。姚柬字思廉，旧史乃姚思廉字简之。苏台、陆元朗〔一五〕、薛庄，唐书皆以字为名。李玄道〔一六〕、盖文达、于志宁、许敬宗、刘孝孙、蔡允恭，唐书皆不书字。房玄龄字乔年，唐书乃房乔字玄龄。孔颖达字颖达，唐书字仲达。苏典签名旭〔一七〕，唐书乃勖〔一八〕。许敬宗、薛庄官皆直记室，唐书乃摄记室。盖唐书成于后人之手，所传容有讹谬，此乃当时所记也。以旧史考之，魏郑公对太宗云"目如悬铃者佳"，则玄龄果名，非字也。然苏世长，太宗召对玄武门〔一九〕，问云"卿何名长意短"，后乃为学士，似为学士时方更名耳。

60 唐贞观中，敕下度支求杜若，省郎以谢朓诗云“芳洲采杜若”，乃责坊州贡之，当时以为嗤笑。至如唐故事，中书省中植紫薇花，何异坊州贡杜若？然历世循之，不以为非。至今舍人院紫微阁前植紫薇花〔二〇〕，用唐故事也。

61 汉人有饮酒一石不乱，予以制酒法较之，每粗米二斛，酿成酒六斛六斗。今酒之至醨者，每秫一斛，不过成酒一斛五斗，若如汉法，则粗有酒气而已，能饮者饮多不乱，宜无足怪。然汉之一斛亦是今之二斗七升，人之腹中亦何容置二斗七升水邪？或谓石乃钧石之石，百二十斤，以今秤计之当三十二斤，亦今之三斗酒也。于定国食酒数石不乱〔二一〕，疑无此理。

62 古说济水伏流地中，今历下凡发地皆是流水，世传济水经过其下。东阿亦济水所经，取井水煮胶，谓之“阿胶”，用搅浊水则清，人服之下膈、疏痰、止吐，皆取济水性趋下、清而重，故以治淤浊及逆上之疾。今医方不载此意。

63 予见人为文章多言“前荣”。荣者，夏屋东、西序之外屋翼也，谓之“东荣”、“西荣”，四注屋则谓之“东溜”、“西溜”，未知“前荣”安在。

64 宗庙之祭西向者，室中之祭也。藏主于西壁，以其生者之处奥也，即主祏而求之，所以西向而祭。至三献则“尸出于室，坐于户西、南面”，此堂上之祭也。户西谓之“扆”，设扆于此，左户、右牖，“户、牖之间谓之‘扆’”，“坐于户西”即当扆而坐也。上堂设位而亦东向者，设用室中之礼也。

65 “人而不为周南、召南，其犹正墙面而立也。”周南、召南，乐名也，“胥鼓南”〔二二〕、“以雅以南”是也。关雎、鹊巢，二南之诗，而已有乐有舞焉。学者之事，其始也学周南、召南，末至于舞大夏、大武。所谓“为周南、召南”者，不独诵其诗而已。

66 庄子言“野马也，尘埃也”，乃是两物。古人即谓野马为尘埃，如吴融云“动梁间之野马”，又韩偓云“窗里日光飞野马”〔二三〕，皆以尘为野马，恐不然也。野马乃田野间浮气耳，远望如群羊〔二四〕，又如水波，佛书谓“如热时野马、阳焰”，即此物也。

67 蒲芦，说者以为蜾蠃，疑不然。蒲芦即蒲苇耳，故曰：“人道敏政，地道敏树〔二五〕。夫政犹蒲芦也。”人之为政犹地之艺蒲苇，遂之而已，亦行其所无事也。

68 予考乐律，及受诏改铸浑仪，求秦汉以前度量斗升，计六斗当今一斗七升九合，秤三斤当今十三两，一斤当今四两三分两之一，一两当今六铢半。为升中方，古尺二寸五分十分分之三，今尺一寸八分百分分之四十五强。

69 十神太一，一曰太一，次曰五福太一，三曰天一太一，四曰地一太一〔二六〕，五曰君基太一，六曰臣基太一〔二七〕，七曰民基太一，八曰大游太一，九曰九气太一〔二八〕，十曰十神太一〔二九〕。唯太一最尊，更无别名，止谓之“太一”，三年一移。后人以其别无名，遂对大游而谓之“小游太一”，此出于后人误加之。京师东、西太一宫，正殿祠五福，而太一乃在廊庑，甚为失序。熙宁中，初营中太一宫，下太史考定神位，予时领太史，预其议论。今前殿祠五福，而太一别为后殿，各全其尊，深为得体〔三〇〕。然君基、臣基、民基，避唐明帝讳改为"棊"，至今仍袭旧名，未曾改正。

70 予嘉祐中客宣州宁国县，县人有方玙者，其高祖方虔为杨行密守将，总兵戍宁国以备两浙，虔后为吴人所擒，其子从训代守宁国，故子孙至今为宁国人。玙有杨溥与方虔、方从训手教数十纸，纸札皆精善〔三一〕，教称"委曲"，书押处称"使"，或称"吴王"。内一纸报方虔云"钱镠此月内已亡殁"，纸尾书"正月二十九日"。按五代史，钱镠以后唐长兴三年卒〔三二〕，杨溥天成五年已僭即伪位〔三三〕，岂得长兴三年尚称"吴王"？溥手教所指挥事甚详，翰墨、印记极有次序，悉是当时亲迹。今按，天成五年岁庚寅，长兴三年岁壬辰，计差二年。溥手教予得其四纸，至今家藏。

校勘记

〔一〕岁亦阳止　"亦"字原作"月"，从学津本据小雅采薇改。胡校从王国维校识改作"日月阳止"，云："靖康缃素杂记卷五引正作'日月阳止'，故据改。学津本亦以诗无'岁月阳止'之句而改为'岁亦阳止'，然非沈括所引之句也。"今按："日月阳止"出小雅杕杜，两处郑笺同称"十月为阳"，不得谓"岁亦阳止"非沈括所引之句，月、亦形近易讹，故从学津本改。

〔二〕朔月辛卯　"月"字原作"日"，从胡校据大德本、丛刊本及小雅十月之交改。

〔三〕玄孙　"玄"字原作"远"，乃避宋始祖讳，今回改。本条下文类此径改，不再出校。

〔四〕三月　“三”字原作“五”，大德本作“六”，据仪礼丧服改。盖三、五形近而讹，六则由五而讹，清修仪礼义疏、续通典及沈彤仪礼小疏引笔谈皆径改为“三”。

〔五〕曾孙　原作“远曾”，据仪礼丧服改。按顾炎武日知录卷五齐衰三月不言曾祖已上条引笔谈作“丧服但有曾祖、曾孙，而无高祖、玄孙”，是顾氏亦觉笔谈此处行文有讹，而自行订正矣。

〔六〕旁亲　此与下文“旁杀”之“旁”字原作“傍”，据礼记丧服小记改。

〔七〕赣上　此与下文“赣上”之“赣”字原作“灨”，惟大德本下文一处作“赣上”，按此指地而非水，当以“赣”为是，故据大德本改。

〔八〕漳湏合流　“湏”字原作“灨”，据大德本、丛刊本改。按太平寰宇记江南西道称赣水乃章、贡合流，加水旁当作“漳”、“湏”。

〔九〕聘女　原作“如聘”，据大德本改。按“诸侯以聘女”出周礼考工记，且与下文“取其判合”意合。

〔一〇〕一谓　“一”字原作“亦”，据大德本、丛刊本改。

〔一一〕文子注　“子”字原作“字”，据学津本改。按唐文如海有庄子疏，郡斋读书志著录，其书亦称庄子正义、庄子注，则当以“文子”为是。

〔一二〕秋后叶间微白　大德本“后”字作“间”，按说郛卷七四引忘怀录、寿亲养老新书卷三作“秋间叶上微白”，埤雅卷一八蕙条称“秋则叶间微白”，疑原当作“则”。

〔一三〕大古　“大”字原作“太”，据大德本、卫湜礼记集说卷六一引改。

〔一四〕有糜有芑　大雅生民作“维糜维芑”，疑括稿当作“隹糜隹芑”，因讹“隹”为“有”。

〔一五〕陆元朗 “朗”字原作“明”，乃避宋始祖讳，从胡校回改。以下凡遇此例径改，不再出校。

〔一六〕李玄道 “玄”字原作“元”，乃避宋始祖讳，从胡校回改。以下凡遇此例径改，不再出校。

〔一七〕名旭 “旭”字原作“从日从九”，乃避宋神宗讳，从胡校回改。

〔一八〕乃勖 “勖”字原作“从日从助”，乃避宋神宗讳，从胡校回改。

〔一九〕玄武门 “玄”字原作“真”，乃避宋始祖讳，从胡校回改。以下凡遇此例径改，不再出校。

〔二〇〕紫微阁 “微”字原作“薇”，从胡校据大德本、丛刊本改。

〔二一〕食酒 “食”字原作“饮”，据大德本改。按汉书于定国传作“食酒”，括即据此而言，后人因习称饮酒而改，非也。

〔二二〕胥鼓南 “南”字原无，从胡校据王国维校识补。

〔二三〕韩偓 “偓”字原作“渥”，从胡校据王国维校识改。

〔二四〕群羊 总龟卷二九引“羊”字作“马”。

〔二五〕敏树 “树”字原作“艺”，据弘治本、万历本改。按中庸作“树”，此作“艺”乃避宋英宗讳，故回改。又，下文“艺蒲苇”恐亦因避讳而如此云。

〔二六〕地一太一 “地”下“一”字原无，胡补证云“‘地’下当从太乙金镜式经卷五、政和五礼新仪卷二、小学绀珠卷一补‘一’字”，是，据补。

〔二七〕臣基太一 “一”字原作“乙”，从胡校据大德本、丛刊本改。

〔二八〕九气太一 太乙金镜式经、政和五礼新仪、玉海有“直符太一”，“直”或作“真”，而无“九气太一”。

〔二九〕十神太一 当作“四神太一”。疑括稿当有此名而传钞脱去，此“十神太一”乃与下“唯太一最尊”连属为文。

〔三〇〕得体 “体”字原作“礼”，从胡校据万历本、稗海本、学津本改。

〔三一〕纸札　“札”字原作“劄”，大德本、丛刊本作“扎”，同“札”字，故据改。

〔三二〕后唐长兴三年　此与下文“岂得长兴三年”、“长兴三年岁壬辰”之“三”字原作“二”，胡补证云：“‘钱镠以后唐长兴二年卒’、‘长兴二年岁壬辰’，‘二’乃‘三’之误，既谓‘长兴二年岁壬辰’，当是长兴三年，且作‘三’与五代史卷七六、吴越备史卷一所记钱镠卒年合。”是，据改。

〔三三〕天成五年　此与下文“天成五年岁庚寅”之“五”字原作“四”，核“庚寅”对应之年为长兴元年，然该年改元在天成五年二月，故据改。

梦溪笔谈卷四

辩证二

71 司马相如上林赋叙上林诸水曰："丹水、紫渊，灞、浐、泾、渭，八川分流，相背而异态，灏溔潢漾，东注太湖。"八川自入大河，大河去太湖数千里，中间隔太山及淮、济、大江，何缘与太湖相涉？郭璞江赋云："注五湖以漫漭，灌三江而濆沛。"墨子曰："禹治天下，南为江、汉、淮、汝，东流注之五湖。"孔安国曰："自彭蠡江分为三，入于震泽，后为北江而入于海〔一〕。"此皆未尝详考地理。江、汉至五湖自隔山〔二〕，其末乃绕出五湖之下，流径入于海，何缘入于五湖？淮、汝径自徐州入海，全无交涉。禹贡云："彭蠡既潴，阳鸟攸居。三江既入，震泽底定。"以对文言，则彭蠡水之所潴，三江水之所入，非入于震泽也。震泽上源皆山环之〔三〕，了无大川，震泽之委乃多大川，亦莫知孰为三江者。盖三江之水无所入，则震泽壅而为害；三江之水有所入，然后震泽底定，此水之理也。

72 海州东海县西北有二古墓，图志谓之“黄儿墓”，有一石碑，已漫灭不可读，莫知黄儿者何人。石延年通判海州，因行县见之，曰：“汉二疏，东海人，此必其墓也。”遂谓之“二疏墓”，刻碑于其傍，后人又收入图经。予按，疏广，东海兰陵人，兰陵今属沂州承县，今东海县乃汉之赣榆，自属琅琊郡，非古之东海也。今承县东四十里自有疏广墓，其东又二里有疏受墓。延年不讲地志，但见今谓之东海县，遂以二疏名之，极为乖误。大凡地名如此者至多，无足纪者。此乃予初仕为沭阳主簿日〔四〕，始见图经中增此事，后世不知其因，往往以为实录。谩志于此，以见天下地书皆不可坚信。其北又有孝女冢庙，貌甚盛，著在祀典。孝女亦东海人，赣榆既非东海故境，则孝女冢庙亦后人附会县名为之耳。

73 杨文公谈苑记江南后主患清暑阁前草生，徐锴令以桂屑布砖缝中，宿草尽死，谓：“吕氏春秋云‘桂枝之下无杂木’，盖桂味辛螫故也〔五〕。”然桂之杀草木自是其性，不为辛螫也。雷公炮炙论云：“以桂为丁以钉木中，其木即死。”一丁至微，未必能螫大木，自其性相制耳。

74 天下地名错乱乖谬，率难考信。如楚章华台，亳州城父县、陈州商水县、荆州江陵、长林、监利县皆有之，乾溪亦有数处。据左传，楚灵王七年“成章华之台，与诸侯落之”，杜预注：“章华台在华容城中。”华容即今之监利县，非岳州之华容也，至今有章华故台在县郭中，与杜预之说相符。亳州城父县有乾溪，其侧亦有章华台，故台基下往往得人骨，云楚灵王战死于此；商水县章华之侧亦有乾溪，薛综注张衡东京赋引左氏传乃云"楚子成章华之台于乾溪"，皆误说也，左传实无此文。章华与乾溪元非一处，楚灵王十一年"王狩于州来〔六〕，使荡侯、潘子、司马督、嚣尹午、陵尹喜帅师围徐以惧吴，王次于乾溪"，此则城父之乾溪，灵王八年许迁于夷者乃此地。十二年公子比为乱〔七〕，使观从从师于乾溪，王众溃，灵王亡不知所在，平王即位，杀囚，衣之王服而流诸汉，乃取葬之，以靖国人，而赴以乾溪。灵王实缢于芋尹申亥氏，他年申亥以王柩告，乃改葬之，而非死于乾溪也。昭王二十七年吴伐陈，王帅师救陈，次于城父，将战，王卒于城父，而春秋又云"弑其君于乾溪"，则后世谓灵王实死于是，理不足怪也。

75 今人守郡谓之"建麾"，盖用颜延年诗"一麾乃出守"，此误也。延年谓"一麾"者，乃指麾之"麾"，如武王"右秉白旄以麾"之"麾"，非旌麾之"麾"也。延年阮始平诗云"屡荐不入官，一麾乃出守"者，谓山涛荐咸为吏部郎，三上武帝不用，后为荀勖一挤〔八〕，遂出始平，故有此句。延年被摈，以此自托耳。自杜牧为登乐游原诗云"拟把一麾江海去，乐游原上望昭陵"，始谬用"一麾"，自此遂为故事。

76 除拜官职谓除其旧籍，不然也。除犹易也，以新易旧曰除，如新旧岁之交谓之"岁除"。易"除戎器，戒不虞"，以新易弊，所以备不虞也。阶谓之"除"者，自下而上，亦更易之义。

77 世人画韩退之，小面而美髯，著纱帽。此乃江南韩熙载耳，尚有当时所画，题志甚明。熙载谥文靖，江南人谓之“韩文公”，因此遂谬以为退之。退之肥而寡髯，元丰中以退之从享文宣王庙，郡县所画皆是熙载，后世不复可辩，退之遂为熙载矣。

78 今之数钱，百钱谓之“陌”者，借“陌”字用之，其实只是“百”字，如“什”与“伍”耳。唐自皇甫镈为垫钱法，至昭宗末乃定八十为陌。汉隐帝时，三司使王章每出官钱又减三钱，以七十七为陌，输官仍用八十。至今输官钱有用八十陌者。

79 唐书：“开元钱重二铢四参。”今蜀郡亦以十参为一铢。“参”乃古之“絫”字，恐相传之误耳。

80 前史称严武为剑南节度使，放肆不法，李白为之作蜀道难。按孟棨所记，白初至京师，贺知章闻其名，首诣之，白出蜀道难，读未毕称叹数四。时乃天宝初也，此时白已作蜀道难，严武为剑南乃在至德以后肃宗时，年代甚远。盖小说所记，各得于一时见闻，本末不相知，率多舛误，皆此文之类。李白集中称“刺章仇兼琼”，与唐书所载不同，此唐书误也。

81 旧尚书禹贡云“云梦土作乂”，太宗皇帝时得古本尚书，作“云土梦作乂”，诏改禹贡从古本。予按，孔安国注“云梦之泽在江南”，不然也。据左传“吴人入郢，楚子涉雎济江，入于云中。王寝，盗攻之，以戈击王，王奔郧”，楚子自郢西走涉睢，则当出于江南。其后涉江入于云中，遂奔郧，郧即今之安州，涉江而后至云，入云然后至郧，则云在江北也。左传曰"郑伯如楚，王以田江南之梦"，杜预注云："楚之云梦跨江南、北。"曰"江南之梦"，则云在江北明矣。元丰中，予自随州道安陆，入于汉口，有景陵主簿郭思者，能言汉、沔间地理，亦以谓江南为梦、江北为云，予以左传验之，思之说信然。江南则今之公安、石首、建宁等县，江北则玉沙、监利、景陵等县，乃水之所委，其地最下。江南上淅〔九〕，水出稍高，方土而梦已作乂矣〔一〇〕。此古本之为允也。

校勘记

〔一〕后为北江而入于海　孔传此句作"遂为北江而入海"，两者意不殊，然遂、后形近，或因此而讹亦未可定。

〔二〕自隔山　胡补证："毛晃禹贡指南卷一、范成大吴郡志卷四八引本条，'山'上有'大'字。"

〔三〕震泽上源　胡补证："毛晃禹贡指南卷一、范成大吴郡志卷四八引本条，'上'作'之'。"

〔四〕沭阳　"沭"字原作"沐"，从胡校据大德本改。

〔五〕桂味辛螫　"桂"下原有"枝"字，埤雅卷一四引述无此字，按类苑卷四〇引杨文公谈苑亦无此字，盖涉上文而衍，故据删。

〔六〕楚灵王十一年　"一"字原作"二"，从胡校据左传昭公十二年改。

〔七〕十二年　"二"字原作"三"，从胡校据左传昭公十三年改。

〔八〕荀勖　"勖"字原作"勉"，乃避宋神宗讳，从胡校回改。以下凡遇此例径改，不再出校。

〔九〕上浙　“上”字原作“二”，从胡校据能改斋漫录卷九、程公说春秋分记卷三〇引改。

〔一〇〕方土　弘治本、万历本“方”上有“云”字。

梦溪笔谈卷五

乐律一

82 周礼:“凡乐,圜钟为宫,黄钟为角,太蔟为征,姑洗为羽,若乐六变则天神皆降,可得而礼矣。函钟为宫,太蔟为角,姑洗为征,南吕为羽,若乐八变则地只皆出,可得而礼矣。黄钟为宫,大吕为角,太蔟为征,应钟为羽,若乐九变则人鬼可得而礼矣。”凡声之高下列为五等,以宫、商、角、徵、羽名之,为之主者曰宫,次二曰商,次三曰角,次四曰征,次五曰羽。此谓之“序”,名可易,序不可易。圜钟为宫,则黄钟乃第五羽声也,今则谓之角,虽谓之角,名则易矣,其实第五之声安能变哉,强谓之角而已。先王为乐之意,盖不如是也。世之乐异乎郊庙之乐者,如圜钟为宫,则林钟角声也,乐有用林钟者则变而用黄钟,此祀天神之音云耳,非谓能易羽以为角也;函钟为宫,则太蔟征声也,乐有用太蔟者则变而用姑洗,此求地只之音云耳,非谓能易羽以为征也；黄钟为宫，则南吕羽声也，乐有用南吕者则变而用应钟，此求人鬼之音云耳，非谓能变均外闲声以为羽也。应钟、黄钟，宫之变征。文、武之世不用二变声，所以在均外。鬼神之情当以类求之，朱弦越席、大羹明酒，所以交于冥莫者异乎养道，此所以变其律也。声之不用商，先儒以谓恶杀声也。黄钟之太蔟、函钟之南吕皆商也，是杀声未尝不用也，所以不用商者，商，中声也，宫生徵，徵生商，商生羽，羽生角，故商为中声。降兴上下之神，虚其中声，人声也，遗乎人声，所以致一于鬼神也。宗庙之乐，宫为之先，其次角，又次征，又次羽，宫、角、徵、羽相次者，人乐之序也，故以之求人鬼。世乐之序宫、商、角、徵、羽，此但无商耳，其馀悉用，此人乐之序也。何以知宫为先、其次角、又次征、又次羽？以律吕次序知之也。黄钟最长，大吕次长，太蔟又次，应钟最短，此其序也。圜丘、方泽之乐皆以角为先，其次征，又次宫，又次羽，始于角木，木生火、火生土、土生水，越金，不用商也。木、火、土、水相次者，天地之序，故以之礼天地。五行之序，木生火、火生土、土生金、金生水，此但不用金耳，其馀悉用，此序天地之序也。何以知角为先〔一〕、其次徵、又次宫、又次羽？以律吕次序知之也。黄钟最长，太蔟次长，圜钟又次，姑洗又次，函钟又次，南吕最短，此其序也。此四音之序也。天之气始于子，故先之以黄钟〔二〕；天之功毕于三月，故终之以姑洗。地之功见于正月，故先之以太蔟；毕于八月，故终之以南吕。幽阴之气钟于北方，人之所终归，鬼之所藏也，故先之以黄钟，终之以应钟。此三乐之始终也。角者物生之始也，徵者物之成，羽者物之终。天之气始于十一月，至于正月，万物萌动，地功见处，则天功之成也，故地以太蔟为角，天以太蔟为徵。三月万物悉达，天功毕处，则地功之成也，故天以姑洗为羽，地以姑洗为徵。八月生物尽成，地之功终焉，故南吕以为羽。圜丘乐虽以圜钟为宫，而曰"乃奏黄钟，以祀天神"，方泽乐虽以函钟为宫，而曰"乃奏太蔟，以祭地只"，盖圜丘之乐始于黄钟，方泽之乐始于太蔟也。天地之乐，止是世乐黄钟一均耳，以此黄钟一均，分为天、地二乐。黄钟之均，黄钟为宫，太蔟为商，姑洗为角，林钟为方泽乐而已，唯圜钟一律不在均内。天功毕于三月，则宫声自合在徵之后、羽之前，正当用夹钟也。二乐何以专用黄钟一均？盖黄钟，正均也，乐之全体，非十一均之类也。故汉志自黄钟为宫，则皆以正声应，无有忽微〔三〕；他律虽当其月为宫，则和应之律有空积忽微，不得其正。其均始于十一月〔四〕、终于八月，统一岁之事也，他均则各主一月而已。古乐有下征调，沈休文宋书曰："下征调法，林钟为宫〔五〕，南吕为商。林钟本正声黄钟之征变，谓之'下徵调'。"马融长笛赋曰："反商下征，每各异善。"谓南吕本黄钟之羽，变为下徵之商，皆以黄钟为主而已。此天地相与之序也。人鬼始于正北，成于东北，终于西北，萃于幽阴之地也。始于十一月而成于正月者，幽阴之魄稍出于东方也。全处幽阴则不与人接，稍出于东方，故人鬼可得而礼也，终则复归于幽阴，复其常也。唯羽声独远于他均者。世乐始于十一月、终于八月者，天地岁事之一终也。鬼道无穷，非若岁事之有卒，故尽十二律然后终，事先追远之道，厚之至也，此庙乐之始终也。人鬼尽十二律为义，则始于黄钟，终于应钟，以宫、商、角、徵、羽为序，则始于宫声，自当以黄钟为宫也。天神始于黄钟，终于姑洗，以木、火、土、金、水为序，则宫声当在太蔟徵之后、姑洗羽之前，则自当以圜钟为宫也。地只始于太蔟，终于南吕，以木、火、土、金、水为序，则宫声当在姑洗徵之后、南吕羽之前，中间唯函钟当均，自当以函钟为宫也。天神用圜钟之后、姑洗之前，唯有一律自然合用也。不曰夹钟而曰圜钟者，以天体言之也；不曰林钟而曰函钟者，以地道言之也。黄钟无异名，人道也。此三律为宫次序定理〔六〕，非可以意凿也。圜钟六变、函钟八变、黄钟九变同会于卯，卯者昏明之交，所以交上下、通幽明、合人神，故天神、地只、人鬼可得而礼也。自辰以往常在昼，自寅以来常在夜，故卯为昏明之交，当其中间，昼夜夹之，故谓之"夹钟"。黄钟一变为林钟，再变为太蔟，三变南吕，四变姑洗，五变应钟，六变蕤宾，七变大吕，八变夷则，九变夹钟。函钟一变为太蔟，再变为南吕，三变姑洗，四变应钟，五变蕤宾，六变大吕，七变夷则，八变夹钟也。圜钟一变为无射，再变为中吕，三变为黄钟清宫，四变合至林钟，林钟无清宫，直至太蔟清宫为四变〔七〕，五变合至南吕，南吕无清宫，直至大吕清宫为五变，六变合至夷则，夷则无清宫，直至夹钟清宫为六变也。十二律，黄钟、大吕、太蔟、夹钟四律有清宫，总谓之十六律。自姑洗至应钟八律皆无清宫，但处位而已。此皆天理不可易者。古人以为难知，盖不深索之。听其声，求其义，考其序，无毫发可移，此所谓天理也。一者人鬼以宫、商、角、徵、羽为序者，二者天神、三者地只皆以木、火、土、金、水为序者，四者以黄钟一均分为天、地二乐者，五者六变、八变、九变皆会于夹钟者。

83 六吕，三曰钟、三曰吕，夹钟、林钟、应钟，大吕、中吕、南吕。钟与吕常相间、常相对，六吕之间复自有阴阳也。纳音之法，申、子、辰、巳、酉、丑为阳纪，寅、午、戌、亥、卯、未为阴纪。亥、卯、未曰夹钟、林钟、应钟，阴中之阴也〔八〕。黄钟者，阳之所钟也；夹钟、林钟、应钟，阴之所钟也，故皆谓之"钟"。巳、酉、丑曰大吕〔九〕、中吕、南吕，阴中之阳也。吕，助也，能时出而助阳也，故皆谓之"吕"。

84 汉志："阴阳相生，自黄钟始而左旋，八八为伍。"

"八八为伍"者，谓一上生与一下生相间，如此则自大吕以后律数皆差，须自蕤宾再上生方得本数，此"八八为伍"之误也。或曰：律无上生吕之理，但当下生而用浊倍[一〇]。二说皆通，然至蕤宾清宫生大吕清宫，又当再上生，如此时上时下，即非自然之数，不免牵合矣。自子至巳为阳律、阳吕，自午至亥为阴律、阴吕，凡阳律、阳吕皆下生，阴律、阴吕皆上生。故巳方之律谓之"中吕"，言阴阳至此而中也。中吕当读如本字，作"仲"非也。至午则谓之"蕤宾"，阳常为主，阴常为宾，蕤宾者，阳至此而为宾也。纳音之法，自黄钟相生，至于中吕而中，谓之"阳纪"；自蕤宾相生，至于应钟而终，谓之"阴纪"。盖中吕为阴阳之中，子、午为阴阳之分也。

85 汉志言数曰："太极元气，函三为一。极，中也；元，始也。行于十二辰，始动于子，参之于丑得三，又参之于寅得九，又参之于卯得二十七，历十二辰，得十七万七千一百四十七。此阴阳合德，气钟于子，化生万物者也。"殊不知此乃求律吕长短体算立成法耳，别有何义？为史者但见其数浩博，莫测所用，乃曰"此阴阳合德，化生万物者也"。尝有人于土中得一朽弊捣帛杵，不识，持归以示邻里，大小聚观，莫不怪愕，不知何物，后有一书生过，见之曰："此灵物也。吾闻防风氏身长三丈，骨节专车，此防风氏胫骨也。"乡人皆喜，筑庙祭之，谓之"胫庙"。班固此论，亦近乎胫庙也。

86 吾闻羯鼓录序羯鼓之声云："透空碎远，极异众乐。”唐羯鼓曲，今唯有邠州一父老能之，有大合蝉、滴滴泉之曲，予在鄜延时尚闻其声。泾原承受公事杨元孙因奏事回，有旨令召此人赴阙，元孙至邠，而其人已死，羯鼓遗音遂绝。今乐部中所有，但名存而已，“透空碎远”了无馀迹。唐明帝与李龟年论羯鼓云“杖之弊者四柜”，用力如此，其为艺可知也。

87 唐之杖鼓本谓之“两杖鼓”，两头皆用杖。今之杖鼓，一头以手拊之，则唐之汉震第二鼓也。明帝、宋开府皆善此鼓，其曲多独奏，如鼓笛曲是也。今时杖鼓，常时只是打拍，鲜有专门独奏之妙，古曲悉皆散亡。顷年王师南征，得黄帝炎一曲于交趾，乃杖鼓曲也“炎”或作“盐”。唐曲有突厥盐、阿鹊盐，施肩吾诗云“颠狂楚客歌成雪，妩媚吴娘笑是盐”〔一一〕，盖当时语也。今杖鼓谱中有炎杖声。

88 元稹连昌宫词有“逡巡大遍凉州彻”。所谓“大遍”者，有序、引、歌、䬙、嗺、哨、催、攧、衮、破、行、中腔、踏歌之类，凡数十解，每解有数叠者，裁截用之则谓之“摘遍”。今人大曲皆是裁用，悉非大遍也。

89 鼓吹部有拱辰管，即古之叉手管也，太宗皇帝赐今名。

90 边兵每得胜回，则连队抗声凯歌，乃古之遗音也。凯歌词甚多，皆市井鄙俚之语，予在鄜延时制数十曲，令士卒歌之。今粗记得数篇，其一：“先取山西十二州，别分子将打衙头。回看秦塞低如马，渐见黄河直北流。”其二：“天威卷地过黄河，万里羌人尽汉歌。莫堰横山倒流水，从教西去作恩波。”其三：“马尾胡琴随汉车，曲声犹自怨单于。弯弓莫射云中雁，归雁如今不寄书。”其四：“旗队浑如锦绣堆，银装背嵬打回回。先教净扫安西路，待向河源饮马来。”其五：“灵武、西凉不用围，蕃家总待纳王师。城中半是关西种，犹有当时轧吃根勿反儿。”

91 柘枝旧曲遍数极多，如羯鼓录所谓“浑脱解”之类，今无复此遍。寇莱公好柘枝舞，会客必舞柘枝，每舞必尽日，时谓之“柘枝颠”。今凤翔有一老尼，犹是莱公时柘枝妓，云：“当时柘枝尚有数十遍，今日所舞柘枝，比当时十不得二三。”老尼尚能歌其曲，好事者往往传之。

92 古之善歌者有语，谓“当使声中无字，字中有声”。凡曲，止是一声清浊高下如萦缕耳，字则有喉、唇、齿、舌等音不同，当使字字举本皆轻圆，悉融入声中，令转换处无磊魄，此谓“声中无字”，古人谓之“如贯珠”，今谓之“善过度”是也。如宫声字而曲合用商声，则能转宫为商歌之，此“字中有声”也，善歌者谓之“内里声”。不善歌者，声无抑扬，谓之“念曲”；声无含韫，谓之“叫曲”。

93 五音，宫、商、角为从声，徵、羽为变声。“从”谓律从律、吕从吕，“变”谓以律从吕、以吕从律。故从声以配君、臣、民，尊卑有定，不可相逾；变声以为事、物，则或过于君声无嫌〔一二〕。六律为君声，则商、角皆以律应，徵、羽以吕应；六吕为君声，则商、角皆以吕应，徵、羽以律应。加变徵〔一三〕，则从、变之声已渎矣。隋柱国郑译始条具七均，展转相生，为八十四调，清浊混淆，纷乱无统，竞为新声，自后又有犯声、侧声、正杀、寄杀、偏字、傍字、双字、半字之法，从、变之声无复条理矣。

94 外国之声，前世自别为四夷乐，自唐天宝十三载始诏法曲与胡部合奏，自此乐奏全失古法，以先王之乐为雅乐，前世新声为清乐，合胡部者为宴乐。

95 古诗皆咏之，然后以声依咏以成曲，谓之“协律”。其志安和，则以安和之声咏之；其志怨思，则以怨思之声咏之。故“治世之音安以乐”，则诗与志、声与曲莫不安且乐；“乱世之音怨以怒”，则诗与志、声与曲莫不怨且怒，此所以审音而知政也。诗之外又有和声，则所谓“曲”也。古乐府皆有声、有词，连属书之，如曰“贺贺贺”、“何何何”之类，皆和声也。今管弦之中缠声，亦其遗法也。唐人乃以词填入曲中，不复用和声。此格虽云自王涯始，然贞元、元和之间为之者已多，亦有在涯之前者。又小曲有“咸阳沽酒宝钗空”之句，云是李白所制，然李白集中有清平乐词四首，独欠是诗，而花间集所载“咸阳沽酒宝钗空”乃云是张泌所为，莫知孰是也。今声词相从，唯里巷间歌谣及阳关、捣练之类稍类旧俗。然唐人填曲，多咏其曲名，所以哀乐与声尚相谐会，今人则不复知有声矣，哀声而歌乐词，乐声而歌怨词，故语虽切而不能感动人情，由声与意不相谐故也。

96 古乐有三调声，谓清调、平调、侧调也，王建诗云“侧商调里唱伊州”是也。今乐部中有三调乐，品皆短小，其声噍杀，唯道调、小石法曲用之，虽谓之“三调乐”，皆不复辨清、平、侧声，但比他乐特为烦数耳。

97 唐独异志云：“唐承隋乱，乐簴散亡，独无征音，李嗣真密求得之〔一四〕，闻弩营中砧声，求得丧车一铎，入振之，于东南隅果有应者，掘之，得石一段，裁为四具，以补乐簴之阙。”此妄也。声在短长、厚薄之间，故考工记“磬氏为磬，已上则磨其旁，已下则磨其端”，磨其毫末则声随而变，岂有帛砧裁琢为磬，而尚存故声哉？兼古乐宫、商无定声，随律命之，迭为宫、徵。嗣真必尝为新磬，好事者遂附益为之说，既云“裁为四具”，则是不独补征声也。

98 国史纂异云：“润州曾得玉磬十二以献，张率更叩其一，曰：‘晋某岁所造也。是岁闰月，造磬者法月数，当有十三，宜于黄钟东九尺掘，必得焉。’从之，果如其言。”此妄也。法月律为磬，当依节气，闰月自在其间，闰月无中气，岂当月律？此懵然者为之也。扣其一，安知其是晋某年所造？既沦陷在地中，岂暇复按方隅尺寸埋之？此欺诞之甚也。

99 霓裳羽衣曲，刘禹锡诗云：“三乡陌上望仙山，归作霓裳羽衣曲。”又王建诗云：“听风听水作霓裳。”白乐天诗注云：“开元中，西凉府节度使杨敬述造〔一五〕。”郑嵎津阳门诗注云〔一六〕：“叶法善尝引上入月宫，闻仙乐。及上归，但记其半，遂于笛中写之。会西凉府都督杨敬述进婆罗门曲，与其声调相符，遂以月中所闻为散序，用敬述所进为其腔，而名霓裳羽衣曲。”诸说各不同。今蒲中逍遥楼楣上有唐人横书，类梵字，相传是霓裳谱，字训不通，莫知是非。或谓今燕部有献仙音曲，乃其遗声。然霓裳本谓之道调法曲，今献仙音乃小石调耳，未知孰是。

100 虞书曰："戛击鸣球、搏拊琴瑟以咏，祖考来格。"鸣球非可以戛击，和之至，咏之不足，有时而至于戛且击；琴瑟非可以搏拊，和之至，咏之不足，有时而至于搏且拊。所谓"手之舞之、足之蹈之"而不自知其然，和之至，则宜祖考之来格也。和之生于心，其可见者如此。后之为乐者，文备而实不足，乐师之志〔一七〕，主于中节奏、谐声律而已。古之乐师皆能通天下之志，故其哀乐成于心，然后宣于声〔一八〕，则必有形容以表之，故乐有志、声有容，其所以感人深者，不独出于器而已。

101 新五代史书唐昭宗幸华州，登齐云楼，西北顾望京师，作菩萨蛮辞三章，其卒章曰："野烟生碧树，陌上行人去。安得有英雄，迎归大内中。"今此辞墨本犹在陕州一佛寺中，纸札甚草草，予顷年过陕曾一见之，后人题跋多，盈巨轴矣。

102 世称善歌者皆曰"郢人"，郢州至今有白雪楼，此乃因宋玉问曰〔一九〕"客有歌于郢中者，其始曰下里、巴人，次为阳阿、薤露，又为阳春、白雪，引商刻羽，杂以流徵"，遂谓郢人善歌，殊不考其义。其曰"客有歌于郢中者"，则歌者非郢人也。其曰"下里、巴人，国中属而和者数千人；阳阿、薤露，和者数百人；阳春、白雪，和者不过数十人；引商刻羽，杂以流徵，则和者不过数人而已"，以楚之故都人物猥盛，而和者止于数人，则为不知歌甚矣，故玉以此自况。阳春、白雪皆郢人所不能也，以其所不能者明其俗，岂非大误也？襄阳耆旧传虽云"楚有善歌者歌阳菱、白露，朝日、鱼丽，和之者不过数人"，复无阳春、白雪之名。又今郢州本谓之"北郢"，亦非古之楚都。或曰：楚都在今宜城界中，有故墟尚在。亦不然也，此鄢也，非郢也。据左传，楚成王使斗宜申"为商公，沿汉溯江，将入郢，王在渚宫下见之"，沿汉至于夏口然后溯江，则郢当在江上，不在汉上也；又"在渚宫下见之"，则渚宫盖在郢也。楚始都丹阳，在今枝江；文王迁郢、昭王迁都，皆在今江陵境中。杜预注左传云："楚国，今南郡江陵县北纪南城也。"谢灵运邺中集诗云〔二〇〕："南登宛郢城。"今江陵北十二里有纪南城，即古之郢都也，又谓之"南郢"。

103 六十甲子有纳音，鲜原其意，盖六十律旋相为宫法也，一律含五音，十二律纳六十音也。凡气始于东方而右行，音起于西方而左行〔二一〕，阴阳相错而生变化。所谓"气始于东方"者，四时始于木，右行传于火，火传于土，土传于金，金传于水。所谓"音始于西方"者，五音始于金，左旋传于火，火传于木，木传于水，水传于土。纳音与易纳甲同法，乾纳甲而坤纳癸，始于乾而终于坤。纳音始于金，金，乾也；终于土，土，坤也。纳音之法，同类娶妻，隔八生子，此汉志语也。此律吕相生之法也。五行先仲而后孟，孟而后季，此遁甲三元之纪也。甲子，金之仲；黄钟之商。同位娶乙丑，大吕之商。"同位"谓甲与乙、丙与丁之类，下皆仿此。隔八下生壬申，金之孟；夷则之商。"隔八"谓大吕下生夷则也，下皆仿此。壬申同位娶癸酉，南吕之商。隔八上生庚辰，金之季。姑洗之商。此金三元终。若只以阳辰言之，则依遁甲逆传仲、孟、季；若兼妻言之，则顺传孟、仲、季也。庚辰同位娶辛巳，中吕之商〔二二〕。隔八下生戊子，火之仲；黄钟之徵。金三元终，则左行传南方火也。戊子娶己丑，大吕之徵。生丙申，火之孟；夷则之徵。丙申娶丁酉，南吕之徵。生甲辰，火之季。姑洗之徵。甲辰娶乙巳，中吕之徵。生壬子，木之仲，黄钟之角。火三元终，则左行传于东方木。如是左行至于丁巳，中吕之宫，五音一终。复自甲午金之仲，娶乙未，隔八生壬寅，一如甲子之法，终于癸亥。谓蕤宾娶林钟，上生太蔟之类。自子至于巳为阳，故自黄钟至于中吕皆下生；自午至于亥为阴，故自林钟至于应钟皆上生。予于乐论叙之甚详，此不复纪。甲子、乙丑金与甲午、乙未金虽同，然甲子、乙丑为阳律，阳律皆下生；甲午、乙未为阳吕，阳吕皆上生。六十律相反，所以分为一纪也。

104 今太常钟镈皆于甬本为纽，谓之“旋虫”，侧垂之。皇祐中，杭州西湖侧发地得一古钟，匾而短，其枚长几半寸，大略制度如凫氏所载，唯甬乃中空，甬半以上差小，所谓“衡”者。予细考其制，亦似有义。甬所以中空者，疑钟縻自其中垂下，当衡、甬之间，以横栝挂之，横栝疑所谓“旋虫”也。今考其名，竹筩之“筩”，文从竹、从甬，则甬仅乎空；甬半以上微小者，所以碍横栝，以其横栝所在也，则有衡之义也。其横栝之形，似虫而可旋，疑所谓“旋虫”。以今之钟镈校之，此衡、甬中空，则犹小于甬者，乃欲碍横栝，似有所因；彼衡甬俱实，则衡小于甬，似无所因。又以其栝之横于其中也，则宜有衡义，实甬直上植之，而谓之“衡”者何义？又横栝以其可旋而有虫形，或可谓之“旋虫”，今钟则实其纽不动，何缘得“旋”名？若以侧垂之，其钟可以掉荡旋转，则钟常不定，击者安能常当其隧？此皆可疑，未知孰是。其钟今尚在钱塘，予群从家藏之。

105 海州士人李慎言，尝梦至一处水殿中，观宫女戏球。山阳蔡绳为之传，叙其事甚详。有抛球曲十馀阕，词皆清丽，今独记两阕："侍燕黄昏晚未休〔二三〕，玉阶夜色月如流。朝来自觉承恩醉，笑倩傍人认绣球。""堪恨隋家几帝王，舞茵揉尽绣鸳鸯。如今重到抛球处，不是金炉旧日香。"

106 卢氏杂说〔二四〕："韩皋谓嵇康琴曲有广陵散者，以王凌〔二五〕、毌丘俭辈皆自广陵败散，言魏散亡自广陵始，故名其曲曰广陵散。"以予考之，"散"自是曲名，如操、弄、掺、淡、序、引之类，故潘岳笙赋"辍张女之哀弹，流广陵之名散"，又应璩与刘孔才书云"听广陵之清散"，知"散"为曲名明矣。或者康借此名以谏讽时事，"散"取曲名，"广陵"乃其所命，相附为义耳。

107 马融笛赋云"裁以当篴便易持"，李善注谓："篴，马策也。裁笛以当篴〔二六〕，故便易持。"此谬说也，笛安可为马策？篴，管也，古人谓乐之管为篴，故潘岳笙赋云："修篴内辟，馀箫外逶〔二七〕。""裁以当篴"者，馀器多裁众篴以成音，此笛但裁一篴，五音皆具，当篴之工不假繁猥，所以便而易持也。

108 笛有雅笛、有羌笛，其形制所始，旧说皆不同。周礼笙师"掌教篪篴"，或云汉武帝时丘仲始作笛，又云起于羌人。后汉马融所赋长笛，空洞无底，剡其上，孔五，孔一出其背〔二八〕，正似今之尺八，李善为之注云："七孔，长一尺四寸。”此乃今之横笛耳，太常鼓吹部中谓之“横吹”，非融之所赋者。融赋云：“易京君明识音律，故本四孔加以一。君明所加孔后出，是谓商声五音毕。”沈约宋书亦云：“京房备其五音。”周礼笙师注：“杜子春云：篴乃今时所吹五空竹篴。”以融、约所记论之，则古篴不应有五孔，即子春之说亦未为然。今三礼图画篴亦横设而有五孔，又不知出何典据。

109 琴虽用桐，然须多年木性都尽，声始发越。予曾见唐初路氏琴，木皆枯朽，殆不胜指，而其声愈清。又尝见越人陶道真畜一张越琴，传云古冢中败棺杉木也，声极劲挺。吴僧智和有一琴，瑟瑟徽碧，纹石为轸〔二九〕，制度、音韵皆臻妙，腹有李阳冰篆数十字，其略云：“南溟岛上得一木，名伽陀罗，纹如银屑〔三〇〕，其坚如石，命工斲为此琴。”篆文甚古劲。琴材欲轻、松、脆、滑，谓之“四善”，木坚如石可以制琴，亦所未谕也。投荒录云：“琼管多乌樠〔三一〕、呿陀，皆奇木。”疑伽陀罗即呿陀也。

110 高邮人桑景舒性知音，听百物之声，悉能占其灾福，尤善乐律。旧传有虞美人草，闻人作虞美人曲，则枝叶皆动，他曲不然。景舒试之，诚如所传，乃详其曲声，曰：“皆吴音也。”他日取琴，试用吴音制一曲，对草鼓之，枝叶亦动，乃谓之“虞美人操”。其声调与虞美人曲全不相近，始末无一声相似者，而草辄应之与虞美人曲无异者，律法同管也，其知音臻妙如此〔三二〕。景舒进士及第，终于州县官。今虞美人操盛行于江吴间〔三三〕，人亦莫知其如何者为吴音。

校勘记

〔一〕何以知角为先　“角”上原有“其”字，前文“故以之求人鬼”注作“何以知宫为先”，无“其”字，故依其例删。

〔二〕先之以黄钟　“之”字原无，下文作“先之以太蔟”、“先之以黄钟”，故依其例补。

〔三〕无有忽微　此与下文“空积忽微”之“微”字原作“徵”，从胡校据汉书律历志改。

〔四〕始于十一月　“始”字原作“起”，依本条述例改。

〔五〕林钟　“林”字原作“黄”，从胡校据宋书律志改。

〔六〕三律　“三”，字原作“二”，据大德本、丛刊本改。

〔七〕直至　“直”字原无，据下文述例补。

〔八〕阴中之阴　“阴中”原作“阳中”，按上文谓六吕“复自有阴阳”，六吕皆属阴，其中之阴阳当称“阴中之阴”，故据改。

〔九〕曰大吕　“曰”字原无，依本条述例补。

〔一〇〕浊倍　“浊”字原作“独”，从胡校据大德本改。

〔一一〕妩媚　大德本、丛刊本作“媚赖”。

〔一二〕过于君声　“过”字原作“遇”，按补笔谈第五三四条云“其馀徵、羽，自是事、物用变声，过于君声无嫌”，故据改。

〔一三〕加变征　胡补证：“徐养原管色考‘杀声用声’云：‘变徵’下疑脱‘变宫’二字。”

〔一四〕密求得之　太平广记卷二〇三引独异志作“密求之不得”。

〔一五〕杨敬述　胡补证：“‘杨敬述’，各书所载不一，据新旧唐书、唐大诏令集，当以‘敬述’为是。‘敬’或作‘钦’者，疑因避讳而改；‘述’或作‘远’者，盖形近而讹。”

〔一六〕郑嵎　此与本书第三三四条“郑嵎”之“嵎”字原作“愚”，从胡校据总龟卷四○引改。按直斋书录解题诗集类著录津阳门诗一卷,云:“唐郑嵎撰。大中五年进士。或作‘愚’者非也,愚尝为岭南节度,好著锦半臂者,非此郑嵎也。”

〔一七〕乐师之志　“乐”字原无,从胡校据类苑卷二○引补。

〔一八〕宣于声　“宣”字原作“宜”,从胡校据类苑卷二○引改。

〔一九〕宋玉问曰　此处引文出宋玉对楚王问篇,系宋玉答楚王之问,作“宋玉问”不妥,或“问”字讹。

〔二○〕郢中集诗　胡补证:“据宋本三谢诗,各本‘郢’上均脱‘拟’字。”

〔二一〕音起于西方而左行　下文云“所谓‘音始于西方’者”,起、始形近,疑两句中当有一处讹字。

〔二二〕中吕之商　“中”字原作“仲”,据丛刊本改。按本卷第八四条小注谓:“中吕当读如本字,作‘仲’非也。”

〔二三〕晚未休　“晚”字原作“晓”,从胡校据弘治本及总龟卷三三、类苑卷一九、挥犀卷七引改。

〔二四〕卢氏杂说　稗海本“说”字作“记”,胡补证:“卢氏杂说,唐、宋载记亦作‘卢氏杂记’,陈振孙直斋书录解题卷十一录卢氏杂记一卷,云‘唐卢言撰’,显为一书,或因说、记形近而淆耶?然不知何者为正。”

〔二五〕王凌　“凌”字原作“陵”,据三国志王凌传改。

〔二六〕以当篴　“当”下原有“马”字,据文选长笛赋李善注删。

〔二七〕馀箫　“箫”字原“萧”,从胡校据弘治本、稗海本、学津本改。

〔二八〕孔一出其背　“一”下原有“孔”字,从胡校据类苑卷二○、高承事物纪原卷二引删。

〔二九〕纹石为轸　渑水燕谈录卷八“纹”字作“文细”,类苑卷一九此句作“细文石轸”。

〔三○〕纹如银屑　渑水燕谈录卷八、西溪丛语卷上“纹”下有

“横”字。

〔三一〕乌樠　太平广记卷二六九引投荒杂录“樠”字作“文”，本草纲目卷三五下乌木条释名有“乌樠木”、“乌文木”，时珍曰：“本名文木，南人呼文如樠故也。”

〔三二〕知音　“音”字原作“者”，从胡校据类苑卷二〇引改。

〔三三〕江吴间　“吴”字原作“湖”，据大德本、丛刊本改。按黄休复益州名画录卷中云“蜀偏霸时，江吴商贾入蜀”，陆游渭南文集卷二九跋火井碑云“今江吴间穿地尺馀则见水”，是当时有此称。

梦溪笔谈卷六

乐律二

111 前世遗事，时有于古人文章中见之。元稹诗有“琵琶宫调八十一，三调弦中弹不出”，琵琶共有八十四调，盖十二律各七均，乃成八十四调，稹诗言八十一调，人多不喻所谓。予于金陵丞相家得唐贺怀智琵琶谱一册，其序云：“琵琶八十四调，内黄钟、太蔟、林钟宫声弦中弹不出，须管色定弦，其馀八十一调，皆以此三调为准，更不用管色定弦。”始喻稹诗言。如今之调琴，须先用管色合字定宫弦，乃以宫弦下生征，征弦上生商，上下相生，终于少商。凡下生者隔二弦、上生者隔一弦取之，凡弦声皆当如此。古人仍须以金石为准，商颂“依我磬声”是也。今人苟简，不复以弦管定声，故其高下无准，出于临时。怀智琵琶谱调格与今乐全不同，唐人乐学精深，尚有雅律遗法，今之燕乐，古声多亡，而新声大率皆无法度，乐工自不能言其义，如何得其声和？

112 今教坊燕乐比律高二均弱，合字比太蔟微下，却以凡字当宫声，比宫之清宫微高〔一〕。外方乐尤无法，大体又高教坊一均以来〔二〕，唯北狄乐声比教坊乐下二均。大凡北人衣冠文物多用唐俗，此乐疑亦唐之遗声也。

113 今之燕乐二十八调，布在十一律，唯黄钟、中吕、林钟三律各具宫、商、角、羽四音，其馀或有一调至二三调，独蕤宾一律都无。内中管仙吕调乃是蕤宾声，亦不正当本律。其间声音出入，亦不全应古法，略可配合而已。如今之中吕宫却是古夹钟宫，南吕宫乃古林钟宫，今林钟商乃古无射宫〔三〕，今大吕调乃古林钟羽〔四〕，虽国工亦莫能知其所因。

114 十二律并清宫当有十六声，今之燕乐止有十五声，盖今乐高于古乐二律以下，故无正黄钟声，只以合字当，大吕犹差高，当在大吕、太蔟之间，下四字近太蔟，高四字近夹钟，下一字近姑洗，高一字近中吕，上字近蕤宾，勾字近林钟，尺字近夷则，下工字近南吕〔五〕，高工字近无射，六字近应钟，下凡字为黄钟清〔六〕，高凡字为大吕清，下五字为太蔟清，高五字为夹钟清。法虽如此，然诸调杀声不能尽归本律，故有偏杀、侧杀、寄杀、元杀之类，虽与古法不同，推之亦皆有理，知声者皆能言之，此不备载也。

115 古法钟磬每簴十六，乃十六律也，然一簴又自应一律，有黄钟之簴、有大吕之簴，其他乐皆然。且以琴言之，虽皆清实，其间有声重者、有声轻者，材中自有五音，故古人名琴,或谓之"清徵",或谓之"清角"。不独五音也,又应诸调。予友人家有一琵琶,置之虚室,以管色奏双调,琵琶弦辄有声应之,奏他调则不应,宝之以为异物。殊不知此乃常理,二十八调但有声同者即应,若偏二十八调而不应,则是逸调声也。古法一律有七音,十二律共八十四调,更细分之尚不止八十四,逸调至多,偶在二十八调中,人见其应则以为怪,此常理耳。此声学至要妙处也〔七〕,今人不知此理,故不能极天地至和之声。世之乐工,弦上音调尚不能知,何暇及此?

校勘记

〔一〕宫之清宫　胡补证:"据凌廷堪燕乐考原卷一校语,'清宫'当作'清声'。"

〔二〕大体　"大"字原作"求",从胡校据类苑卷二〇引改。

〔三〕今林钟商乃古无射宫　按本条中之"今"为燕乐调名,"古"当是均调名,据燕乐二十八调与均调名对应关系,"无射宫"当作"夷则商"。

〔四〕今大吕调乃古林钟羽　据燕乐二十八调与均调名对应关系,"大吕"当作"南吕"。

〔五〕下工字近南吕　"下"字原无,按补笔谈第五三二条云"下工字配夷则,高工字配南吕",则近南吕者当为下工字,故据补。

〔六〕下凡字为黄钟清　自此至"高五字为夹钟清",与补笔谈第五三二条所云"六字配黄钟清,下五字配大吕清,高五字配太簇清,紧五字配夹钟清"不协,疑有错讹,或此四句中之"为"皆当作"近"。

〔七〕声学　"学"字原作"乐",从胡校据大德本、丛刊本改。

梦溪笔谈卷七

象数一

116 开元大衍历法最为精密，历代用其朔法，至熙宁中考之，历已后天五十馀刻[一]，而前世历官皆不能知。奉元历乃移其闰朔，熙宁十年天正元用午时，新历改用子时，闰十二月改为闰正月。四夷朝贡者用旧历，比未款塞[二]，众论谓气至无显验可据，因此以摇新历。事下有司考定，凡立冬晷景与立春之景相若者也，今二景短长不同，则知天正之气偏也，凡移五十馀刻，立冬、立春之景方停。以此为验，论者乃屈。元会使人亦至，历法遂定。

117 六壬天十二辰，亥曰“征明”为正月将[三]，戌曰“天魁”为二月将。古人谓之“合神”，又谓之“太阳过宫”。“合神”者，正月建寅合在亥、二月建卯合在戌之类；“太阳过宫”者，正月日躔娵訾、二月日躔降娄之类。二说一也，此以颛帝历言之也。今则分为二说者，盖日度随黄道岁差。今太阳至雨水后方躔娵訾、春分后方躔降娄，若用合神，则须自立春日便用亥将、惊蛰便用戌将。今若用太阳则不应合神，用合神则不应太阳。以理推之，发课皆用月将加正时，如此则须当从太阳过宫，若不用太阳躔次，则当日当时日月五星、支干、二十八宿皆不应天行，以此决知须用太阳也。然尚未是尽理，若尽理言之，并月建亦须移易，缘目今斗杓昏刻已不当月建，须当随黄道岁差。今则雨水后一日方合建寅，春分后四日方合建卯，谷雨后五日方合建辰，如此始与太阳相符，复会为一说。然须大改历法，事事厘正，如东方苍龙七宿当起于亢、终于斗，南方朱鸟七宿起于东井、终于角〔四〕，西方白虎七宿起于娄、终于参〔五〕，北方玄武七宿起于牛、终于奎，如此历法始正，不止六壬而已。

118 六壬天十二辰之名，古人释其义曰："正月阳气始建，呼召万物，故曰'征明'。二月物生根魁，故曰'天魁'。三月华叶从根而生，故曰'从魁'。四月阳极无所传，故曰'传送'。五月草木茂盛，逾于初生，故曰'胜先'。六月万物小盛，故曰'小吉'。七月百谷成实，自能任持，故曰'太一'。八月枝条坚刚，故曰'天罡'。九月木可为枝干，故曰'太冲'。十月万物登成，可以会计，故曰'功曹'。十一月月建在子，君复其位，故曰'大吉'。十二月为酒醴以报百神，故曰'神后'。"此说极无稽据义理。予按，征明者，正月三阳始兆于地上，"见龙在田，天下文明"，故曰"征明"。天魁者，斗魁第一星也，斗魁第一星抵于戌，故曰"天魁"。从魁者，斗魁第二星也，斗魁第二星抵于酉，故曰"从魁"。斗杓一星建方，斗魁二星建方，一星抵戌，一星抵酉。传送者，四月阳极将退，一阴欲生，故传阴而送阳也。小吉者〔六〕，夏至之气，大往小来，小人道长，小人之吉也，故为婚姻、酒食之事。胜先者，王者向明而治，万物相见乎此，莫胜莫先焉〔七〕。太一者，太微垣所在，太一所居也。天罡者，斗刚之所建也。斗杓谓之"刚"，苍龙第一星亦谓之"亢"，与斗刚相直。太冲者，日月五星所出之门户，天之冲也。功曹者，十月岁功成而会计也。大吉者，冬至之气，小往大来，君子道长，大人之吉也，故主文武大臣之事。十二月子位北方之中，上帝所居也，神后，帝君之称也。天十二辰也，故皆以天事名之。

119 六壬有十二神将，以义求之，止合有十一神将。贵人为之主，其前有五将，谓螣蛇、朱雀、六合、勾陈、青龙也，此木、火之神在方左者；"方左"谓寅、卯、辰、巳、午。其后有五将，谓天后、太阴、玄武、太常、白虎也，此金、水之神在方右者。"方右"谓未、申、酉、亥、子。唯贵人对相无物，如日之在天，月对则亏，五星对则逆行避之，莫敢当其对，贵人亦然，莫有对者，故谓之"天空"。空者，无所有也，非神将也，犹月杀之有月空也〔八〕。以之占事，吉凶皆空，唯求对见及有所伸理于君者遇之乃吉。十一将，前二火、二木、一土间之，后当二金、二水、一土间之。玄武合在后二，太阴合在后三，今二神差互，理似可疑也。

120 天事以辰名者为多〔九〕，皆本于辰巳之"辰"，今略举数事。十二支谓之"十二辰"，一时谓之"一辰"，一日谓之"一辰",日、月、星谓之"三辰",北极谓之"北辰",大火谓之"大辰",五星中有辰星,五行之时谓之"五辰",书曰"抚于五辰"是也,已上皆谓之"辰"〔一〇〕。今考子、丑至于戌、亥谓之"十二辰"者,左传云"日月之会是谓辰",一岁日月十二会,则十二辰也。日月之所舍始于东方〔一一〕,苍龙角、亢之舍起于辰〔一二〕,故以所首者名之。子、丑、戌、亥既谓之"辰"〔一三〕,则十二支、十二时皆子、丑、戌、亥,则谓之"辰"无疑也。一日谓之"一辰"者,以十二支言也,以十干言之谓之"今日",以十二支言之谓之"今辰",故支干谓之"日辰"。日、月、星谓之"三辰"者,日、月、星至于辰而毕见,以其所见者名之,故皆谓之"辰"。四时所见有早晚,至辰则四时毕见,故日加辰为"晨",谓日始出之时也。星有三类,一经星,北极为之长;二舍星,大火为之长;三行星,辰星为之长,故皆谓之"辰"。北辰居其所而众星拱之,故为经星之长。大火,天王之座,故为舍星之长。辰星,日之近辅,远乎日不过一辰,故为行星之长。

121 洪范五行数,自一至五,先儒谓之此五行生数,各益以土数以为成数,以谓五行非土不成,故水生一而成六,火生二而成七,木生三而成八,金生四而成九,土生五而成十,合之为五十有五。唯黄帝素问土生数五,成数亦五,盖水、火、木、金皆待土而成,土更无所待,故止一五而已。画而为图,其理可见。为之图者,设木于东,设金于西,火居南,水居北,土居中央,四方自为生数,各并中央之土以为成数,土自居其位,更无所并,自然止有五数,盖土不须更待土而成也。合五行之数为五十,则大衍之数也。此亦有理。

122 揲蓍之法，四十九蓍聚之则一，而四十九隐于一中；散之则四十九，而一隐于四十九中。一者道也，谓之无则一在，谓之有则不可取；四十九者用也，静则归于一，动则惟睹其用，一在其间而不可取，此所谓“大衍之数五十，其用四十有九”。

123 世之谈数者，盖得其粗迹，然数有甚微者，非恃历所能知，况此但迹而已，至于感而遂通天下之故者，迹不预焉，此所以前知之神，未易可以迹求，况得其粗也。予之所谓甚微之迹者，世之言星者恃历以知之，历亦出乎亿而已，予于奉元历序论之甚详。治平中金、火合于轸，以崇玄、宣明〔一四〕、明、崇、钦天凡十一家大历步之悉不合，有差三十日以上者，历岂足恃哉？纵使在其度，然又有行黄道之里者、行黄道之外者，行黄道之上者、行黄道之下者，有循度者、有失度者，有犯经星者、有犯客星者，所占各不同，此又非历之能知也。又一时之间天行三十馀度，总谓之一宫，然时有始末，岂可三十度间阴阳皆同，至交他宫则顿然差别？世言星历难知，唯五行时日为可据，是亦不然。世之言五行消长者，止是知一岁之间，如冬至后日行盈度为阳、夏至后日行缩度为阴、二分行平度，殊不知一月之中自有消长，如望前月行盈度为阳〔一五〕、望后月行缩度为阴、两弦行平度，至如春木、夏火、秋金、冬水，一月之中亦然。不止月中，一日之中亦然，素问云“疾在肝，寅、卯患，申、酉剧；病在心，巳、午患，子、亥剧”，此一日之中自有四时也，安知一时之间无四时，安知一刻、一分、一刹那之中无四时邪，又安知十年、百年、一纪、一会、一元之间又岂无大四时邪？又如春为木，九十日间当亹亹消长，不可三月三十日亥时属木，明日子时顿属火也。似此之类，亦非世法可尽者。

124 历法步岁之法，以冬至斗建所抵，至明年冬至所得辰刻衰杪〔一六〕，谓之"斗分"。故"岁"文从步、从戌，戌者斗魁所抵也。

125 正月寅、二月卯谓之"建"，其说谓斗杓所建。不必用此说，但春为寅、卯、辰，夏为巳、午、未，理自当然，不须因斗建也，缘斗建有岁差。盖古人未有岁差之法，颛帝历冬至日宿牛初〔一七〕，今宿斗六度；古者正月斗杓建寅，今则正月建丑矣；又岁与岁合，今亦差一辰；尧典曰"日短星昴"，今乃日短星东壁，此皆随岁差移也。

126 唐书云："落下闳造历，自言后八百年当差一算。至唐，一行僧出而正之。"此妄说也。落下闳历法极疏，盖当时以为密耳，其间阙略甚多，且举二事言之。汉世尚未知黄道岁差，至北齐张子信方候知岁差〔一八〕。今以今古历校之，凡八十馀年差一度，则闳之历八十年自已差一度，兼馀分疏阔，据其法推气朔五星，当时便不可用，不待八十年，乃曰"八百年差一算"，太欺诞也。

127 天文家有浑仪，测天之器，设于崇台以候垂象者，则古玑衡是也；浑象，象天之器〔一九〕，以水激之或以水银转之，置于密室，与天行相符，张衡、陆绩所为及开元中置于武成殿者，皆此器也。皇祐中，礼部试"玑衡正天文之器赋”，举人皆杂用浑象事，试官亦自不晓，第为高等。

汉以前皆以北辰居天中，故谓之“极星”，自祖暅以玑衡考验天极〔二〇〕，不动处乃在极星之末犹一度有馀。熙宁中，予受诏典领历官，杂考星历，以玑衡求极星，初夜在窥管中，少时复出，以此知窥管小，不能容极星游转，乃稍稍展窥管候之，凡历三月，极星方游于窥管之内，常见不隐，然后知天极不动处远极星犹三度有馀。每极星入窥管，别画为一图，图为一圆规，乃画极星于规中，具初夜、中夜、后夜所见各图之，凡为二百馀图，极星方常循圆规之内，夜夜不差。予于熙宁历奏议中叙之甚详。

128 古今言刻漏者数十家，悉皆疏缪。历家言晷漏者，自颛帝历至今，见于世谓之“大历”者凡二十五家，其步漏之术皆未合天度。予占天候景，以至验于仪象，考数下漏，凡十馀年，方粗见真数，成书四卷，谓之熙宁晷漏，皆非袭蹈前人之迹。其间二事尤微，一者，下漏家常患冬月水涩、夏月水利，以为水性如此，又疑冰澌所壅，万方理之，终不应法。予以理求之，冬至日行速，天运未期而日已过表〔二一〕，故百刻而有馀；夏至日行迟，天运已期而日未至表〔二二〕，故不及百刻。既得此数，然后覆求晷景、漏刻莫不脗合〔二三〕，此古人之所未知也。二者，日之盈缩，其消长以渐，无一日顿殊之理，历法皆以一日之气短长之中者播为刻分，累损益气初日衰，每日消长常同，至交一气则顿易刻衰，故黄道有觚而不圜，纵有强为数以步之者，亦非乘理用算，而多形、数相诡。大凡物有定形，形有真数。方圜端斜，定形也；乘除相荡，无所附益，泯然冥会者，真数也。其术可以心得，不可以言喻。黄道环天正圜，圜之为体，循之则其妥至均，不均不能中规衡；绝之则有舒有数，无舒数则不能成妥。以圜法相荡而得衰，则衰无不均；以妥法相荡而得差，则差有疏数。相因以求从，相消以求负，从、负相入，会一术以御日行。以言其变，则秒刻之间，消长未尝同；以言其齐，则止用一衰，循环无端，终始如贯，不能议其隙。此圜法之微，古之言算者有所未知也。以日衰生日积，反生日衰〔二四〕，终始相求，迭为宾主，顺循之以索日变，衡别之求去极之度，合散无迹，泯如运规，非深知造算之理者，不能与其微也。其详具予奏议，藏在史官，及予所著熙宁晷漏四卷之中。

129 予编校昭文书时，预详定浑天仪，官长问予："二十八宿，多者三十三度，少者止一度，如此不均，何也？"予对曰："天事本无度，推历者无以寓其数，乃以日所行分天为三百六十五度有奇。日平行三百六十五日有馀而一期天，故以一日为一度也。既分之，必有物记之，然后可窥而数，于是以当度之星记之。循黄道〔二五〕，日之所行一期，当者止二十八宿星而已，度如伞橑〔二六〕，当度谓正当伞橑上者，故车盖二十八弓以象二十八宿，则予浑仪奏议所谓"度不可见，可见者星也。日、月、五星之所由有星焉，当度之画者凡二十有八，谓之'舍'。舍所以挈度，所以生数也"〔二七〕。今所谓'距度星'者是也。非不欲均也，黄道所由当度之星，止有此而已。"

130 又问予以："日、月之形如丸邪，如扇也？若如丸，则其相遇岂不相碍？"予对曰："日、月之形如丸。何以知之？以月盈亏可验也。月本无光，犹银丸，日耀之乃光耳。光之初生，日在其傍，故光侧，而所见才如钩；日渐远则斜照，而光稍满。如一弹丸，以粉涂其半，侧视之则粉处如钩，对视之则正圜，此有以知其如丸也。日、月，气也，有形而无质，故相值而无碍。”

131 又问：“日、月之行，月一合一对〔二八〕，而有蚀、不蚀，何也？”予对曰：“黄道与月道，如二环相叠而小差，凡日、月同在一度相遇则日为之蚀，在一度相对则月为之亏〔二九〕。虽同一度而月道与黄道不相近，自不相侵；同度而又近黄道、月道之交，日月相值，乃相陵掩。正当其交处则蚀而既，不全当交道则随其相犯浅深而蚀。凡日蚀，当月道自外而交入于内，则蚀起于西南、复于东北；自内而交出于外，则蚀起于西北而复于东南。日在交东则蚀其内，日在交西则蚀其外，蚀既则起于正西、复于正东。凡月蚀，月道自外入内，则蚀起于东南、复于西北；自内出外，则蚀起于东北而复于西南。月在交东则蚀其外，月在交西则蚀其内，蚀既则起于正东、复于正西〔三〇〕。交道每月退一度馀，凡二百四十九交而一期，故西天法罗睺、计都皆逆步之，乃今之交道也。交初谓之‘罗睺’，交中谓之‘计都’。”

132 古之卜者皆有繇辞，周礼“三兆，其颂皆千有二百”，如“凤凰于飞，和鸣锵锵”、“间于两社，为公室辅”、“专之渝，攘公之羭，一薰一莸，十年尚犹有臭”、“如鱼竀尾，衡流而方羊，裔焉，大国灭之，将亡，阖门塞窦，乃自后逾”、“大横庚庚，余为天王〔三一〕，夏启以光”之类是也，今此书亡矣。汉人尚视其体，今人虽视其体，而专以五行为主，三代旧术莫有传者。

133 北齐张子信候天文，凡月前有星则行速，星多则尤速。月行自有迟速定数，然遇行疾者其前必有星〔三二〕，如子信说，亦阴阳相感自相契耳。

134 医家有五运六气之术，大则候天地之变、寒暑风雨、水旱螟蝗，率皆有法，小则人之众疾，亦随气运盛衰，今人不知所用，而胶于定法，故其术皆不验。假令厥阴用事，其气多风，民病湿泄，岂溥天之下皆多风、溥天之民皆病湿泄邪？至于一邑之间，而旸雨有不同者，此气运安在？欲无不谬，不可得也。大凡物理有常、有变，运气所主者常也，异夫所主者皆变也，常则如本气，变则无所不至而各有所占，故其候有从、逆、淫、郁、胜、复、太过、不足之变，其发皆不同〔三三〕。若厥阴用事，多风而草木荣茂，此之谓"从"〔三四〕；天气明絜，燥而无风，此之谓"逆"；太虚埃昏，流水不冰，此之谓"淫"〔三五〕；大风折木，云物浊扰，此之谓"郁"；山泽焦枯，草木凋落，此之谓"胜"；大暑燔燎，螟蝗为灾，此之谓"复"；山崩地震，埃昏时作，此之谓"太过"；阴森无时，重云昼昏，此之谓"不足"。随其所变，疾疠应之〔三六〕，皆视当时、当处之候，虽数里之间，但气候不同而所应全异，岂可胶于一定〔三七〕？熙宁中，京师久旱，祈祷备至，连日重阴，人谓必雨，一日骤晴，炎日赫然，予时因事入对，上问雨期，予对曰："雨候已见，期在明日。"众以谓频日晦溽，尚且不雨，如此旸燥，岂复有望？次日果大雨。是时湿土用事，连日阴者，从气已效，但为厥阴所胜，未能成雨，后日骤晴者，燥金入候，厥阴当折，则太阴得伸，明日运气皆顺，以是知其必雨。此亦当处所占也，若他处候别，所占亦异，其造微之妙，间不容发。推此而求，自臻至理。

135 岁运有主气、有客气，常者为主，外至者为客。初之气厥阴以至终之气太阳者，四时之常叙也，故谓之“主气”。唯客气本书不载其目，故说者多端，或以甲子之岁天数始于水下一刻〔三八〕、乙丑之岁始于二十六刻、丙寅岁始于五十一刻、丁卯岁始于七十六刻者，谓之“客气”，此乃四分历法求大寒之气，何预岁运？又以“相火之下〔三九〕，水气承之”、“土位之下，风气承之”，谓之“客气”，此亦主气也，与六节相须，不得为客。大率臆计，率皆此类。凡所谓“客”者，岁半以前天政主之，岁半以后地政主之，四时常气为之主，天、地之政为之客。逆主之气为害暴，逆客之气为害徐，调其主、客，无使伤沴，此治气之法也。

136 六气，方家以配六神。所谓“青龙”者，东方厥阴之气，其性仁、其神化、其色青、其形长、其虫鳞，兼是数者，唯龙而青者可以体之，然未必有是物也。其他取象皆如是。唯北方有二，曰玄武，太阳水之气也；曰螣蛇，少阳相火之气也。其在于人为肾，肾亦二，左为太阳水、右为少阳相火，火降而息水，水腾而为雨露，以滋五脏，上下相交，此坎离之交以为否泰者也，故肾为寿命之藏；左阳、右阴，左右相交，此乾坤之交以生六子者也，故肾为胎育之脏。中央太阴土曰勾陈，中央之取象，唯人为宜，勾陈者天子之环卫也，居人之中，莫如君，何以不取象于君？君之道无所不在，不可以方言也。环卫居人之中央而中虚者也，虚者妙万物之地也，在天文，星辰皆居四傍而中虚，八卦分布八方而中虚，不虚不足以妙万物。其在于人，勾陈之配则脾也。勾陈如环，环之中则所谓“黄庭”也，黄者中之色，庭者宫之虚地也。古人以黄庭为脾，不然也。黄庭有名而无所，冲气之所在也，脾不能与也，脾主思虑，非思之所能到也。故养生家曰能守黄庭则能长生，黄庭者以无所守为守，唯无所守乃可以长生。或者又谓黄庭在二肾之间，又曰在心之下，又曰黄庭有神人守之，皆不然。黄庭者，虚而妙者也，强为之名，意可到则不得谓之虚，岂可求而得之也哉？

137 易象九为老阳、七为少，八为少阴、六为老。旧说阳以进为老、阴以退为老，九、六者乾坤之画，阳得兼阴，阴不得兼阳。此皆以意配之，不然也。九七、八六之数，阳顺、阴逆之理，皆有所从来，得之自然，非意之所配也。凡归馀之数有多、有少，多为阴，如爻之偶；少为阳，如爻之奇。三少，乾也，故曰“老阳”，九揲而得之，故其数九，其策三十有六；两多一少，则一少为之主，震、坎、艮也，故皆谓之“少阳”，少在初为震、中为坎、末为艮。皆七揲而得之，故其数七，其策二十有八。三多，坤也，故曰“老阴”，六揲而得之，故其数六，其策二十有四；两少一多，则一多为之主〔四〇〕，巽、离、兑也，故皆谓之“少阴”，多在初为巽、中为离、末为兑。皆八揲而得之，故其数八，其策三十有二。物盈则变，纯少阳盈，纯多阴盈。盈为老，故老动而少静。吉凶悔吝，生乎动者也，卦爻之辞皆九、六者，惟动则有占，不动则无朕，虽易亦不能言之，国语谓"贞屯悔豫皆八"、"遇泰之八"是也。今人以易筮者，虽不动亦引爻辞断之，易中但有九、六，既不动，则是七、八，安得用九、六爻辞？此流俗之过也。

138 江南人郑夬曾为一书谈易，其间一说曰："乾、坤，大父母也；复、姤，小父母也。乾一变生复，得一阳；坤一变生姤，得一阴。乾再变生临，得二阳；坤再变生遁，得二阴。乾三变生泰，得四阳；坤三变生否，得四阴。乾四变生大壮，得八阳；坤四变生观，得八阴。乾五变生夬，得十六阳；坤五变生剥，得十六阴。乾六变生归妹〔四一〕，本得三十二阳；坤六变生渐〔四二〕，本得三十二阴。乾、坤错综，阴、阳各三十二，生六十四卦。"夬之为书皆荒唐之论，独有此变卦之说，未知其是非。予后因见兵部外郎秦君玠，论夬所谈，骇然叹曰："夬何处得此法？玠曾遇一异人授此数历〔四三〕，推往古兴衰运历，无不皆验，常恨不能尽得其术。西都邵雍亦知大略，已能洞吉凶之变，此人乃形之于书，必有天谴，此非世人得闻也。"予闻其言怪，兼复甚秘，不欲深诘之。今夬与雍、玠皆已死，终不知其何术也。

139 庆历中，有一术士姓李，多巧思，尝木刻一舞锺馗，高二三尺，右手持铁简，以香饵置锺馗左手中，鼠缘手取食，则左手扼鼠、右手运简毙之〔四四〕。以献荆王，王馆于门下。会太史言月当蚀于昏时，李自云有术可禳，荆王试使为之，是夜月果不蚀，王大神之，即日表闻，诏付内侍省问状，李云："本善历术，知崇天历蚀限太弱，此月所蚀当在浊中，以微贱不能自通，始以机巧干荆邸，今又假禳禬以动朝廷耳。”诏送司天监考验，李与判监楚衍推步日、月蚀，遂加蚀限二刻，李补司天学生。至熙宁元年七月月辰蚀东方〔四五〕，不效，却是蚀限太强，历官皆坐谪。令监官周琮重修，复减去庆历所加二刻，苟欲求熙宁月蚀，而庆历之蚀复失之，议久纷纷，卒无巧算，遂废明天，复行崇天。至熙宁五年卫朴造奉元历，始知旧蚀法止用日平度，故在疾者过之，在迟者不及，崇、明二历加减皆不曾求其所因，至是方究其失。

140 四方取象苍龙、白虎、朱雀、龟蛇，唯朱雀莫知何物，但谓鸟而朱者。羽族赤而翔上，集必附木，此火之象也。或谓之“长离”，盖云离方之长耳。或云鸟即凤也，故谓之“凤鸟”。少昊以凤鸟至，乃以鸟纪官，则所谓丹鸟氏即凤也。又旗旐之饰皆二物，南方曰鸟隼，则鸟、隼盖两物也。然古人取象不必大物也，天文家朱鸟乃取象于鹑，故南方朱鸟七宿曰鹑首、鹑火、鹑尾是也。鹑有两种，有丹鹑、有白鹑，此丹鹑也，色赤黄而文，锐上秃下，夏出秋藏，飞必附草，皆火类也。或有鱼所化者。鱼，鳞虫龙类，火之所自生也。天文东方苍龙七宿有角、有亢〔四六〕、有尾，南方朱鸟七宿有喙、有嗉、有翼而无尾，此其取于鹑欤？

141 司马彪续汉书候气之法，于密室中以木为案，置十二律琯各如其方，实以葭灰，覆以缇縠，气至则一律飞灰。世皆疑其所置诸律方不逾数尺，气至独本律应，何也？或谓古人自有术，或谓短长至数冥符造化，或谓支干方位自相感召，皆非也。盖彪说得其略耳，唯隋书志论之甚详，其法先治一室，令地极平，乃埋律琯皆使上齐，入地则有浅深。冬至阳气距地面九寸而止，唯黄钟一琯达之，故黄钟为之应；正月阳气距地面八寸而止，自太蔟以上皆达，黄钟、大吕先已虚，故唯太蔟一律飞灰。如人用针彻其经渠，则气随针而出矣。地有疏密，则不能无差忒，故先以木案隔之，然后实土案上，令坚密均一，其上以水平其概，然后埋律其下，虽有疏密，为木案所节，其气自平，但在调其案上之土耳。

142 易有纳甲之法，未知起于何时，予尝考之，可以推见天地胎育之理。乾纳甲、壬，坤纳乙、癸者，上下包之也；震、巽、坎、离、艮、兑纳庚、辛、戊、己、丙、丁者，六子生于乾、坤之包中，如物之处胎甲者。左三刚爻，乾之气也；右三柔爻，坤之气也。乾之初爻交于坤生震，故震之初爻纳子、午；乾之初爻子、午故也〔四七〕。中爻交于坤生坎，初爻纳寅、申；震纳子、午，顺传寅、申，阳道顺〔四八〕。上爻交于坤生艮，初爻纳辰、戌亦顺传也。坤之初爻交于乾生巽，故巽之初爻纳丑、未；坤之初爻丑、未故也。中爻交于乾生离，初爻纳卯、酉；巽纳丑、未，逆传卯、酉，阴道逆。上爻交于乾生兑，初爻纳巳、亥亦逆传也。乾、坤始于甲、乙，则长男、长女乃其次，宜纳丙、丁；少男、少女居其末，宜纳庚、辛。今乃反此者，卦必自下生，先初爻、次中爻，末乃至上爻，此易之叙，然亦胎育之理也。物之处胎甲莫不倒生，自下而生者卦之叙，而冥合造化胎育之理，此至理合自然者也。凡草木百谷之实皆倒生，首系于干，其上抵于隶处反是根[四九]，人与鸟兽生胎亦首皆在下[五〇]。

校勘记

〔一〕后天　“天”字原作“失”，从胡校据弘治本及长编卷二七二引改。

〔二〕比未　“未”字原作“来”，从胡校据长编卷二七二引改。

〔三〕征明　“征”字原作“登”，乃避宋仁宗讳，从胡校回改。以下凡遇此例径改，不再出校。又，“征明”下原有小注“登避仁宗嫌名”,因“登”字已回改,故从胡校删去。

〔四〕起于东井、终于角　南方七宿原作“起于牛、终于奎”,下文北方七宿原作“起于东井、终于角”,与星象不符,当南、北互易,从胡校据曾次亮说及宋史律历志改易。

〔五〕终于参　“参”字原作“舆鬼”,按鬼宿在井、柳之间,南方七宿已“起于东井”,则西方七宿不当终于舆鬼,从胡校据弘治本及曾次亮说改。盖“参”或讹作“鬼”,而传钞者又添“舆”字耳。

〔六〕小吉者　“者”字原无,依本条述例补。

〔七〕莫胜莫先　弘治本“胜”上无“莫”字。

〔八〕月杀　据协纪辨方书卷五,与月空相对者乃月德而非月杀,疑“杀”字讹。

〔九〕天事　“天”字原无,从胡校据汇秘笈本、稗海本补笔谈卷二之重出条补(此条在其他补笔谈本子中,因其与本条重复而删去,参见第五四六条,以下简称“重出条”)。

〔一〇〕“五行之时谓之五辰”至“已上”　此十八字原无,从胡校据重出条补。

〔一一〕“则十二辰也”至“所舍始”　此十一字原无,从胡校据重出条补。

〔一二〕角亢之舍　重出条“舍”字作“星”。

〔一三〕子丑戌亥　重出条此下有“之月”二字。

〔一四〕宣明　此下原有“景福”二字,胡校云:“‘景福’二字当删去,因景福历即崇玄历。”是,据删。

〔一五〕如望前　“如”字原无,依本条述例补。

〔一六〕衰杪　“杪”字原作“秒”,据大德本改。

〔一七〕牛初　“牛”字原作“斗”,从胡校据曾次亮说改。

〔一八〕张子信　此与本卷第一三三条“张子信”之“张”字原作

“向”，从胡校据北齐书方技传、隋书天文志改。

〔一九〕浑象象天之器　“象”字原不重，从胡校据文义补。

〔二〇〕祖暅　“暅”字原作“亘”，乃避宋真宗讳，今据隋书律历中回改。以下凡遇此例径改，不再出校。

〔二一〕未期　“未”字原作“已”，从胡校据张文虎校语改。

〔二二〕已期而日未至表　原作“未期而日已至表”，从胡校据张文虎校语改。

〔二三〕朒合　大德本“朒”字作“泯”。

〔二四〕反生　“反”字原作“及”，从胡校据玉海堂本改。

〔二五〕循黄道　夏鼐认为本条中的“黄道”疑为“赤道”之讹（从宣化辽墓的星图论二十八宿和黄道十二宫，载考古学报一九七六年第二期），盖括有“凡二十八宿度数皆以赤道为法”之说（一四七条）。

〔二六〕度如伞橑　此与下文“正当伞橑”之“橑”字原作“撩”，从胡校据崇祯本、学津本及王秉恩校记改。

〔二七〕所以生数　宋史天文一引沈括浑仪议“所”上有“度”字。

〔二八〕月一合一对　“月”字原作“日”，从胡校据钱宝琮校记改。

〔二九〕在一度相对　“在”字原作“正”，从胡校据弘治本、万历本改。

〔三〇〕复于正西　“正”字原无，依本条述例补。

〔三一〕余为天王　“余”字原作“予”，据史记孝文本纪、汉书文帝纪改。

〔三二〕行疾者　“者”字原作“历”，从胡校据弘治本、万历本改。

〔三三〕其发皆不同　大德本“发”字作“法”。

〔三四〕此之谓从　“此”字原作“是”，依本条述例改。

〔三五〕此之谓淫　此与下文“此之谓太过”之“之谓”原作“谓之”，按本条述例均作“之谓”，此处当系误倒，从胡校据学津本改。

〔三六〕疾疠应之　“疠”字原作“历”，据大德本改。

〔三七〕一定　大德本“定”字作“证”。

〔三八〕水下一刻　“下”字原作“十”，据大德本及黄帝内经素问六微旨大论改。

〔三九〕又以　“以”字原作“有”，依本条述例改。

〔四〇〕一多为之主　“一”字原无，依本条述例改。

〔四一〕生归妹　“归妹”原作“未济”，从胡校据大德本、丛刊本及邵伯温易学辨惑引改。

〔四二〕生渐　“渐”字原作“归妹”，从胡校据邵伯温易学辨惑引改。

〔四三〕数历　大德本“历”字作“历”，邵伯温易学辨惑引作“历数”。

〔四四〕运简彘之　“运”字原作“用”，据大德本、丛刊本改。

〔四五〕月辰蚀东方　此与下文“熙宁月蚀”之“月”字原作“日”，从吴以宁说据长编卷二六三、宋会要辑稿运历改。

〔四六〕有亢　“有”字原无，依本条述例补。

〔四七〕乾之初爻　“之”字原无，依本条述例当有，从胡校据丛刊本补。

〔四八〕阳道顺　“阳”字原作“易”，从胡校据丛刊本及王秉恩校记改。

〔四九〕隶处　“隶”字原作“颖”，从胡校据丛刊本改。

〔五〇〕此下附图，爱庐本未能体现乾、坤“上下包之”之意，故取大德本图易之。

梦溪笔谈卷八

象数二

143 史记律书所论二十八舍、十二律多皆臆配，殊无义理。至于言数亦多差舛，如所谓律数者“八十一为宫，五十四为徵，七十二为商，四十八为羽，六十四为角”，此止是黄钟一均耳，十二律各有五音，岂得定以此为律数？如五十四在黄钟则为徵，在夹钟则为角，在中吕则为商。兼律有多寡之数、有实积之数、有短长之数〔一〕、有周径之数、有清浊之数，其八十一、五十四、七十二、四十八、六十四止是实积数耳。又云“黄钟长八寸七分一，大吕长七寸五分三分一，太蔟长七寸七分二，夹钟长六寸一分三分一〔二〕，姑洗长六寸七分四，中吕长五寸九分三分二，蕤宾长五寸六分三分一〔三〕，林钟长五寸七分四，夷则长五寸四分三分二，南吕长四寸七分八，无射长四寸四分三分二，应钟长四寸二分三分二”，此尤误也。此亦实积耳，非律之长也。盖其间字又有误者，疑后人传写之失也。馀分下分母[四]，凡“七”字皆当作“十”字，误屈其中画耳。黄钟当作“八寸十分一”，太蔟当作“七寸十分二”，姑洗当作“六寸十分四”，林钟当作“五寸十分四”，南吕当作“四寸十分八”，凡言“七分”者皆是“十分”。

144 今之卜筮皆用古书，工拙系乎用之者，唯其寂然不动，乃能通天下之故。人未能至乎无心也，则凭物之无心者而言之，如灼龟璺瓦，皆取其无心[五]，则不随理而震，此近乎无心也。

145 吕才为卜宅、禄命、卜葬之说，皆以术为无验。术之不可恃，信然，而不知彼皆寓也，神而明之，存乎其人，故一术二人用之，则所占各异。人之心本神，以其不能无累，而寓之以无心之物，而以吾之所以神者言之，此术之微，难可与俗人论也[六]。才又论：“人姓或因官，或因邑族，岂可配以宫、商？”此亦是也。如今姓敬者，或更姓文，或更姓苟，以文考之皆非也。敬本从苟[七]音亟、从支，今乃谓之苟与文，五音安在哉？此为无义，不待远求而知也。然既谓之寓，则苟以为字皆寓也，凡视听思虑所及，无不可寓者。若以此为妄，则凡祸福、吉凶、死生、变化，孰为非妄者？能齐乎此，然后可与论先知之神矣。

146 历法，天有黄、赤二道，月有九道。此皆强名而已，非实有也，亦由天之有三百六十五度[八]，天何尝有度？以日行三百六十五日而一期，强为之度，以步日、月、五星行次而已。日之所由谓之“黄道”，南北极之中度最均处谓之“赤道”，月行黄道之南谓之“朱道”，行黄道之北谓之“黑道”，黄道之东谓之“青道”，黄道之西谓之“白道”，黄道内、外各四，并黄道为九。日、月之行有迟、有速，难可以一术御也，故因其合散分为数段，每段以一色名之，欲以别算位而已，如算法用赤筹、黑筹以别正、负之数。历家不知其意，遂以为实有九道，甚可嗤也。

147 二十八宿，为其有二十八星当度，故立以为宿。前世测候多或改变〔九〕，如唐书测得毕有十七度半、觜只有半度之类，皆谬说也。星既不当度，自不当用为宿次，自是浑仪度距疏密不等耳。凡二十八宿度数皆以赤道为法，唯黄道度有不全度者，盖黄道有斜、有直，故度数与赤道不等，即须以当度星为宿。唯虚宿未有奇数，自是日之馀分，历家取以为斗分者此也，馀宿则不然。

148 予尝考古今历法五星行度，唯留逆之际最多差。自内而进者其退必向外，自外而进者其退必由内，其迹如循柳叶，两末锐，中间往还之道相去甚远。故两末星行成度稍迟，以其斜行故也；中间成度稍速，以其径绝故也。历家但知行道有迟速，不知道径又有斜直之异。熙宁中予领太史，令卫朴造历，气朔已正，但五星未有候簿可验，前世修历，多只增损旧历而已，未曾实考天度。其法须测验每夜昏、晓、夜半月及五星所在度秒，置簿录之，满五年，其间剔去云阴及昼见日数外，可得三年实行，然后以算术缀之〔一〇〕，古所谓"缀术"者此也。是时司天历官皆承世族，隶名食禄，本无知历者，恶朴之术过己，群沮之，屡起大狱，虽终不能摇朴，而候簿至今不成。奉元历五星步术但增损旧历，正其甚谬处，十得五六而已。朴之历术今古未有，为群历人所沮，不能尽其艺，惜哉！

149 国朝置天文院于禁中，设漏刻、观天台、铜浑仪皆如司天监，与司天监互相检察。每夜天文院具有无谪见云物祯祥及当夜星次〔一一〕，须令于皇城门未发前到禁中，门发后司天占状方到，以两司奏状对勘，以防虚伪。近岁皆是阴相计会，符同写奏，习以为常，其来已久，中外具知之，不以为怪。其日、月、五星行次，皆只据小历所算躔度誊奏〔一二〕，不曾占候，有司但备员安禄而已。熙宁中予领太史，尝按发其欺，免官者六人，未几其弊复如故。

150 司天监铜浑仪，景德中历官韩显符所造〔一三〕，依仿刘曜时孔挺、晁崇、斛兰之法，失于简略。天文院浑仪，皇祐中冬官正舒易简所造，乃用唐梁令瓒、僧一行之法，颇为详备，而失于难用。熙宁中予更造浑仪，并创为玉壶、浮漏、铜表，皆置天文院，别设官领之，天文院旧铜仪送朝服法物库收藏，以备讲求。

校勘记

〔一〕短长之数　弘治本"短长"作"长短"，与补笔谈第五四九条合。

〔二〕六寸一分　"一"字原作"二"，据史记律书改。

〔三〕三分一　"三"字原作"二"，据史记律书改。

〔四〕分母　"母"字原作"数目"，从胡校据大德本改。

〔五〕无心　大德本"心"字作"理"。

〔六〕难可与俗人论也　"与"字原作"以"，参本书第二八〇、二八三条改。

〔七〕从蓍　“蓍”字原作“苟”，从胡校据稗海本、津逮本、学津本改。

〔八〕亦由天之有三百六十五度　“由”字疑“犹”之讹。

〔九〕多或改变　“或”字原作“为”，据大德本、丛刊本改。

〔一〇〕算术　“术”字原作“日”，从胡校据王国维校识改。

〔一一〕祯祥　“祯”字原作“祺”，乃避宋仁宗讳，从胡校据弘治本、万历本回改。

〔一二〕躔度　“躔”字原作“缠”，从胡校据大德本改。

〔一三〕景德中历官韩显符所造　胡校云：“韩显符造铜浑仪在至道初，沈括云‘景德中’，乃记忆之误。”

梦溪笔谈卷九

人事一

151 景德中河北用兵，车驾欲幸澶渊，中外之论不一，独寇忠愍赞成上意。乘舆方渡河，虏骑充斥，至于城下，人情恟恟，上使人微觇准所为，而准方酣寝于中书，鼻息如雷。人以其一时镇物，比之谢安。

152 武昌张谔好学、能议论，常自约仕至县令则致仕而归，后登进士第，除中允，谔于所居营一舍，榜为中允亭〔一〕，以志素约也。后谔稍稍进用，数年间为集贤校理、直舍人院、检正中书五房公事、判司农寺〔二〕，皆要官，权任渐重，无何坐事夺数官，归武昌，未几捐馆，遂终于太子中允，岂非前定？

153 许怀德为殿帅，尝有一举人，因怀德乳媪求为门客，怀德许之，举子曳襕拜于庭下，怀德据座受之。人谓怀德武人，不知事体，密谓之曰："举人无没阶之礼，宜少降接也。”怀德应之曰：“我得打乳姥关节秀才，只消如此待之。”

154 夏文庄性豪侈，禀赋异于人，才睡即身冷而僵，一如逝者，既觉，须令人温之良久方能动。人有见其陆行，两车相连，载一物巍然，问之乃绵帐也，以数千两绵为之。常服仙茅、钟乳、硫黄，莫知纪极。晨朝每食钟乳粥，有小吏窃食之，遂发疽，几不可救。

155 郑毅夫自负时名，国子监以第五人选，意甚不平，谢主司启词有“李广事业，自谓无双；杜牧文章，止得第五”之句，又云“骐骥已老，甘驽马以先之；巨鳌不灵，因顽石之在上”，主司深衔之。他日廷策，主司复为考官，必欲黜落，以报其不逊。有试业似獬者，枉遭斥逐，既而发考卷，则獬乃第一人及第。又嘉祐中士人刘几累为国学第一人，骤为怪崄之语，学者翕然效之，遂成风俗。欧阳公深恶之，会公主文，决意痛惩，凡为新文者，一切弃黜，时体为之一变，欧阳之功也。有一举人论曰：“天地轧，万物茁，圣人发。”公曰：“此必刘几也。”戏续之曰：“秀才剌，试官刷。”乃以大朱笔横抹之，自首至尾，谓之“红勒帛”，判大纰缪字榜之，既而果几也。复数年，公为御试考官，而几在庭，公曰：“除恶务力〔三〕，今必痛斥轻薄子，以除文章之害。”有一士人论曰：“主上收精藏明于冕旒之下。”公曰：“吾已得刘几矣。”既黜，乃吴人萧稷也。是时试“尧舜性仁赋”〔四〕，有曰：“故得静而延年，独高五帝之寿；动而有勇，形为四罪之诛。”公大称赏，擢为第一人，及唱名乃刘煇，人有识之者曰：“此刘几也，易名矣。”公愕然久之。因欲成就其名，小赋有“内积安行之德[五]，盖禀于天”，公以谓“积”近于学，改为“蕴”，人莫不以公为知言。

156 古人谓贵人多知人，以其阅人物多也。张邓公为殿中丞，一见，王东城遂厚遇之，语必移时。王公素所厚唯杨大年，公有一茶囊，唯大年至，则取茶囊具茶，他客莫与也。公之子弟但闻取茶囊，则知大年至。一日公命取茶囊，群子弟皆出窥大年，及至乃邓公，他日公复取茶囊，又往窥之，亦邓公也，子弟乃问公：“张殿中者何人，公待之如此？”公曰：“张有贵人法，不十年当据吾座。”后果如其言。又文潞公为太常博士，通判兖州回，谒吕许公，公一见器之，问潞公：“太博曾在东鲁，必当别墨。”令取一丸墨，濒阶磨之，揖潞公就观此墨何如，乃是欲从后相其背，既而密语潞公曰：“异日必大贵达。”即日擢为监察御史，不十年入相。潞公自庆历八年登相，至七十九岁以太师致仕，凡带平章事三十七年[六]，未尝改易，名位隆重，福寿康宁，近世未有其比。

157 王延政据建州，令大将章某守建州城，尝遣部将刺事于军前，后期当斩，惜其材，未有以处，归语其妻，其妻连氏有贤智[七]，私使人谓部将曰：“汝法当死，急逃乃免。”与之银数十两，曰：“径行，无顾家也。”部将得以潜去，投江南李主，以隶查文徽麾下。文徽攻延政，部将适主是役，城将陷，先谕城中：“能全连氏一门者，有重赏。”连氏使人谓之曰：“建民无罪，将军幸赦之。妾夫妇罪当死，不敢图生。

若将军不释建民，妾愿先百姓死，誓不独生也。”词气感慨，发于至诚，不得已，为之戢兵而入，一城获全。至今连氏为建安大族，官至卿相者相踵，皆连氏之后也。又李景使大将胡则守江州〔八〕，江南国下，曹翰以兵围之三年，城坚不可破，一日则怒一饔人鲙鱼不精，欲杀之，其妻遽止之曰："士卒守城累年矣，暴骨满地，奈何以一食杀士卒耶？”则乃舍之，此卒夜缒城走投曹翰，具言城中虚实。先是，城西南依崄，素不设备〔九〕，卒乃引王师自西南攻之，是夜城陷，胡则一门无遗类。二人者其为德一也，何其报效之不同？

158 王文正太尉局量宽厚，未尝见其怒，饮食有不精洁者，但不食而已。家人欲试其量，以少埃墨投羹中，公唯啖饭而已，问其何以不食羹，曰：“我偶不喜肉。”一日又墨其饭，公视之曰：“吾今日不喜饭，可具粥。”其子弟愬于公曰：“庖肉为饔人所私，食肉不饱，乞治之。”公曰：“汝辈人料肉几何？”曰：“一斤。今但得半斤食，其半为饔人所廋。”公曰：“尽一斤可得饱乎？”曰：“尽一斤固当饱。”曰：“此后人料一斤半可也。”其不发人过皆类此。尝宅门坏，主者彻屋新之，暂于廊庑下启一门以出入，公至侧门，门低，据鞍俯伏而过，都不问，门毕复行正门，亦不问。有控马卒岁满辞公，公问：“汝控马几时？”曰：“五年矣。”公曰：“吾不省有汝。”既去复呼回，曰：“汝乃某人乎？”于是厚赠之。乃是逐日控马，但见背，未尝视其面，因去见其背方省也。

159 石曼卿居蔡河下曲，邻有一豪家，日闻歌钟之声。

其家僮仆数十人，常往来曼卿之门，曼卿呼一仆问豪为何人，对曰："姓李氏，主人方二十岁，并无昆弟，家妾曳罗绮者数十人。"曼卿求欲见之，其人曰："郎君素未尝接士大夫，他人必不可见，然喜饮酒，屡言闻学士能饮酒，意亦似欲相见，待试问之。"一日果使人延曼卿，曼卿即著帽往见之，坐于堂上，久之方出。主人者头巾〔一〇〕，系勒帛，都不具衣冠，见曼卿全不知拱揖之礼。引曼卿入一别馆，供张赫然，坐良久，有二鬟妾，各持一小槃至曼卿前，槃中红牙牌十馀，其一槃是酒，凡十馀品，令曼卿择一牌；其一槃肴馔名，令择五品。既而二鬟去，有群妓十馀人，各执肴果、乐器，妆服、人品皆艳丽粲然，一妓酌酒以进，酒罢乐作。群妓执果肴者萃立其前，食罢则分列其左右，京师人谓之"软槃"。酒五行，群妓皆退，主人者亦翩然而入，略不揖客，曼卿独步而出。曼卿言豪者之状懵然愚騃，殆不分菽麦，而奉养如此，极可怪也。他日试使人通郑重，则闭门不纳，亦无应门者，问其近邻，云："其人未尝与人往还，虽邻家亦不识面。"古人谓之"钱痴"，信有之。

160 颍昌阳翟县有一杜生者，不知其名，邑人但谓之"杜五郎"。所居去县三十馀里，唯有屋两间，其一间自居，一间其子居之，室之前有空地丈馀，即是篱门，杜生不出篱门凡三十年矣。黎阳尉孙轸曾往访之，见其人颇萧洒，自陈："村民无所能，何为见访？"孙问其不出门之因，其人笑曰："以告者过也。"指门外一桑，曰："十五年前，亦曾到此桑下纳凉，何谓不出门也？但无用于时，无求于人，偶自不出耳,何足尚哉。”问其所以为生,曰:“昔时居邑之南,有田五十亩,与兄同耕。后兄之子娶妇,度所耕不足赡,乃以田与兄,携妻子至此,偶有乡人借此屋,遂居之。唯与人择日,又卖一药,以具馆粥,亦有时不继。后子能耕,乡人见怜,与田三十亩,令子耕之,尚有馀力,又为人佣耕,自此食足。乡人贫,以医、卜自给者甚多〔一一〕,自食既足,不当更兼乡人之利,自尔择日、卖药一切不为。”又问常日何所为,曰:“端坐耳,无可为也。”问颇观书否,曰:“二十年前亦曾观书。”问观何书,曰:“曾有人惠一书册,无题号,其间多说净名经,亦不知净名经何书也。当时极爱其议论,今亦忘之,并书亦不知所在久矣。”气韵闲旷,言词精简〔一二〕,有道之士也。盛寒,但布袍草履,屋中枵然,一榻而已。问其子之为人,曰:“村童也,然质性甚淳厚,未尝妄言,未尝嬉游,唯买盐酪则一至邑中,可数其行迹以待其归,径往径还,未尝傍游一步也。”予时方有军事,至夜半未卧,疲甚,与官属闲话,轸遂及此,不觉肃然顿忘烦劳。

161 唐白乐天居洛,与高年者八人游,谓之“九老”。洛中士大夫至今居者为多,继而为九老之会者再矣。元丰五年文潞公守洛,又为耆英会〔一三〕,人为一诗,命画工郑奂图于妙觉佛寺,凡十三人:守司徒致仕韩国公富弼,年七十九;守太尉判河南府、潞国公文彦博,年七十七;司封郎中致仕席汝言,年七十七;朝议大夫致仕王尚恭,年七十六;太常少卿致仕赵丙,年七十五;秘书监刘几〔一四〕,年七十五;卫州防御使冯行己,年七十五;太中大夫充天章阁待制楚建中，年七十三，朝议大夫致仕王慎言，年七十二；宣徽南院使、检校太尉判大名府王拱辰，年七十一；太中大夫张问，年七十；龙图阁直学士、通议大夫张焘，年七十；端明殿学士兼翰林侍读学士、太中大夫司马光，年六十四。

162 王文正太尉气羸多病，真宗面赐药酒一注缾，令空腹饮之，可以和气血、辟外邪，文正饮之，大觉安健，因对称谢，上曰："此苏合香酒也。每一斗酒，以苏合香丸一两同煮，极能调五脏，却腹中诸疾，每冒寒夙兴则饮一杯。"因各出数榼赐近臣。自此臣庶之家皆仿为之，苏合香丸盛行于时。此方本出广济方，谓之"白术丸"，后人亦编入千金、外台，治疾有殊效，予于良方叙之甚详，然昔人未知用之。钱文僖公集箧中方，苏合香丸注云"此药本出禁中，祥符中尝赐近臣"，即谓此也。

163 李士衡为馆职使高丽，一武人为副，高丽礼币赠遗之物，士衡皆不关意，一切委于副使。时船底疏漏，副使者以士衡所得缣帛藉船底，然后实己物，以避漏湿。至海中遇大风，船欲倾覆，舟人大恐，请尽弃所载，不尔船重必难免，副使仓惶〔一五〕，悉取船中之物投之海中，更不暇拣择，约投及半，风息船定。既而点检所投，皆副使之物，士衡所得在船底，一无所失。

164 刘美少时善锻金，后贵显，赐与中有上方金银器，皆刻工名，其间多有美所造者。又杨景宗微时常荷畚为丁晋公筑第，后晋公籍没其家，以第赐景宗。二人者，方其微贱时，一造上方器、一为宰相筑第，安敢自期身飨其用哉？

165 旧制，天下贡举人到阙悉皆入对，数不下三千人[一六]，谓之"群见"。远方士皆未知朝廷仪范，班列纷错，有司不能绳勒，见之日，先设禁围于著位之前，举人皆拜于禁围之外，盖欲限其前列也，至有更相抱持以望黼座者。有司患之，近岁遂止令解头入见，然尚不减数百人。嘉祐中，予忝在解头，别为一班，最在前列，目见班中唯从前一两行稍应拜起之节，自馀亦终不成班缀而罢，每为阁门之累。常言殿庭中班列不可整齐者唯有三色，谓举人、蕃人、骆驼。

166 两浙田税亩三斗，钱氏国除，朝廷遣王方贽均两浙杂税，方贽悉令亩出一斗。使还，责擅减税额，方贽以谓："亩税一斗者，天下之通法。两浙既已为王民，岂当复循伪国之法？"上从其说。至今亩税一斗者，自方贽始。唯江南、福建犹循旧额，盖当时无人论列，遂为永式。方贽寻除右司谏，终于京东转运使，有五子，皋、准、覃、巩、罕，准之子珪为宰相，其他亦多显者，岂惠民之报欤？

167 孙之翰，人尝与一砚，直三十千，孙曰："砚有何异，而如此之价也？"客曰："砚以石润为贵，此石呵之则水流。"孙曰："一日呵得一担水，才直三钱，买此何用？"竟不受。

168 王荆公病喘，药用紫团山人参，不可得，时薛师政自河东还[一七]，适有之，赠公数两，不受。人有劝公曰："公之疾，非此药不可治，疾可忧，药不足辞。"公曰："平生无紫团参，亦活到今日。"竟不受。公面黧黑，门人忧之，以问医，医曰："此垢污，非疾也。"进澡豆令公颒面，公曰："天生黑于予，澡豆其如予何？”

169 王子野生平不茹荤腥，居之甚安。

170 赵阅道为成都转运使，出行部内，唯携一琴、一龟〔一八〕，坐则看龟鼓琴。尝过青城山遇雪，舍于逆旅，逆旅之人不知其使者也，或慢狎之，公颓然鼓琴不问。

171 淮南孔旻隐居笃行，终身不仕，美节甚高。尝有窃其园中竹，旻愍其涉水冰寒，为架一小桥渡之，推此则其爱人可知。然予闻之，庄子妻死，鼓盆而歌，妻死而不辍鼓可也，为其死而鼓之，则不若不鼓之愈也。犹邴原耕而得金，掷之墙外，不若管宁不视之愈也。

172 狄青为枢密使，有狄梁公之后，持梁公画像及告身十馀通诣青献之，以谓青之远祖。青谢之曰："一时遭际，安敢自比梁公？"厚有所赠而还之。比之郭崇韬哭子仪之墓，青所得多矣。

173 郭进有材略，累有战功。尝判邢州〔一九〕，今邢州城乃进所筑，其厚六丈，至今坚完，铠仗精巧，以至封贮亦有法度。进于城北治第，既成，聚族人、宾客落之，下至土木之工皆与。乃设诸工之席于东庑、群子之席于西庑，人或曰："诸子安可与工徒齿？"进指诸工曰："此造宅者。"指诸子曰："此卖宅者，固宜坐造宅者下也。"进死未几，果为他人所有，今资政殿学士陈彦升宅乃进旧第东南一隅也。

174 有一武人，忘其名，志乐闲放而家甚贫，忽吟一诗曰："人生本无累，何必买山钱？"遂投檄去，至今致仕，尚康宁。

175 真宗皇帝时，向文简拜右仆射，麻下日，李昌武为翰林学士当对，上谓之曰："朕自即位以来，未尝除仆射，今日以命敏中，此殊命也，敏中应甚喜。"对曰："臣今自早候对，亦未知宣麻，不知敏中何如？"上曰："敏中门下今日贺客必多，卿往观之，明日却对来，勿言朕意也。"昌武候丞相归，乃往见，丞相谢客，门阑悄然无一人，昌武与向亲，径入见之，徐贺曰："今日闻降麻，士大夫莫不欢慰，朝野相庆。"公但唯唯，又曰："自上即位未尝除端揆，此非常之命，自非勋德隆重，眷倚殊越，何以至此？"公复唯唯，终未测其意。又历陈前世为仆射者，勋劳德业之盛、礼命之重，公亦唯唯，卒无一言。既退，复使人至庖厨中，问今日有无亲戚、宾客饮食宴会，亦寂无一人。明日再对，上问："昨日见敏中否？"对曰："见之。""敏中之意何如？"乃具以所见对，上笑曰："向敏中大耐官职。"向文简拜仆射年月，未曾考于国史〔二〇〕，熙宁中，因见中书题名记"天禧元年八月，敏中加右仆射"，然枢密院题名记"天禧元年二月〔二一〕，王钦若加仆射"〔二二〕。

176 晏元献公为童子时，张文节荐之于朝廷，召至阙下，适值御试进士，便令公就试，公一见试题，曰："臣十日前已作此赋，有赋草尚在，乞别命题。"上极爱其不隐。及为馆职，时天下无事，许臣寮择胜燕饮，当时侍从文馆士大夫为燕集，以至市楼酒肆往往皆供帐为游息之地，公是时贫甚不能出，独家居与昆弟讲习。一日选东宫官，忽自中批除晏殊，执政莫谕所因，次日进覆，上谕之曰："近闻馆阁臣寮无不嬉游燕赏，弥日继夕，唯殊杜门与兄弟读书，如此谨厚,正可为东宫官。"公既受命得对,上面谕除授之意,公语言质野,则曰:"臣非不乐燕游者,直以贫,无可为之具〔二三〕,臣若有钱亦须往,但无钱不能出耳。"上益嘉其诚实,知事君体,眷注日深,仁宗朝卒至大用〔二四〕。

177 宝元中,忠穆王吏部为枢密使,河西首领赵元昊叛,上问边备,辅臣皆不能对,明日枢密四人皆罢,忠穆谪虢州。翰林学士苏公仪与忠穆善,出城见之,忠穆谓公仪曰:"鬷之此行,前十年已有人言之。"公仪曰:"必术士也。"忠穆曰:"非也。昔时为三司盐铁副使,疏决狱囚,至河北,是时曹南院自陕西谪官初起,为定帅,鬷至定,治事毕,玮谓鬷曰:'决事已毕,自此当还,明日愿少留一日,欲有所言。'鬷既爱其雄材,又闻欲有所言,遂为之留。明日具馔甚简俭,食罢,屏左右曰:'公满面权骨,不为枢辅即边帅,或谓公当作相,则不然也,然不十年必总枢柄。此时西方当有警,公宜预讲边备,蒐阅人材,不然无以应卒。'鬷曰:'四境之事,唯公知之,何以见教〔二五〕。'曹曰:'玮实知之,今当为公言。玮在陕西日,河西赵德明尝使人以马博易于中国,怒其息微,欲杀之,莫可谏止。德明有一子方十馀岁,极谏不已,曰:以战马资邻国,已是失计,今更以货杀边人,则谁肯为我用者? 玮闻其言,私念之曰:此子欲用其人矣,是必有异志。闻其常往来互市中〔二六〕,玮欲一识之,屡使人诱致之,不可得,乃使善画者图形容,既至观之,真英物也。此子必须为边患,计其时节,正在公秉政之日,公其勉之。'鬷是时殊未以为然,今知其所画乃元昊也,皆如其言也。”四人，夏守赟、霳、陈执中、张观。康定元年二月守赟加节度，罢为南院，霳、执中、观各守本官罢。

178 石曼卿喜豪饮，与布衣刘潜为友。尝通判海州，刘潜来访之，曼卿迎之于石闼堰，与潜剧饮。中夜酒欲竭，顾船中有醋斗馀，乃倾入酒中并饮之，至明日酒、醋俱尽。每与客痛饮，露发跣足，著械而坐，谓之“囚饮”；饮于木杪，谓之“巢饮”；以稿束之，引首出饮，复就束，谓之“鳖饮”〔二七〕，其狂纵大率如此。廨后为一庵，常卧其间，名之曰扪虱庵，未尝一日不醉。仁宗爱其才，尝对辅臣言欲其戒酒，延年闻之，因不饮，遂成疾而卒。

179 工部胡侍郎则为邑日，丁晋公为游客见之，胡待之甚厚。丁因投诗索米，明日胡延晋公，常日所用樽罍悉屏去，但陶器而已，丁失望，以为厌己，遂辞去。胡往见之，出银一箧遗丁，曰：“家素贫，唯此饮器，愿以赆行。”丁始谕设陶器之因，甚愧德之。后晋公骤达，极力推挽〔二八〕，卒至显位。庆历中，谏官李兢坐言事谪湖南物务，内殿承制范亢为黄蔡间都监，以言事官坐谪后多至显官，乃悉倾家物与兢办行，兢至湖南少日遂卒。前辈有言：“人不可有意，有意即差。”事固不可前料也。

180 朱寿昌，刑部朱侍郎巽之子，其母微，寿昌流落贫家，十馀岁方得归，遂失母所在。寿昌哀慕不已，及长，乃解官访母，遍走四方，备历艰难，见者莫不怜之。闻佛书有水忏者，其说谓欲见父母者诵之，当获所愿，寿昌乃昼夜诵持，仍刺血书忏，摹板印施于人，唯愿见母。历年甚多，忽一日至河中府，遂得其母，相持恸绝，感动行路，乃迎以归，事母至孝。复出从仕，今为司农少卿。士人为之传者数人，丞相荆公而下，皆有朱孝子诗数百篇。

181 朝士刘廷式本田家，邻舍翁甚贫，有一女约与廷式为婚。后契阔数年，廷式读书登科，归乡闾访邻翁，而翁已死，女因病双瞽，家极困饿，廷式使人申前好，而女子之家辞以疾，仍以佣耕，不敢姻士大夫，廷式坚不可："与翁有约，岂可以翁死子疾而背之？"卒与成婚，闺门极雍睦，其妻相携而后能行，凡生数子。廷式尝坐小谴，监司欲逐之，嘉其有美行，遂为之阔略。其后廷式管干江州太平宫而妻死〔二九〕，哭之极哀。苏子瞻爱其义，为文以美之。

182 柳开少好任气，大言凌物，应举时以文章投主司于帘前，凡千轴，载以独轮车，引试日衣襕自拥车以入，欲以此骇众取名。时张景能文有名，唯袖一书，帘前献之，主司大称赏，擢景优等。时人为之语曰："柳开千轴，不如张景一书。"

校勘记

〔一〕中允亭　吴处厚青箱杂记卷七"中允"作"允中"。

〔二〕判司农寺　据长编卷二六九，其所任职为同判司农寺，按"同"乃括家讳，此处或因避家讳而略。

〔三〕除恶务力　大德本"力"字作"本"。

〔四〕尧舜性仁赋　"仁"字原作"之"，从胡校据大德本、丛刊本改。

〔五〕小赋　弘治本无"小"字。

〔六〕至七十九岁以太师致仕，凡带平章事三十七年　胡补证："据长编卷三四一，元丰六年十一月甲寅彦博致仕，是年七十八岁，与本书第二六六条‘文潞公归洛日年七十八’及容斋四笔卷七潞公平章重事谓潞公元丰六年以太师致仕‘时七十八岁’正合，亦与长编卷三六八载元祐元年司马光谓‘彦博今年八十一’合，本条‘七十九岁以太师致仕’之‘九’实为‘八’之误。又，彦博庆历八年登相，见载于长编卷一六二，下迄元丰六年致仕，带平章事凡三十六年，本条作‘三十七年’，盖涉上‘七十九岁’而误计。”

〔七〕连氏　胡补证：“‘连氏’当作‘练氏’，按本条所称‘章某’，据李慈铭考知为章仔钧，事闽为建州刺史，为宋章得象之高祖。仔钧妻杨氏，因世居练湖，故称练夫人。”

〔八〕李景使大将胡则守江州　毕沅续资治通鉴卷八考异：“梦溪笔谈云‘李景使大将胡则守江州，……胡则一门无遗类’，按：曹翰围江州凡五月拔之，未尝相持至三年也，笔谈误记耳。至以李煜为李景，尤误之显然者，今不取。”

〔九〕素不设备　“备”字原作“守”，据大德本、丛刊本改。

〔一〇〕主人者头巾　“者”字原作“著”，据大德本、丛刊本改。按本条下文称“主人者亦翩然而入”，则“主人者”是。

〔一一〕医卜自给　“卜”字原无，从胡校据类苑卷四二引补，胡云：“上文云‘与人择日，又卖一药’，又下文云‘择日、卖药’，证明此处当云‘医卜’。”

〔一二〕精简　“精”字原作“清”，从胡校据大德本、丛刊本改。按宋史隐逸中之杜生传即本笔谈此条，彼亦作“精”可证。

〔一三〕耆英会　“英”字原作“年”，司马光传家集卷六八作“耆英会”，此乃沈括避祖讳而改，今回改。

〔一四〕刘几　“几”字原作“几”，从胡校据王国维校识及大德本、丛刊本改。

〔一五〕仓惶　“仓”字原作“苍”，从胡校据大德本改。

〔一六〕三千人　“三”字原作“二”，从胡校据大德本、丛刊本改。

〔一七〕自河东还　“自”字原作“在”，从胡校据大德本、丛刊本改。

〔一八〕一龟　此与下文“看龟鼓琴”之“龟”字原作“鹤”，据大德本改。按挥麈卷一〇与大德本同，唯“一龟”上有“一鹤”二字，石林诗话云赵氏“平生畜雷氏琴一张，鹤与白龟各一，所向与之俱”，堪相互证，盖挥麈所引乃括稿原貌，传钞初脱“一鹤”，继而改“龟”为“鹤”耳。

〔一九〕判邢州　“判”字原作“刺”，据长编卷一七、挥麈卷一〇引改。

〔二〇〕考于国史　“考”字原作“著”，据大德本及类苑卷一三、容斋随笔卷四引改。

〔二一〕枢密院题名记　大德本、丛刊本无“枢”字。

〔二二〕加仆射　“加”下原有“右”字，据大德本及类苑卷一三、容斋随笔卷四引删。胡校云：“丛刊本以两字地位刻‘右仆射’三字，存剜改之迹。”

〔二三〕无可为之具　“具”字原无，从胡校据类苑卷七、挥麈卷一〇引补。

〔二四〕仁宗朝　挥麈卷一〇引“宗”作“庙”，宋人笔记常如此称，疑是。

〔二五〕何以见教　“何”字原作“幸”，据大德本、朱熹宋名臣言行录前集卷三引改。

〔二六〕互市　“互”字原作“牙”，从胡校据大德本及王国维校识改。

〔二七〕鳖饮　朱胜非绀珠集卷一二引此下尚有二十馀字述徒饮、鬼饮，似非笔谈本文，故不取。

〔二八〕推挽　“推”字原作“携”，据大德本改。

〔二九〕太平宫　据长编卷二一一、经进东坡文集事略卷六〇“宫”字当作“观”。

梦溪笔谈卷十

人事二

183 蒋堂侍郎为淮南转运使日，属县例致贺冬至书，皆投书即还，有一县令使人独不肯去，须责回书，左右谕之皆不听，以至呵逐亦不去，曰："宁得罪，不得书不敢回邑。"时苏子美在坐，颇骇怪，曰："皂隶如此野很[一]，其令可知。"蒋曰："不然，审必健者，能使人不敢慢其命令如此。"乃为一简答之，方去。子美归吴中月馀，得蒋书曰："县令果健者。"遂为之延誉，后卒为名臣。或云：乃天章阁待制杜杞也。

184 国子博士李馀庆知常州，强于政事，果于去恶，凶人恶吏畏之如神。末年得疾甚困，有州医博士多过恶，常惧为馀庆所发，因其困进利药以毒之，服之洞泄不已，势已危，馀庆察其奸，使人扶舁坐厅事，召医博士杖杀之，然后归卧，未及席而死。葬于横山，人至今畏之，过墓者皆下〔二〕，有病疟者，取墓土著牀席间辄差，其敬惮之如此。

185 盛文肃为尚书右丞知扬州，简重少所许可，时夏有章自建州司户参军授郑州推官，过扬州，文肃骤称其才雅，明日置酒召之。人有谓有章曰："盛公未尝燕过客，甚器重者，方召一饭。"有章荷其意，别日为一诗谢之，至客次，先使人持诗以入。公得诗，不发封即还之，使人谢有章曰："度已衰老，无用此诗。"不复得见。有章殊不意，往见通判刁绎，具言所以，绎亦不谕其由，曰："府公性多忤，诗中得无激触否？"有章曰："元未曾发封。"又曰："无乃笔札不严？"曰："有章自书，极严谨。"曰："如此，必是将命者有所忤耳。"乃往见文肃而问之："夏有章今日献诗何如？"公曰："不曾读，已还之。"绎曰："公始待有章甚厚，今乃不读其诗，何也？"公曰："始见其气韵清秀〔三〕，谓必远器，今封诗乃自称'新圃田从事'。得一幕官遂尔轻脱，君但观之，必止于此官，志已满矣。切记之，他日可验。"贾文元时为参政，与有章有旧，乃荐为馆职，有诏候到任一年召试，明年除馆阁校勘，御史发其旧事，遂寝夺，改差国子监主簿，仍带郑州推官，未几卒于京师。文肃阅人物多如此，不复挟他术。

186 林逋隐居杭州孤山，常畜两鹤，纵之则飞入云霄，盘旋久之，复入笼中。逋常泛小艇游西湖诸寺，有客至逋所居，则一童子出应门，延客坐，为开笼纵鹤，良久，逋必棹小船而归，盖尝以鹤飞为验也。逋高逸倨傲，多所学，唯不能棋，常谓人曰："逋世间事皆能之，唯不能担粪与著棋。"

187 庆历中有近侍犯法，罪不至死，执政以其情重，请杀之。范希文独无言，退而谓同列曰："诸公劝人主法外杀近臣，一时虽快意，不宜教手滑。"诸公默然。

188 景祐中审刑院断狱，有使臣何次公具狱，主判官方进呈，上忽问："此人名次公者何义？"主判官不能对，是时庞庄敏为殿中丞、审刑院详议官，从官长上殿，乃越次对曰："臣尝读前汉书，黄霸字次公，盖以霸次王也。此人必慕黄霸之为人。"上颔之。异日复进谳，上顾知院官问曰："前时姓庞详议官何故不来？"知院对："任满，已出外官。"上遽指挥中书与在京差遣，除三司检法官，俄擢三司判官，庆历中遂入相。

校勘记

〔一〕野很　"很"字原作"狠"，据大德本、丛刊本改。

〔二〕皆下　挥犀卷三引"下"下有"马"字。

〔三〕清秀　大德本"秀"字作"修"。

梦溪笔谈卷十一

官政一

189 世称陈恕为三司使改茶法，岁计几增十倍。予为三司使时考其籍，盖自景德中北戎入寇之后，河北籴便之法荡尽，此后茶利十丧其九，恕在任，值北虏讲解，商人顿复，岁课遂增。虽云十倍之多，考之尚未盈旧额。至今称道，盖不虞之誉也。

190 世传算茶有三说法最便。三说者，皆谓见钱为一说，犀牙香药为一说，茶为一说。深不然也，此乃三分法，其谓缘边入纳粮草，其价折为三分，一分支见钱、一分折犀象杂货、一分折茶，尔后又有并折盐为四分法，更改不一，皆非三说也。予在三司求得三说旧案，三说者乃是三事，博籴为一说，便籴为一说，直便为一说。其谓之"博籴"者，极边粮草，岁入必欲足常额，每岁自三司抛数下库务，先封桩见钱、紧便钱、紧茶钞，"紧便钱"谓水路商旅所便处，"紧茶钞"谓上三山场榷务。然后召人入中。“便籴”者，次边粮草，商人先入中粮草，乃诣京师算请慢便钱、慢茶钞及杂货。“慢便钱”谓道路货易非便处，“慢茶钞”谓下三山场榷务。“直便”者，商人取便于缘边入纳见钱，于京师请领。三说先博籴，数足然后听便籴及直便，以此商人竞趋争先，赴极边博籴，故边粟常充足〔一〕，不为诸郡分裂，粮草之价不能翔踊，诸路税课亦皆盈衍。此良法也，予在三司方欲讲求，会左迁，不果建议。

191 延州故丰林县城，赫连勃勃所筑，至今谓之“赫连城”，紧密如石，斸之皆火出。其城不甚厚，但马面极长且密，予亲使人步之，马面皆长四丈，相去六七丈。以其马面密〔二〕，则城不须太厚，人力亦难攻也。予曾亲见攻城，若马面长则可反射城下攻者，兼密则矢石相及，敌人至城下则四面矢石临之。须使敌人不能到城下，乃为良法。今边城虽厚，而马面极短且疏，若敌人可到城下，则城虽厚，终为危道。其间更多刓其角，谓之“团敌”，此尤无益，全藉倚楼角以发矢石，以覆护城脚。但使敌人备处多〔三〕，则自不可存立，赫连之城深可为法也。

192 刘晏掌南计，数百里外物价高下即日知之。人有得晏一事，予在三司时尝行之于东南。每岁发运司和籴米于郡县，未知价之高下，须先具价申禀，然后视其贵贱，贵则寡取，贱则取盈，尽得郡县之价，方能契数行下，比至则粟价已增，所以常得贵售。晏法则令多粟通途郡县，以数十岁籴价与所籴粟数，高下各为五等，具籍于主者今属发运司。粟价才定，更不申禀，即时廪收，但第一价则籴第五数，第五价即籴第一数，第二价则籴第四数，第四价即第二数，乃即驰递报发运司。如此，粟贱之地自籴尽极数，其馀节级各得其宜，已无极售。发运司仍会诸郡所籴之数计之，若过于多则损贵与远者，尚少则增贱与近者，自此粟价未尝失时，各当本处丰俭。即日知价，信皆有术。

193 旧校书官多不恤职事，但取旧书以墨漫一字，复注旧字于其侧，以为日课。自置编校局，只得以朱围之，仍于卷末书校官姓名。

194 五代方镇割据，多于旧赋之外重取于民〔四〕，国初悉皆蠲正，税额一定。其间有或重轻未均处〔五〕，随事均之。福、歙州税额太重，福州则令以钱二贯五百折纳绢一匹，歙州输官之绢止重数两，太原府输赋全除，乃以减价籴粜补之。后人往往疑福、歙折绢太贵，太原折米太贱，盖不见当时均赋之意也。

195 夏、秋沿纳之物，如盐麴钱之类，名件烦碎。庆历中，有司建议并合归一名，以省帐钞。程文简为三司使，独以谓仍旧为便，若没其旧名，异日不知，或再敷盐麴，则致重复。此亦善虑事也。

196 近岁邢、寿两郡各断一狱，用法皆误，为刑曹所驳。寿州有人杀妻之父母昆弟数口，州司以不道缘坐妻子，刑曹驳曰："殴妻之父母，即是义绝，况其谋杀，不当复坐其妻。"邢州有盗杀一家，其夫妇即时死，唯一子明日乃死，其家财产户绝，法给出嫁亲女，刑曹驳曰："其家父母死时，其子尚生，财产乃子物，出嫁亲女乃出嫁姊妹，不合有分。”此二事略同，一失于生者，一失于死者。

197 深州旧治静安〔六〕，其地鹻卤，不可艺植，井泉悉是恶卤。景德中议迁州时，傅潜家在李晏，乃奏请迁州于李晏，今深州是也。土之不毛无以异于旧州，盐鹻殆与土半，城郭朝补暮坏，至于薪刍亦资于他邑，唯胡卢水粗给居民，然原自外来，亦非边城之利。旧州之北有安平、饶阳两邑，田野饶沃，人物繁庶，正当徐村之口，与祁州、永宁犬牙相望。不移州于此，而恤其私利亟城李晏者，潜之罪也。

198 律云：“免官者，三载之后降先品二等叙。免所居官及官当者，期年之后降先品一等叙。”降先品者，谓免官二官皆免，则从未降之品降二等叙之；免所居官及官当止一官，故降未降之品一等叙之。今叙官乃从见存之官更降一等者，误晓律意也。

199 律累降虽多，各不得过四等。此止法者不徒为之，盖有所碍，不得不止。据律，“更犯有历任官者〔七〕，仍累降之，所降虽多，各不得过四等”，注：“‘各’谓二官各降，不在通计之限。”“二官”谓职事官、散官、卫官为一官，勋官为一官。二官各四等，不得通计，乃是共降八等而止。予考其义，盖除名叙法，正四品于从七品下叙〔八〕，从四品于正八品上叙，即是降先品九等。免官、官当若降五等，则反重于除名，此不得不止也。此律今虽不用，然用法者须知立法之意，则于新格无所抵捂。予检正刑房公事日，曾遍询老法官，无一人晓此意者。

200 边城守具中有战棚，以长木抗于女墙之上，大体类敌楼，可以离合，设之顷刻可就，以备仓卒城楼摧坏，或无楼处受攻，则急张战棚以临之。梁侯景攻台城，为高楼以临城，城上亦为楼以拒之，使壮士交槊斗于楼上，亦近此类。预备敌人，非仓卒可致。近岁边臣有议，以谓既有敌楼，则战棚悉可废省，恐讲之未熟也。

201 鞠真卿守润州，民有斗殴者，本罪之外，别令先殴者出钱以与后应者。小人靳财，兼不愤输钱于敌人，终日纷争，相视无敢先下手者。

202 曹州人赵谏尝为小官，以罪废，唯以录人阴事控制闾里，无敢迕其意者，人畏之甚于寇盗，官司亦为其羁绁，俯仰取容而已。兵部员外郎谢涛知曹州，尽得其凶迹，逮系有司，具前后巨蠹状奏列，章下御史府按治，奸赃狼籍，遂论弃市，曹人皆相贺。因此有"告不干己事法"著于敕律。

203 驿传旧有三等，曰步递、马递、急脚递。急脚递最遽，日行四百里，唯军兴则用之。熙宁中，又有金字牌急脚递，如古之羽檄也，以木牌朱漆黄金字，光明眩目，过如飞电，望之者无不避路，日行五百馀里。有军前机速处分，则自御前发下，三省、枢密院莫得与也。

204 皇祐二年吴中大饥，殍殣枕路。是时范文正领浙西，发粟及募民存饷，为术甚备。吴人喜竞渡，好为佛事，希文乃纵民竞渡，太守日出宴于湖上，自春至夏，居民空巷出游，又召诸佛寺主首谕之曰："饥岁工价至贱，可以大兴土木之役。"于是诸寺工作鼎兴。又新敖仓、吏舍，日役千夫。监司奏劾杭州不恤荒政,嬉游不节,及公私兴造,伤耗民力。文正乃自条叙所以宴游及兴造,皆欲以发有馀之财,以惠贫者。贸易、饮食、工技服力之人,仰食于公私者日无虑数万人,荒政之施,莫此为大。是岁两浙唯杭州晏然,民不流徙,皆文正之惠也。岁饥发司农之粟,募民兴利,近岁遂著为令。既已恤饥,因之以成就民利,此先王之美泽也。

205 凡师行,因粮于敌最为急务,运粮不但多费,而势难行远。予尝计之,人负米六斗,卒自携五日乾粮,人饷一卒,一去可十八日,米六斗,人食日二升,二人食之十八日尽。若计复回,只可进九日;二人饷一卒,一去可二十六日,米一石二斗,三人食日六升,八日则一夫所负已尽,给六日粮遣回,后十八日,二人食日四升并粮。若计复回,止可进十三日;前八日,日食六升;后五日并回程,日食四升并粮。三人饷一卒,一去可三十一日,米一石八斗,前六日半,四人食日八升,减一夫,给四日粮;中七日〔九〕,三人食日六升,又减一夫,给九日粮;后十八日,二人食日四升并粮。计复回,止可进十六日。前六日半,日食八升;中七日,日食六升;后二日半并回程〔一〇〕,日食四升并粮。三人饷一卒,极矣。若兴师十万,辎重三之一,止得驻战之卒七万人,已用三十万人运粮,此外难复加矣。放回运夫须有援卒〔一一〕,缘运行死亡、疾病,人数稍减,且以所减之食准援卒所费。运粮之法,人负六斗,此以总数率之也,其间队长不负,樵汲减半,所馀皆均在众夫,更有死亡、疾病者,所负之米又以均之,则人所负常不啻六斗矣。故军中不容冗食,一夫冗食,二三人饷之尚或不足。若以畜乘运之,则驼负三石,马、骡一石五斗,驴一石。比之人运,虽负多而费寡,然刍牧不时，畜多瘦死，一畜死则并所负弃之，较之人负，利害相半。

206 忠、万间夷人，祥符中尝寇掠，边臣苟务怀来，使人招其酋长，禄之以券粟。自后有效而为之者，不得已又以券招之，其间纷争者，至有自陈："若某人，才杀掠若干人遂得一券，我凡杀兵民数倍之多，岂得亦以一券见给？"互相计校，为寇甚者则受多券。熙宁中会之，前后凡给四百馀券，子孙相承，世世不绝。因其为盗，悉诛锄之，罢其旧券一切不与，自是夷人畏威，不复犯塞。

207 庆历中河决北都商胡，久之未塞，三司度支副使郭申锡亲往董作。凡塞河决垂合，中间一埽谓之"合龙门"，功全在此。是时屡塞不合。时合龙门埽长六十步，有水工高超者献议，以谓埽身太长，人力不能压，埽不至水底，故河流不断，而绳缆多绝。今当以六十步为三节，每节埽长二十步，中间以索连属之，先下第一节，待其至底方压第二、第三。旧工争之，以为不可，云："二十步埽不能断漏，徒用三节，所费当倍而决不塞。"超谓之曰："第一埽水信未断，然势必杀半。压第二埽止用半力，水纵未断，不过小漏耳。第三节乃平地施工，足以尽人力。处置三节既定，则上两节自为浊泥所淤，不烦人功。"申锡主前议，不听超说。是时贾魏公帅北门，独以超之言为然，阴遣数千人，于下流收漉流埽。既定而埽果流，而河决愈甚，申锡坐谪，卒用超计，商胡方定。

208 盐之品至多，前史所载，夷狄间自有十馀种，中国所出亦不减数十种。今公私通行者四种：一者末盐，海盐也，河北、京东、淮南、两浙、江南东西、荆湖南北、福建、广南东西十一路食之。其次颗盐，解州盐泽及晋、绛、潞、泽所出，京畿、南京、京西、陕西、河东、褒、剑等处食之。又次井盐，凿井取之，益、梓、利、夔四路食之。又次崖盐，生于土崖之间，阶、成、凤等州食之。唯陕西路颗盐有定课，岁为钱二百三十万缗，自馀盈虚不常，大约岁入二千馀万缗〔一二〕，唯末盐岁自抄三百万供河北边籴，其他皆给本处经费而已。缘边籴买仰给于度支者，河北则海、末盐，河东、陕西则颗盐及蜀茶为多。运盐之法，凡行百里，陆运斤四钱，船运斤一钱，以此为率。

209 太常博士李处厚知庐州慎县〔一三〕，尝有殴人死者〔一四〕，处厚往验伤，以糟胾灰汤之类薄之，都无伤迹，有一老父求见，曰："邑之老书吏也〔一五〕，知验伤不见其迹。此易辨也，以新赤油繖日中覆之，以水沃其尸，其迹必见。"处厚如其言，伤迹宛然。自此江、淮之间，官司往往用此法。

210 钱塘江，钱氏时为石堤，堤外又植大木十馀行，谓之"滉柱"。宝元、康定间，人有献议，取滉柱可得良材数十万，杭帅以为然。既而旧木出水，皆朽败不可用，而滉柱一空，石堤为洪涛所激，岁岁摧决。盖昔人埋柱以折其怒势，不与水争力，故江涛不能为害。杜伟长为转运使，人有献说，自浙江税场以东，移退数里为月堤，以避怒水。众水工皆以为便，独一老水工以为不然，密谕其党曰："移堤则岁无水患,若曹何所衣食?"众人乐其利,乃从而和之,伟长不悟其计,费以钜万,而江堤之害仍岁有之。近年乃讲月堤之利,涛害稍稀,然犹不若滉柱之利,然所费至多,不复可为。

211 陕西颗盐,旧法官自般运,置务拘卖。兵部员外郎范祥始为钞法,令商人就边郡入钱四贯八百售一钞,至解池请盐二百斤,任其私卖,得钱以实塞下,省数十郡般运之劳。异日辇车牛驴以盐役死者岁以万计,冒禁抵罪者不可胜数,至此悉免。行之既久,盐价时有低昂,又于京师置都盐院,陕西转运司自遣官主之。京师食盐斤不足三十五钱,则敛而不发,以长盐价,过四十,则大发库盐,以压商利,使盐价有常,而钞法有定数。行之数十年,至今以为利也。

212 河北盐法,太祖皇帝尝降墨敕,听民间贾贩,唯收税钱,不许官榷。其后有司屡请闭固,仁宗皇帝又有批诏云:"朕终不使河北百姓常食贵盐。"献议者罢遣之。河北父老皆掌中掬灰,藉火焚香,望阙欢呼称谢。熙宁中复有献谋者,予时在三司,求访两朝墨敕不获,然人人能诵其言,议亦竟寝。

校勘记

〔一〕常充足　大德本及类苑卷二一引"充"字作"先"。

〔二〕以其马面密　"其"字原作"为",从胡校据大德本及类苑卷六二引改。

〔三〕备处多　"备"上原有"见"字,从胡校据大德本及类苑卷六二引删。

〔四〕多于旧赋之外　“多”字原作“都”，从胡校据大德本、丛刊本改。

〔五〕其间有或　“有或”原作“或有”，据大德本、丛刊本乙。

〔六〕静安　“静”字原作“靖”，从吴以宁说据长编卷二八、舆地广记卷一一河北西路改。

〔七〕有历任官者　唐律疏议卷三“有”上有“馀”字。

〔八〕从七品　“从”字原作“正”，据唐律疏议卷三改。

〔九〕中七日　“中”字原作“十”，从李群校语改。

〔一〇〕二日半　原作“十一日”，从李群校语改。

〔一一〕运夫　“夫”字原作“人”，大德本、丛刊本作“大”，盖“夫”之讹，故据改。

〔一二〕二千馀万　“千”字原作“十”，据大德本、丛刊本改。

〔一三〕慎县　“慎”字原作“值”，从胡校据大德本及鸡肋集卷六八右通直郎杨君墓志铭改。

〔一四〕殴人死者　“殴”字原作“欧”，从胡校据稗海本及郑克折狱龟鉴卷六引改。

〔一五〕书吏　“吏”字原作“史”，从胡校据郑克折狱龟鉴卷六引改。

梦溪笔谈卷十二

官政二

213　淮南漕渠筑埭以畜水，不知始于何时，旧传召伯埭谢公所为，按李翱来南录，唐时犹是流水，不应谢公时已作此埭。天圣中，监真州排岸司右侍禁陶鉴始议为复闸节水，以省舟船过埭之劳。是时工部郎中方仲荀、文思使张纶为发运使、副，表行之，始为真州闸，岁省冗卒五百人、杂费百二十五万。运舟旧法，舟载米不过三百石，闸成，始为四百石船，其后所载浸多，官船至七百石，私船受米八百馀囊，囊二石。自后北神、召伯、龙舟、茱萸诸埭相次废革，至今为利。予元丰中过真州，江亭后粪壤中见一卧石，乃胡武平为水闸记，略叙其事而不甚详具。

214　张杲卿丞相知润州日，有妇人夫出外数日不归，忽有人报菜园井中有死人，妇人惊往视之，号哭曰："吾夫也。"遂以闻官。公令属官集邻里，就井验是其夫与非，众皆以井深不可辨，请出尸验之，公曰："众皆不能辨，妇人独何以知其为夫？"收付所司鞫问，果奸人杀其夫，妇人与闻其谋。

215 庆历中议弛茶盐之禁及减商税，范文正以为不可："茶盐、商税之入，但分减商贾之利耳，行于商贾未甚有害也。今国用未减，岁入不可阙，既不取之于山泽及商贾，须取之于农，与其害农〔一〕，孰若取之于商贾？今为计，莫若先省国用，国用有馀，当先宽赋役，然后及商贾，弛禁非所当先也。"其议遂寝。

216 真宗皇帝南衙日，开封府十七县皆以岁旱放税，即有飞语闻上，欲有所中伤，太宗不悦。御史探上意，皆露章言开封府放税过实，有旨下京东、西两路诸州，选官覆按。内亳州当按太康、咸平两县，是时曾会知亳州，王冀公在幕下，曾爱其识度，常以公相期之，至是遣冀公行，仍戒之曰："此行所系事体不轻，不宜小有高下。"冀公至两邑，按行甚详，其馀抗言放税过多，追收所税物〔二〕，而冀公独乞全放，人皆危之。明年真宗即位，首擢冀公为右正言，仍谓辅臣曰："当此之时，朕亦自危惧，钦若小官，敢独为百姓伸理，此大臣节也。"自后进用超越，卒至入相。

217 国朝初平江南，岁铸钱七万贯。自后稍增广，至天圣中岁铸一百馀万贯，庆历间至三百万贯，熙宁六年以后岁铸铜铁钱六百馀万贯。

218 天下吏人素无常禄，唯以受赇为生，往往致富者〔三〕。熙宁三年始制天下吏禄，而设重法以绝请托之弊。

是岁京师诸司岁支吏禄钱三千八百三十四贯二百五十四，岁岁增广，至熙宁八年岁支三十七万一千五百三十三贯一百七十八〔四〕。自后增损不常，皆不过此数，京师旧有禄者及天下吏禄皆不预此数〔五〕。

219 国朝茶利，除官本及杂费外净入钱，禁榷时取一年最中数，计一百九万四千九十三贯八百八十五，内六十四万九千六十九贯茶净利，卖茶，嘉祐二年收十六万四百三十一贯五百二十七，除元本及杂费外，得净利十万六千九百五十七贯六百八十五。客茶交引钱，嘉祐三年除元本及杂费外，得净利五十四万二千一百一十一贯五百二十四。四十四万五千二十四贯六百七十茶税钱。最中嘉祐元年所收数，除川茶钱在外。通商后来取一年最中数，计一百一十七万五千一百四贯九百一十九钱，内三十六万九千七十二贯四百七十一钱茶租，嘉祐四年通商，立定茶交引钱六十八万四千三百二十一贯三百八十〔六〕。后累经减放，至治平二年最中分收上数。八十万六千三十二贯六百四十八钱茶税。最中治平三年，除川茶税钱外会此数。

220 本朝茶法，乾德二年始诏在京、建州〔七〕、汉〔八〕、蕲口各置榷货务。五年始禁私卖茶，从不应为情理重。太平兴国二年删定禁法条贯，始立等科罪。淳化二年令商贾就园户买茶〔九〕，公于官场贴射，始行贴射法。淳化四年初行交引，罢贴射法，西北入粟给交引，自通利军始。是岁罢诸处榷货务，寻复依旧。至咸平元年，茶利钱以一百三十九万二千一百一十九贯三百一十九为额，至嘉祐三年，凡六十一年用此额，官本、杂费皆在内，中间时有增亏，岁入不常。咸平五年三司使王嗣宗始立三分法，以十分茶价，四分给香药，三分犀象、三分茶引；六年又改支六分香药、犀象，四分茶引。景德二年许人入中钱帛金银，谓之“三说”。至祥符九年茶引益轻，用知秦州曹玮议，就永兴、凤翔以官钱收买客引，以救引价，前此累增加饶钱。至天禧二年镇戎军纳大麦一斗，本价通加饶共支钱一贯二百五十四。乾兴元年改三分法，支茶引三分、东南见钱二分半、香药四分半。天圣元年复行贴射法，行之三年，茶利尽归大商，官场但得黄晚恶茶，乃诏孙奭重议，罢贴射法。明年推治元议省吏、计覆官、旬献等，皆决配沙门岛，元详定枢密副使张邓公、参知政事吕许公、鲁肃简各罚俸一月，御史中丞刘筠、入内内侍省副都知周文质、西上阁门使薛昭廓、三部副使各罚铜三十斤〔一〇〕，前三司使李谘落枢密直学士，依旧知洪州。皇祐三年算茶依旧只用见钱。至嘉祐四年二月五日，降敕罢茶禁。

221　国朝六榷货务、十三山场都卖茶岁一千五十三万三千七百四十七斤半，祖额钱二百二十五万四千四十七贯一十。其六榷货务取最中嘉祐六年抛占茶五百七十三万六千七百八十六斤半，祖额钱一百九十六万四千六百四十七贯二百七十八：荆南府祖额钱三十一万五千一百四十八贯三百七十五，受纳潭、鼎、沣、岳、归、峡州、荆南府片、散茶共八十七万五千三百五十七斤；汉阳军祖额钱二十一万八千三百二十一贯五十一，受纳鄂州片茶二十三万八千三百斤半；蕲州蕲口祖额钱三十五万九千八百三十九贯八百一十四，受纳潭、建州、兴国军片茶五十万斤；无为军祖额钱三十四万八千六百二十贯四百三十，受纳潭、筠、袁、池、饶、建、歙、江、洪州、南康、兴国军片、散茶共八十四万二千三百三十三斤；真州祖额钱五十一万四千二十二贯九百三十二，受纳潭、袁、池、饶、歙、建、抚、筠、宣、江、吉、洪州、兴国、临江、南康军片、散茶共二百八十五万六千二百六斤；海州祖额钱三十万八千七百三贯六百七十六，受纳睦、湖、杭、越、衢、温、婺、台、常、明、饶、歙州片、散茶共四十二万四千五百九十斤。十三山场祖额钱共二十八万九千三百九十九贯七百三十二，共买茶四百七十九万六千九百六十一斤：光州光山场买茶三十万七千二百十六斤，卖钱一万二千四百五十六贯；子安场买茶二十二万八千三十斤，卖钱一万三千六百八十九贯三百四十八；〔一一〕商城场买茶四十万五百五十三斤，卖钱二万七千七十九贯四百四十六；寿州麻步场买茶三十三万一千八百三十三斤，卖钱三万四千八百一十一贯三百五十；霍山场买茶五十三万二千三百九斤，卖钱三万五千五百九十五贯四百八十九；开顺场买茶二十六万九千七十七斤，卖钱一万七千一百三十贯；庐州王同场买茶二十九万七千三百二十八斤，卖钱一万四千三百五十七贯六百四十二；黄州麻城场买茶二十八万四千二百七十四斤，卖钱一万二千五百四十贯；舒州罗源场买茶一十八万五千八十二斤，卖钱一万四百六十九贯七百八十五；太湖场买茶八十二万九千三十二斤，卖钱三万六千九十六贯六百八十；蕲州洗马场买茶四十万斤，卖钱二万六千三百六十贯；王祺场买茶一十八万二千二百二十七斤，卖钱一万一千九百五十三贯九百九十二；石桥场买茶五十五万斤，卖钱三万六千八十贯〔一二〕。

222 发运司岁供京师米以六百万石为额，淮南一百三十万石，江南东路九十九万一千一百石，江南西路一百二十万八千九百石，荆湖南路六十五万石，荆湖北路三十五万石，两浙路一百五十万石。通馀羡岁入六百二十万石。

223 熙宁中废并天下州县，迄八年，凡废州、军、监三十一：仪、滑、慈、郑、集、万〔一三〕、乾、儋、南仪、复、蒙、春〔一四〕、陵、宪、辽、窦、壁、梅、汉阳、通利、宁化、光化、清平、永康、荆门、广济、高邮、江阴、富顺、涟水、宣化；废县一百二十七：〔一五〕晋州赵城、杭州南新、普州普康、磁州昭德、华州渭南、德州德平、陵州贵平、籍县〔一六〕、忠州桂溪、兖州邹县、广州信安、四会、陕府湖城〔一七〕、硖石〔一八〕、河中西河〔一九〕、永乐、巴州七盘、其章、坊州升平、春州铜陵、北京大名、洹水、经城、永济、莫州莫〔二〇〕、长丰、梧州戎城、邛州临溪、梓州永泰、河阳汜水、沧州饶安、临津、融州武阳、罗城、象州武化、归州兴山、汝州龙兴、怀州脩武、武陟、道州永明〔二一〕、庆州乐蟠〔二二〕、华池、瀛州束城〔二三〕、景城、顺安高阳、澶州顿丘、洺州曲周、临洺、丹州云岩、汾川、潞州黎城、琼州舍城、火山火山、横州永定、宜州古阳、礼丹、金城、述昆、汾州孝义、延州金明、丰林、延水、太原平晋、随州光化、邢州尧山、任县、平乡、秦州长道、达州三冈〔二四〕、石鼓〔二五〕、扬州广陵、赵州隆平〔二六〕、柏乡、赞皇、雅州百丈、荣经、祁州深泽〔二七〕、同州夏阳、嘉州平羌、河南洛阳、福昌、颍阳〔二八〕、缑氏、伊阙、滨州招安〔二九〕、慈州文城、吉乡、成都犀浦、戎州宜宾、绵州西昌〔三〇〕、荣州公井、宁化宁化、乾宁乾宁、真定灵寿、井陉、荆南建宁、枝江〔三一〕、辰州麻阳、招谕〔三二〕、陈州南顿、桂州脩仁、永宁、安州云梦、忻州定襄、剑门关剑门、汉阳汉川、恩州清阳、熙州狄道、河州枹罕、卫州新乡、卫、渝州南川、虢州玉城、果州流溪、利州平蜀、许州许田、岢岚岚谷、蓬州蓬山〔三三〕、良山、冀州新河〔三四〕、涪州温山、阆州晋安、岐平〔三五〕、复州玉沙〔三六〕、润州延陵。

校勘记

〔一〕与其　“与”字原作“以”，从胡校据弘治本、万历本及长编卷一四一改。

〔二〕追收所税物　徐规梦溪笔谈中有关史事记载订误据长编卷四二谓“所”下脱“放”字。

〔三〕致富者　长编卷二四八引“致”上有“有”字。

〔四〕熙宁八年　长编卷二四八引此下有“予为三司使日”六字，按长编卷二七一亦引述此条，云“及沈括为三司使，当熙宁八年”，则李焘所见笔谈有此六字，然乾道各本及类苑卷二七引无，故附识于此。

〔五〕旧有禄者　长编卷二四八、类苑卷二七引同，长编卷二七一引述“有”下有“吏”字。

〔六〕交引钱　类苑卷二一引“交引”作“租”。

〔七〕建州　据长编卷五、玉海卷一八一乾德榷货务，乾德二年所置称建安。

〔八〕汉　据长编卷五、玉海卷一八一乾德榷货务，乾德二年所置称汉阳，吴以宁以为脱“阳”字。

〔九〕淳化二年　吴以宁据宋会要辑稿食货以为“二”当作“三”。

〔一〇〕三十斤　“三”字原作“二”，从吴以宁说据长编卷一〇四改。

〔一一〕一万三千六百八十九贯　“千”字原作“十”，从胡校据大德本、类苑卷二一引改。

〔一二〕本条所列钱、茶总数与六榷货务、十三山场总数，合并计算相符，可证此三项总数无误。六榷货务总数，茶为五百七十三万六千七百八十六斤半，钱为一百九十六万四千六百四十七贯二百七十八，据所列数据合并计算，茶数相符，钱数为二百六万四千六百五十六贯贯二百七十八，则所列茶数无误，而所列钱数在十万位、个十位上分别有讹。十三山场总数，茶为四百七十九万六千九百六十一斤，钱为二十八万九千三百九十九贯七百三十二，据所列数据合并计算，茶数相符，钱数为二十八万八千六百十九贯七百三十二，则所列茶数亦无误，而所列钱数在十、百、千位上分别有讹。因无其他资料可供核对，故附识于此。

〔一三〕万　胡校：“以它志校沈记则失载万州，以沈记校它志则失载万安州，颇疑沈记‘万’字下乃脱一‘安’字，然未有以定。”

〔一四〕春　原作“舂”，从胡校据大德本及类苑卷二一、三三引改。

〔一五〕废县一百二十七　胡校：“县则各本为数只一百二十六，又达州下‘蜀’字乃衍文，实得县数一百二十五，尚缺其二，未得善本以补之，然疑‘七’乃‘五’字之误也。”

〔一六〕籍县　“籍”字原作“藉”，从胡校据弘治本、稗海本改。

〔一七〕湖城　“湖”字原作“胡”，从胡校据九域志改。

〔一八〕硖石　“硖”字原作“峡”，从胡校据九域志改。

〔一九〕西河　原作“河西”，从胡校据九域志乙。

〔二〇〕莫　原作“鄚”，从胡校据九域志改。

〔二一〕永明　原作“营道”，从胡校据类苑卷二一、三三引及九域志改。

〔二二〕乐蟠　“蟠”字原作“幡”，从胡校据类苑卷二一、三三引及九域志改。

〔二三〕柬城　“柬”字原作“东”，从胡校据大德本及九域志改。

〔二四〕三冈　“冈”字原作“山”，从胡校据类苑卷二一、三三引及九域志改。

〔二五〕石鼓　此下原有“蜀”字，从胡校据类苑卷二一、三三引删。

〔二六〕隆平　“隆”字原作“柏”，从胡校据类苑卷二一、三三引及九域志改。

〔二七〕深泽　“深”字原作“保”，从胡校据九域志改。

〔二八〕颖阳　“颖”字原作“颍”，从胡校据丛刊本及舆地广记卷五改。

〔二九〕招安　“招”字原作“相”，从胡校据类苑卷二一、三三引及九域志改。

〔三〇〕西昌　“西”字原作“高”，从胡校据九域志改。

〔三一〕枝江　“枝”字原作“支”，从胡校据九域志改。

〔三二〕招谕　“谕”字原作“化”，从胡校据类苑卷二一、三三引及九域志改。

〔三三〕蓬山　“蓬”字原作“逢”，从胡校据类苑卷二一、三三引改。

〔三四〕新河　“河”字原作“珂”，从胡校据弘治本、九域志及类苑卷二一、三三引改。

〔三五〕岐平　“平”字原作“坪”，从胡校据大德本、丛刊本改。

〔三六〕玉沙　原作“王涉”，从胡校据九域志改。

梦溪笔谈卷十三

权　智

224 陵州盐井深五百馀尺，皆石也，上下甚宽广，独中间稍狭，谓之"杖鼓腰"。旧自井底用柏木为干，上出井口，自木干垂绠而下，方能至水，井侧设大车绞之。岁久井干摧败，屡欲新之，而井中阴气袭人，入者辄死，无缘措手，惟候有雨入井，则阴气随雨而下，稍可施工，雨晴复止。后有人以一木盘，满中贮水，盘底为小窍，酾水一如雨点，设于井上，谓之"雨盘"，令水下终日不绝，如此数月，井干为之一新，而陵井之利复旧。

225 世人以竹木牙骨之类为叫子，置人喉中吹之，能作人言，谓之"颡叫子"。尝有病瘖者为人所苦，烦冤无以自言，听讼者试取叫子令颡之，作声如傀儡子，粗能辨其一二，其冤获申。此亦可记也。

226 庄子曰："畜虎者不与全物、生物。"此为诚言。尝有人善调山鹧使之斗，莫可与敌，人有得其术者，每食则以山鹧皮裹肉哺之，久之，望见其鹧则欲搏而食之〔一〕，此以所养移其性也。

227 宝元中党项犯塞，时新募万胜军未习战阵，遇寇多北。狄青为将，一日尽取万胜旗付虎翼军，使之出战，虏望其旗易之，全军径趋，为虎翼所破，殆无遗类。又青在泾原，尝以寡当众，度必以奇胜，预戒军中尽舍弓弩，皆执短兵器，令军中闻钲一声则止，再声则严阵而阳却，钲声止则大呼而突之，士卒皆如其教。才遇敌，未接战遽声钲，士卒皆止，再声皆却，虏人大笑，相谓曰："孰谓狄天使勇？"时虏人谓青为"天使"。钲声止，忽前突之，虏兵大乱，相蹂践死者，不可胜计也。

228 狄青为枢密副使宣抚广西，时侬智高守昆仑关，青至宾州，值上元节，令大张灯烛，首夜燕将佐，次夜燕从军官，三夜犒军校。首夜乐饮彻晓，次夜二鼓时青忽称疾，暂起如内，久之，使人谕孙元规令暂主席行酒，少服药乃出，数使人勤劳座客〔二〕。至晓各未敢退〔三〕，忽有驰报者云，是夜三鼓青已夺昆仑矣。

229 曹南院知镇戎军日，尝出战小捷，虏兵引去，玮侦虏兵去已远，乃驱所掠牛羊辎重缓驱而还，颇失部伍。其下忧之，言于玮曰："牛羊无用，徒縻军，不若弃之，整众而归。"玮不答，使人候。虏兵去数十里，闻玮利牛羊而师不整，遽袭之〔四〕。玮愈缓行，得地利处乃止以待之，虏军将至，迎使人谓之曰：〔五〕"蕃军远来必甚疲，我不欲乘人之怠，请休憩士马，少选决战。”虏方苦疲甚，皆欣然，严军歇良久，玮又使人谕之：“歇定可相驰矣。”于是各鼓军而进，一战大破虏师，遂弃牛羊而还，徐谓其下曰：“吾知虏已疲，故为贪利以诱之，比其复来，几行百里矣，若乘锐便战，犹有胜负，远行之人，若小憩则足痺不能立，人气亦阑，吾以此取之。”

230 予友人有任术者，尝为延州临真尉，携家出宜秋门。是时茶禁甚严，家人怀越茶数斤，稠人中马惊，茶忽坠地，其人阳惊，回身以鞭指城门鸱尾，市人莫测，皆随鞭所指望之，茶囊已碎于埃壤矣。监司尝使治地讼，其地多山，崄不可登，由此数为讼者所欺，乃呼讼者告之曰：“吾不忍尽尔，当贳尔半。尔所有之地，两亩止供一亩，慎不可欺，欺则尽覆入官矣。”民信之，尽其所有供半。既而指一处覆之，文致其参差处，责之曰：“我戒尔无得欺，何为见负？今尽入尔田矣。”凡供一亩者悉作两亩收之，更无一犁得隐者。其权数多此类。其为人强毅恢廓，亦一时之豪也。

231 王元泽数岁时，客有以一麞、一鹿同笼以问雱：“何者是麞，何者为鹿？”雱实未识，良久，对曰：“麞边者是鹿，鹿边者是麞。”客大奇之。

232 濠州定远县一弓手善用矛，远近皆伏其能，有一偷亦善击刺，常蔑视官军，唯与此弓手不相下，曰：“见必与之决生死。”一日，弓手者因事至村步，适值偷在市饮酒，势不可避，遂曳矛而斗，观者如堵墙，久之各未能进，弓手者忽谓偷曰：“尉至矣，我与尔皆健者，汝敢与我尉马前决生死乎？”偷曰：“喏。”弓手应声刺之，一举而毙，盖乘其隙也。又有人曾遇强寇斗，矛刃方接，寇先含水满口，忽噀其面，其人愕然，刃已揕胸。后有一壮士复与寇遇，已先知噀水之事，寇复用之，水才出口，矛已洞颈。盖已陈刍狗，其机已泄，恃胜失备，反受其害。

233 陕西因洪水下大石塞山涧中，水遂横流为害，石之大有如屋者，人力不能去，州县患之。雷简夫为县令，乃使人各于石下穿一穴，度如石大，挽石入穴窖之，水患遂息也。

234 熙宁中高丽入贡，所经州县悉要地图，所至皆造送，山川道路、形势险易无不备载。至扬州，牒州取地图，是时丞相陈秀公守扬，绐使者欲尽见两浙所供图，仿其规模供造，及图至，都聚而焚之，具以事闻。

235 狄青戍泾原日，尝与虏战大胜，追奔数里，虏忽壅遏山踊，知其前必遇险，士卒皆欲奋击，青遽鸣钲止之，虏得引去。验其处果临深涧，将佐皆悔不击，青独曰：“不然，奔亡之虏〔六〕，忽止而拒我，安知非谋？军已大胜，残寇不足利，得之无所加重，万一落其术中，存亡不可知。宁悔不击，不可悔不止。”青后平岭寇，贼帅侬智高兵败奔邕州，其下皆欲穷其窟穴，青亦不从，以为趋利乘势，入不测之城，非大将事，智高因而获免。天下皆罪青不入邕州，脱智高于垂死。然青之用兵，主胜而已，不求奇功，故未尝大败，计功最多，卒为名将。譬如弈棋，已胜敌可止矣，然犹攻击不已，往往大败，此青之所戒也。临利而能戒，乃青之过人处也。

236 瓦桥关北与辽人为邻，素无关河为阻。往岁六宅使何承矩守瓦桥，始议因陂泽之地潴水为塞，欲自相视，恐其谋泄，日会僚佐泛船置酒赏蓼花，作蓼花吟数十篇，令座客属和，画以为图，传至京师，人莫喻其意〔七〕，自此始壅诸淀。庆历中内侍杨怀敏复踵为之，至熙宁中又开徐村、柳庄等泺，皆以徐、鲍、沙、唐等河，叫猴、鸡距、五眼等泉为之源，东合滹沲、漳、淇、易、涞等水〔八〕，下并大河〔九〕。于是自保州西北沈远泺，东尽沧州泥沽海口〔一〇〕，几八百里悉为潴潦，阔者有及六十里者，至今倚为藩篱。或谓侵蚀民田，岁失边粟之入。此殊不然，深、冀、沧、瀛间，惟大河、滹沲、漳水所淤方为美田，淤淀不至处悉是斥卤，不可种艺，异日惟是聚集游民，刮咸煮盐，颇干盐禁，时为寇盗。自为潴泺，奸盐遂少，而鱼蟹、菰苇之利，人亦赖之。

237 浙帅钱镠时，宣州叛卒五千馀人送款，钱氏纳之，以为腹心。时罗隐在其幕下，屡谏以谓敌国之人不可轻信，浙帅不听。杭州新治城堞，楼橹甚盛，浙帅携寮客观之，隐指却敌，佯不晓，曰："设此何用？"浙帅曰："君岂不知欲备敌邪？"隐谬曰："审如是，何不向里设之？"浙帅大笑曰："本欲拒敌，设于内何用？"对曰："以隐所见，正当设于内耳。"盖指宣卒将为敌也。后浙帅巡衣锦城，武勇指挥使徐绾、许再思挟宣卒为乱〔一一〕，火青山镇，入攻中城，赖城中有备，绾等寻败，几于覆国。

238 淳化中李继捧为定难军节度使，阴与其弟继迁谋叛，朝廷遣李继隆率兵讨之。继隆驰至克胡，渡河入延福县，自铁茄驿夜入绥州，谋其所向。继隆欲径袭夏州，或以谓夏州贼帅所在，我兵少，恐不能克，不若先据石堡以观贼势，继隆以为不然，曰："我兵既少，若径入夏州，出其不意，彼亦未能料我众寡。若先据石堡，众寡已露，岂复能进?"乃引兵驰入抚宁县，继捧犹未知，遂进攻夏州，继捧狼狈出迎，擒之以归。抚宁旧治无定河川中，数为虏所危，继隆乃迁县于滴水崖，在旧县之北十馀里，皆石崖，峭拔十馀丈，下临无定水〔一二〕，今谓之啰瓦城者是也。熙宁中所治抚宁城，乃抚宁旧城耳，本道图牒皆不载，唯李继隆西征记言之甚详也。

239 熙宁中，党项母梁氏引兵犯庆州大顺城，庆帅遣别将林广拒守，虏围不解，广使城兵皆以弱弓弩射之，虏度其势之所及，稍稍近城，乃易强弓劲弩丛射，虏多死，遂相拥而溃。

240 苏州至昆山县凡六十里，皆浅水，无陆途，民颇病涉，久欲为长堤，但苏州皆泽国，无处求土。嘉祐中人有献计，就水中以蘧蒢刍稿为墙，栽两行，相去三尺，去墙六丈又为一墙，亦如此，漉水中淤泥实蘧蒢中，候乾则以水车汱去两墙之间旧水，墙间六丈皆土，留其半以为堤脚，掘其半为渠，取土以为堤，每三四里则为一桥，以通南北之水。不日堤成，至今为利。

241 李允则守雄州，北门外民居极多，城中地窄，欲展北城，而以辽人通好，恐其生事。门外旧有东岳行宫，允则以银为大香炉，陈于庙中，故不设备，一日银炉为盗所攘，乃大出募赏，所在张榜捕贼甚急，久之不获，遂声言庙中屡遭寇，课夫筑墙围之，其实展北城也，不逾旬而就，虏人亦不怪之，则今雄州北关城是也。大都军中诈谋，未必皆奇策，但当时偶能欺敌，而成奇功，时人有语云："用得著，敌人休；用不著，自家羞。"斯言诚然。

242 陈述古密直知建州浦城县日，有人失物，捕得莫知的为盗者，述古乃绐之曰："某庙有一钟能辨盗，至灵。"使人迎置后阁祠之，引群囚立钟前，自陈不为盗者摸之则无声，为盗者摸之则有声。述古自率同职祷钟甚肃，祭讫以帷帷之〔一三〕，乃阴使人以墨涂钟，良久，引囚逐一令引手入帷摸之，出乃验其手，皆有墨，唯有一囚无墨，讯之遂承为盗。盖恐钟有声，不敢摸也。此亦古之法，出于小说。

243 熙宁中濉阳界中发汴堤淤田，汴水暴至，堤防颇坏陷，将毁，人力不可制。都水丞侯叔献时涖其役，相视其上数十里有一古城，急发汴堤，注水入古城中，下流遂涸，急使人治堤陷，次日古城中水盈，汴流复行，而堤陷已完矣，徐塞古城所决，内外之水平而不流，瞬息可塞。众皆伏其机敏。

244 宝元中党项犯边，有明珠族首领骁悍，最为边患。种世衡为将，欲以计擒之，闻其好击鼓，乃造一马持战鼓，以银裹之，极华焕，密使谍者阳卖之入明珠族，后乃择骁卒数百人，戒之曰："凡见负银鼓自随者，并力擒之。"一日羌酋负鼓而出，遂为世衡所擒。又元昊之臣野利常为谋主，守天都山，号天都大王，与元昊乳母白姥有隙，岁除日野利引兵巡边，深涉汉境数宿，白姥乘闲乃谮其欲叛，元昊疑之。世衡尝得蕃酋之子苏吃曩，厚遇之，闻元昊尝赐野利宝刀，而吃曩之父得幸于野利，世衡因使吃曩窃野利刀，许之以缘边职任、锦袍、真金带。吃曩得刀以还，世衡乃唱言野利已为白姥谮死，设祭境上，为祭文叙岁除日相见之欢，入夜乃火烧纸钱，川中尽明。虏见火光，引骑近边窥觇，乃佯委祭具，而银器凡千馀两悉弃之，虏人争取器皿，得元昊所赐刀，及火炉中见祭文已烧尽，但存数十字，元昊得之，又识其所赐刀，遂赐野利死。野利有大功，死不以罪，自此君臣猜贰，以至不能军。平夏之功，世衡计谋居多，当时人未甚知之，世衡卒，乃录其功，赠观察使。

校勘记

〔一〕其鹧　万历本"其"字作"真"。

〔二〕勤劳　朱熹宋名臣言行录前集卷八、赵善璙自警编卷八引"勤"字作"劝"。

〔三〕未敢退　"敢"字原作"散"，从胡校据大德本、丛刊本改。

〔四〕遽袭之　长编卷六五引述"遽"下有"还"字。

〔五〕迎使人谓之　长编卷六五引述"迎"字作"逆"。

〔六〕奔亡之虏　"虏"字原作"寇"，从胡校据大德本、丛刊本改。

〔七〕人莫喻其意　长编卷二四九引"人"下有"初"字。

〔八〕涞等水　"涞"字原作"白"，从胡补证、李群校语据长编卷二四九引改。

〔九〕下并大河　"下"字原无，从胡补证、李群校语据长编卷二四九引补。

〔一〇〕泥沽海口　“沽”字原作“枯”，从胡补证、李群校语据据长编卷二四九引改。

〔一一〕许再思　“思”字原作“恩”，从胡校据大德本、丛刊本改。

〔一二〕下临无定水　“定”字原无，从胡补证说补。

〔一三〕帷之　“帷”字原作“围”，据大德本改。

梦溪笔谈卷十四

艺文一

245　欧阳文忠常爱林逋诗"草泥行郭索，云木叫钩辀"之句，文忠以为语新而属对亲切。钩辀，鹧鸪声也，李群玉诗云："方穿诘曲崎岖路，又听钩辀格磔声。"郭索，蟹行貌也，扬雄太玄曰："蟹之郭索，用心躁也。"

246　韩退之集中罗池庙碑铭有"春与猿吟兮〔一〕，秋与鹤飞"，今验石刻，乃"春与猿吟兮，秋鹤与飞"。古人多用此格，如楚词"吉日兮辰良"，又"蕙肴烝兮兰藉〔二〕，奠桂酒兮椒浆"，盖欲相错成文，则语势矫健耳。杜子美诗"红稻啄馀鹦鹉粒，碧梧栖老凤凰枝"，此亦语反而意全。韩退之雪诗"舞镜鸾窥沼，行天马度桥"，亦效此体，然稍牵强，不若前人之语浑成也。

247　退之城南联句首句曰"竹影金锁碎"，所谓"金锁碎"者乃日光耳，非竹影也。若题中有"日"字，则曰"竹影金锁碎”可也。

248 唐人作富贵诗，多纪其奉养器服之盛，乃贫眼所惊耳。如贯休富贵曲云“刻成筝柱雁相挨”〔三〕，此下里鬻弹者皆有之，何足道哉？又韦楚老蚊诗云“十幅红绡围夜玉”，十幅红绡为帐，方不及四五尺，不知如何伸脚？此所谓不曾近富儿家。

249 诗人以诗主人物，故虽小诗，莫不埏蹂极工而后已，所谓“旬锻月炼”者，信非虚言。小说，崔护题城南诗，其始曰：“去年今日此门中，人面桃花相映红。人面不知何处去，桃花依旧笑春风。”后以其意未全、语未工，改第三句曰“人面只今何处在”。至今所传此两本，唯本事诗作“只今何处在”。唐人工诗，大率多如此，虽有两“今”字不恤也，取语意为主耳。后人以其有两“今”字，只多行前篇。

250 书之阙误，有可见于他书者，如诗“天夭是椓”，后汉蔡邕传作“夭夭是加”，与“速速方谷”为对；又“彼岨矣，岐有夷之行”，朱浮传作“彼岨者，岐有夷之行”；坊记“君子之道，譬则坊焉”，大戴礼“君子之道，譬犹坊焉”；夬卦“君子以施禄及下，居德则忌”，王辅嗣曰“居德而明禁”，乃以“则”字为“明”字也。

251 音韵之学，自沈约为四声，及天竺梵学入中国，其术渐密，观古人谐声，有不可解者，如玖字、有字多与李字协用，庆字、正字多与章字、平字协用。如诗“或群或友，以燕天子”，“彼留之子，贻我佩玖”〔四〕，“投我以木李，报之以琼玖”，“终三十里，十千维耦”，“自今而后，岁其有，君子有谷，诒孙子"〔五〕，"陟降左右，令闻不已"，"膳夫左右，无不能止"，"鱼丽于罶，鰋鲤，君子有酒，旨且有"，如此极多。又如"孝孙有庆，万寿无疆"，"黍稷稻粱，农夫之庆"，"唯其有章矣，是以有庆矣"，"则笃其庆，载锡之光"，"我田既臧，农夫之庆"，"万舞洋洋，孝孙有庆"；易云"西南得朋，乃与类行；东北丧朋，乃终有庆"，"积善之家，必有馀庆；积不善之家，必有馀殃"；班固东都赋"彰皇德兮侔周成，永延长兮膺天庆"，如此亦多。今广韵中"庆"一音卿，然如诗之"未见君子，忧心怲怲；既见君子，庶几有臧"，"谁秉国成，卒劳百姓，我王不宁，覆怨其正"，亦是怲、正与宁、平协用，不止庆而已，恐别有理也。

252 小律诗虽末技，工之不造微，不足以名家，故唐人皆尽一生之业为之，至于字字皆炼，得之甚难，但患观者灭裂，则不见其工，故不唯为之难，知音亦鲜，设有苦心得之者，未必为人所知。若字字是皆无瑕可指〔六〕，语音亦揔丽〔七〕，但细论无功，景意纵全，一读便尽，更无可讽味。此类最易为人激赏，乃诗之折杨、黄华也，譬若三馆楷书，作字不可谓不精不丽，求其佳处，到死无一笔，此病最难为医也。

253 王圣美治字学，演其义以为右文。古之字书皆从左文，凡字，其类在左，其义在右，如木类其左皆从木。所谓"右文"者，如戋，小也，水之小者曰浅，金之小者曰钱，歹而小者曰残，贝之小者曰贱，如此之类皆以戋为义也。

254 王圣美为县令时，尚未知名，谒一达官，值其方与客谈孟子，殊不顾圣美，圣美窃哂其所论，久之，忽顾圣美曰："尝读孟子否？"圣美对曰："生平爱之，但都不晓其义。"主人问："不晓何义？"圣美曰："从头不晓。"主人曰："如何从头不晓，试言之。"圣美曰："'孟子见梁惠王'〔八〕，已不晓此语。"达官深讶之，曰："此有何奥义？"圣美曰："既云孟子'不见诸侯'，因何见梁惠王？"其人愕然无对。

255 杨大年因奏事，论及比红儿诗，大年不能对，甚以为恨，遍访比红儿诗，终不可得。忽一日，见鬻故书者有一小编，偶取视之，乃比红儿诗也，自此士大夫始多传之。予按摭言，比红儿诗乃罗虬所为，凡百篇，盖当时但传其诗，而不载名氏，大年亦偶忘摭言所载。

256 晚唐士人专以小诗著名，而读书灭裂，如白乐天题座隅诗云"俱化为饿殍"，作孚字押韵。杜牧杜秋娘诗云"厌饫不能饴"，饴乃饧耳，若作饮食当音飤〔九〕。又陆龟蒙作药名诗云"乌啄蠹根回"，乃是乌喙，非"乌啄"也；又"断续玉琴哀"，药名止有续断，无断续。此类极多，如杜牧阿房宫赋误用"龙见而雩"事，宇文时斛斯椿已有此谬，盖牧未尝读周、隋书也。

257 往岁士人多尚对偶为文，穆修、张景辈始为平文，当时谓之"古文"。穆、张尝同造朝，待旦于东华门外，方论文次，适见有奔马，践死一犬，二人各记其事，以较工拙。穆修曰："马逸，有黄犬遇蹄而毙。"张景曰："有犬〔一〇〕，死奔马之下。"时文体新变，二人之语皆拙涩，当时已谓之工，传之至今。

258 按史记年表，周平王东迁三年鲁惠公方即位〔一一〕，则春秋当始惠公，而始隐，故诸儒之论纷然，乃春秋开卷第一义也。唯啖、赵都不解始隐之义，学者常疑之，唯于纂例“隐公”下注八字云“惠公三年平王东迁”〔一二〕，若尔则春秋自合始隐，更无可论，此啖、赵所以不论也。然与史记不同，不知啖、赵得于何书？又尝见士人石端集一纪年书，考论诸家年统极为详密，其叙平王东迁亦在惠公三年，予得之甚喜，亟问石君，云出一史传中，遽检未得，终未见的据。史记年表注东迁在平王元年辛未岁，本纪中都无说，诸侯世家言东迁却尽在庚午岁。史记亦自差谬，莫知其所的。

259 长安慈恩寺塔有唐人卢宗回一诗颇佳，唐人诸集中不载，今记于此：“东来晓日上翔鸾，西转苍龙拂露盘。渭水冷光摇藻井，玉峰晴色堕栏干。九重宫阙参差见，百二山河表里观。暂辍去蓬悲不定，一凭金界望长安。”

260 古人诗有“风定花犹落”之句，以谓无人能对，王荆公以对“鸟鸣山更幽”。“鸟鸣山更幽”本宋王籍诗，元对“蝉噪林逾静，鸟鸣山更幽”，上下句只是一意，“风定花犹落，鸟鸣山更幽”，则上句乃静中有动，下句动中有静。荆公始为集句诗，多者至百韵，皆集合前人之句，语意对偶往往亲切过于本诗，后人稍稍有效而为者。

261 欧阳文忠尝言曰：“观人题壁，而可知其文章〔一三〕。”

262 毗陵郡士人家有一女，姓李氏，方年十六岁，颇能诗，甚有佳句，吴人多得之。有拾得破钱诗云：“半轮残月掩尘埃，依稀犹有开元字。想得清光未破时，买尽人间不平事。”又有弹琴诗云：“昔年刚笑卓文君，岂信丝桐解误身。今日未弹心已乱，此心元自不由人。”虽有情致，乃非女子所宜。

校勘记

〔一〕罗池庙碑　“庙”字原作“神”，据昌黎文集卷三一改。

〔二〕蕙肴烝兮兰藉　“烝”、“藉”原作“蒸”、“籍”，据九歌改。

〔三〕富贵曲　“曲”字原作“诗”，从胡校据大德本、丛刊本改。胡校云贯休富贵曲中不见此句，盖翻刻本或因此而改，然今本贯休富贵曲中虽不见此句，所存其他诗中亦不见此句，故仍从原文为宜。

〔四〕贻我佩玖　“贻”、“佩”原作“遗”、“佩”，从胡校据大德本、丛刊本及王风丘中有麻改。

〔五〕诒孙子　“诒”字原作“贻”，据鲁颂有駜改。

〔六〕是皆无瑕可指　“是皆”原作“皆是”，据大德本、丛刊本及类苑卷三九引乙。

〔七〕语音　类苑卷三九引“音”字作“意”。

〔八〕孟子见梁惠王　大德本“见”上有“曰”字，丛刊本此处为空格，盖原有“曰”字而铲去也。

〔九〕音飤　“飤”字原作“饮”，从胡校据王观国学林卷八引改。

〔一〇〕有犬　“有”字原作“一”，从胡校据大德本、丛刊本及挥犀卷二引改。

〔一一〕东迁三年　“三”字原作“二”，从胡校据困学纪闻卷七引及史记十二诸侯年表改。又，下文两处“惠公三年”之“三”字，原亦作“二”，并从此改，纂例引文且有四库之永乐大典辑本可据。

〔一二〕“隐公”下注八字　据四库永乐大典辑本纂例及王观国学林卷三“隐”字当作“惠”，而困学纪闻卷七引亦作“隐”，盖括误记也。

〔一三〕文章　大德本“章”下有“矣”字。

梦溪笔谈卷十五

艺文二

263 切韵之学本出于西域，汉人训字止曰读如某字，未用反切。然古语已有二声合为一字者，如不可为叵、何不为盍、如是为尔、而已为耳、之乎为诸之类，似西域二合之音，盖切字之原也，如輭字文从而、犬，亦切音也，殆与声俱生，莫知从来。今切韵之法，先类其字各归其母，唇音、舌音各八，牙音、喉音各四，齿音十，半齿、半舌音二，凡三十六，分为五音，天下之声总于是矣。每声复有四等，谓清、次清、浊、平也，如颠、天、田、年，邦、胮、庞、厖之类是也，皆得之自然，非人为之。如帮字横调之为五音，帮、当、刚、臧、央是也；帮，宫之清；当，商之清；刚，角之清；臧，征之清；央，羽之清。纵调之为四等，帮、滂、傍、茫是也；帮，宫之清；滂，宫之次清；傍，宫之浊；茫，宫之不清不浊。就本音、本等调之为四声，帮、膀、傍、博是也。帮，宫清之平；膀，宫清之上；傍，宫清之去；博，宫清之入。

四等之声，多有声无字者，如封、峰、逢止有三字，邕、胸止有两字，竦、火、欲、以皆止有一字。五音亦然，滂、汤、康、苍止有四字。四声则有无声，亦有无字者，如萧字、肴字全韵皆无入声。此皆声之类也。所谓切韵者，上字为切，下字为韵，切须归本母，韵须归本等。切归本母，谓之“音和”，如德红为东之类，德与东同一母也。字有重、中重、轻、中轻，本等声尽泛入别等，谓之“类隔”。虽隔等，须以其类，谓唇与唇类、齿与齿类，如武延为绵、符兵为平之类是也。韵归本等，如冬与东字母皆属端字，冬乃端字中第一等声，故都宗切，宗字第一等韵也，以其归精字，故精征音第一等声；东字乃端字中第三等声，故德红切，红字第三等韵也，以其归匣字，故匣羽音第三等声。又有互用借声，类例颇多。大都自沈约为四声，音韵愈密。然梵学则有华、竺之异，南渡之后又杂以吴音，故音韵庞驳，师法多门。至于所分五音，法亦不一，如乐家所用，则随律命之，本无定音，常以浊者为宫，稍清为商，最清为角，清浊不常为征、羽。切韵家则定以唇、齿、牙、舌、喉为宫、商、角、征、羽，其间又有半征、半商者，如来、日二字是也，皆不论清浊。五行家则以韵类清浊参配，今五姓是也。梵学则喉、牙、齿、舌、唇之外，又有折、摄二声，折声自脐轮起至唇上发，如𤙴字浮金反之类是也；摄声鼻音，如歆字鼻中发之类是也〔一〕。字母则有四十二，曰阿、多、波、者、那、啰、拖、婆、荼〔二〕、沙、嚩、哆、也、瑟吒二合、迦、娑、么、伽、他、社、锁、拖〔三〕前一拖轻呼，此一拖重呼、奢、佉、叉〔四〕二合、娑多二合、壤、曷攞多三合〔五〕、婆上声、车、娑么二合、诃婆二合〔六〕、縒、伽上声、吒、拏、娑颇二合、娑迦二合、也娑二合、室者二合、侘〔七〕、陀。为法不同，各有理致，虽先王所不言，然不害有此理。历世浸久，学者日深，自当造微耳。

264 幽州僧行均集佛书中字为切韵训诂，凡十六万字，分四卷，号龙龛手镜，燕僧智光为之序，甚有词辩，契丹重熙二年集。契丹书禁甚严，传入中国者法皆死，熙宁中有人自虏中得之，入傅钦之家。蒲传正帅浙西，取以镂板，其序末旧云"重熙二年五月序"，蒲公削去之。观其字音韵次序皆有理法，后世殆不以其为燕人也。

265 古人文章自应律度，未以音韵为主，自沈约增崇韵学，其论文则曰："欲使宫、羽相变，低昂殊节，若前有浮声，则后须切响。一简之内，音韵尽殊；两句之中，轻重悉异。妙达此旨，始可言文。"自后浮巧之语，体制渐多，如傍犯、蹉对蹉音千过反、假对、双声、叠韵之类，诗又有正格、偏格，类例极多，故有三十四格〔八〕、十九图、四声、八病之类。今略举数事，如徐陵云"陪游馺娑，骋纤腰于结风；长乐鸳鸯，奏新声于度曲"〔九〕，又云"厌长乐之疏钟，劳中宫之缓箭"，虽两"长乐"，意义不同，不为重复，此类为"傍犯"。如九歌"蕙肴烝兮兰藉〔一〇〕，奠桂酒兮椒浆"，当曰"烝蕙肴"对"奠桂酒"，今倒用之，谓之"蹉对"。如"自朱耶之狼狈〔一一〕，致赤子之流离"，不唯赤对朱、耶对子，兼狼狈、流离乃兽名对鸟名；又如"厨人具鸡黍，稚子摘杨梅"，以鸡对杨〔一二〕，如此之类皆为"假对"。如"几家村草里，吹唱隔江闻”，几家、村草与吹唱〔一三〕、隔江皆双声。如“月影侵簪冷，江光逼屐清”〔一四〕，侵簪、逼屐皆叠韵。诗第二字侧入，谓之“正格”，如“凤历轩辕纪，龙飞四十春”之类。第二字平入，谓之“偏格”，如“四更山吐月，残夜水明楼”之类。唐名贤辈诗多用正格，如杜甫律诗，用偏格者十无一二。

266 文潞公居洛日年七十八〔一五〕，同时有中散大夫程珦〔一六〕、朝议大夫司马旦、司封郎中致仕席汝言皆年七十八，尝为同甲会，各赋诗一首。潞公诗曰：“四人三百十二岁，况是同生丙午年。招得梁园为赋客，合成商岭采芝仙。清谈亹亹风盈席，素发飘飘雪满肩。此会从来诚未有，洛中应作画图传。”

267 晚唐、五代间士人作赋，用事亦有甚工者，如江文蔚天窗赋：“一窍初启，如凿开混沌之时；两瓦欹飞，类化作鸳鸯之后。”又土牛赋：“饮渚俄临，讶盟津之捧塞；度关傥许，疑函谷之丸封。”

268 河中府鹳雀楼三层，前瞻中条，下瞰大河，唐人留诗者甚多，唯李益、王之奂〔一七〕、畅诸三篇能状其景。李益诗曰：“鹳雀楼西百尺墙，汀洲云树共茫茫。汉家箫鼓随流水〔一八〕，魏国山河半夕阳。事去千年犹恨速，愁来一日即知长。风烟并在思归处，远目非春亦自伤。”王之奂诗曰：“白日依山尽，黄河入海流。欲穷千里目，更上一层楼。”畅诸诗曰：“迥临飞鸟上，高出世尘间。天势围平野，河流入断山。”

269 庆历中予在金陵〔一九〕，有饔人以一方石镇肉，视之若有镌刻，试取石洗濯，乃宋海陵王墓铭，谢朓撰并书，其字如锺繇，极可爱。予携之十馀年，文思副使夏元昭借去，遂托以坠水，今不知落何处。此铭朓集中不载，今录于此：“中枢诞圣，膺历受命。于穆二祖，天临海镜。显允世宗，温文著性。三善有声，四国无竞。嗣德方衰，时唯介弟。景祚云及，多难攸启。载骤軨猎，高辟代邸。庶辟欣欣，威仪济济。亦既负扆，言观帝则。正位恭己，临朝渊嘿。虔思宝缔，负荷非克。敬顺天人，高逊明德。西光已谢，东龟又良〔二〇〕。龙纛夕俨〔二一〕，葆挽晨锵。风摇草色，日照松光。春秋非我，晚夜何长。”

270 枣与棘相类，皆有刺。枣独生，高而少横枝；棘列生，卑而成林〔二二〕，以此为别。其文皆从朿，音刺，木芒刺也。朿而相戴立生者，枣也；朿而相比横生者，棘也。不识二物者，观文可辨。

271 金陵人胡恢博物强记，善篆隶，臧否人物，坐法失官十馀年，潦倒贫困，赴选集于京师。是时韩魏公当国，恢献小诗自达，其一联曰：“建业关山千里远，长安风雪一家寒。”魏公深怜之，令篆太学石经，因此得复官，任华州推官而卒。

272 熙宁六年有司言日当蚀四月朔，上为彻膳、避正殿，一夕微雨，明日不见日蚀，百官入贺，是日有皇子之庆。蔡子正为枢密副使，献诗一首，前四句曰：“昨夜薰风入舜韶，君王未御正衙朝。阳辉已得前星助，阴沴潜随夜雨消。”其叙四月一日避殿、皇子庆诞、云阴不见日蚀，四句尽之，当时无能过之者。

273 欧阳文忠好推挽后学。王向少时为三班奉职，勾当滁州一镇〔二三〕，时文忠守滁州，有书生为学子不行束脩，自往诣之，学子闭门不接，书生讼于向，向判其牒曰："礼闻来学，不闻往教。先生既已自屈，弟子宁不少高？盍二物以收威，岂两辞而造狱。"书生不直向判，径持牒以见欧公，公一阅，大称其才，遂为之延誉奖进，成就美名，卒为闻人。

校勘记

〔一〕歕字鼻中发之类 "歕"字原作"欿"，据大德本、丛刊本及类苑卷四〇引改。

〔二〕荼 原作"茶"，从胡校据同文韵统卷五大藏经字母同异谱（以下简称"字母谱"）改。

〔三〕拖 此上原有"呼"字，从胡校据字母谱删。

〔四〕叉 据字母谱"叉"上当补"乞"或"佉"字方合"二合"之注，若不补则注文"二合"乃衍文，当删。

〔五〕三合 "三"字原作"二"，从胡校据类苑卷四〇引及字母谱改。

〔六〕诃婆 二字原无，从胡校据字母谱补，小注"二合"依本条述例补。

〔七〕侘 原作"佗"，据字母谱改。

〔八〕三十四格 "三"字原作"二"，从胡校据大德本、丛刊本及类苑卷三九引改。

〔九〕奏新声 "新"字原作"后"，从胡校据大德本、类苑卷三九引及玉台新咏序改。

〔一〇〕蕙肴烝兮兰藉　“烝”、“藉”原作“蒸”、“籍”，据九歌改。又，下文“烝蕙肴”之“烝”原亦作“蒸”，并从此改。

〔一一〕朱耶　此与下文“耶对子”之“耶”原作“邪”，据大德本、丛刊本及类苑卷三九引改。

〔一二〕以鸡对杨　张镃仕学规范卷三七、王构修辞鉴衡卷一引此句上有“当时物议朱云小，后代声名白日长”十四字，此句下有“以朱云对白日”六字。

〔一三〕村草与吹唱　“与”字原作“对”，从胡校据弘治本改。

〔一四〕逼屣清　此与下文“逼屣”之“屣”字原作“履”，从胡校据总龟卷六、王构修辞鉴衡卷一引及韩偓玉山樵人集改。

〔一五〕居洛　“居”原作“保”，据祝穆古今事文类聚前集卷四四、潘自牧记纂渊海卷七一引改。按此字诸本及引文不一，考潞公文集卷七同甲会诗序云“于所居小园作同甲会”，“居洛”盖就此而言，周必大省斋文稿卷七诗序云“文忠烈公居洛有丙午同甲会诗”可证，故据改。

〔一六〕程珦　“珦”字原作“晌”，胡校经考证论定当作“珦”，按范纯仁忠宣集卷四上文潞公同甲会诗注、祝穆古今事文类聚前集卷四四引皆作“珦”，胡说是，据改。

〔一七〕王之奂　此与下文“王之奂”之“之”字原作“文”，从胡校据挥犀卷二、类苑卷三八引改。

〔一八〕箫鼓　“箫”字原作“萧”，从胡校据挥犀卷二、类苑卷三八引及文苑英华卷三一二改。

〔一九〕庆历中　大德本“中”字作“间”。

〔二〇〕东龟　“龟”字原作“旭”，从胡校据大德本、丛刊本及艺文类聚卷四五引改。

〔二一〕夕俨　“俨”字原作“俪”，从胡校据大德本、丛刊本及艺文类聚卷四五引改。

〔二二〕卑而成林　“卑”字原作“痺”，从胡校据津逮本、学津本改。

〔二三〕勾当　“勾”字原作“干”，乃南宋时避宋高宗讳而改，从胡校回改。

梦溪笔谈卷十六

艺文三

274 士人刘克博观异书〔一〕。杜甫诗有“家家养乌鬼，顿顿食黄鱼”，世之说者皆谓夔、峡间至今有鬼户，乃夷人也，其主谓之“鬼主”，然不闻有乌鬼之说。又鬼户者夷人所称，又非人家所养。克乃按夔州图经称峡中人谓鸬鹚为“乌鬼”〔二〕，蜀人临水居者皆养鸬鹚，绳系其颈，使之捕鱼，得鱼则倒提出之，至今如此。予在蜀中，见人家养鸬鹚使捕鱼，信然，但不知谓之“乌鬼”耳。

275 和鲁公凝有艳词一编，名香奁集，凝后贵，乃嫁其名为韩偓，今世传韩偓香奁集乃凝所为也。凝生平著述分为演纶、游艺、孝悌、疑狱、香奁、籝金六集，自为游艺集序云：“予有香奁、籝金二集，不行于世。”凝在政府，避议论，讳其名，又欲后人知，故于游艺集序实之〔三〕，此凝之意也。予在秀州，其曾孙和惇家藏诸书皆鲁公旧物，末有印记甚完。

276 蜀人魏野隐居不仕宦，善为诗，以诗著名。卜居陕州东门之外，有陕州平陆县诗云"寒食花藏县，重阳菊绕湾。一声离岸橹，数点别州山"，最为警句。所居颇萧洒，当世显人多与之游，寇忠愍尤爱之，尝有赠忠愍诗云："好向上天辞富贵，却来平地作神仙。"后忠愍镇北都，召野置门下。北都有妓女，美色而举止生梗，士人谓之"生张八"〔四〕，因府会，忠愍令乞诗于野，野赠之诗曰："君为北道生张八，我是西州熟魏三。莫怪尊前无笑语，半生半熟未相谙。"吴正宪忆陕郊诗曰："南郭迎天使，东郊访隐人。""隐人"谓野也。野死，有子闲，亦有清名，今尚居陕中。

校勘记

〔一〕士人　"士"字原作"上"，从胡校据大德本、丛刊本及类苑卷六一引改。

〔二〕峡中人　"峡"字原作"陕"，从胡校据大德本、丛刊本及类苑卷六一引改。

〔三〕序实之　"实"字原作"述"，从胡校据大德本、丛刊本及类苑卷三九引改。

〔四〕士人　类苑卷三六、挥犀卷三引"士"字作"士"。

梦溪笔谈卷十七

书　画

277 藏书画者多取空名，偶传为锺、王、顾、陆之笔，见者争售，此所谓"耳鉴"。又有观画而以手摸之，相传以为色不隐指者为佳画，此又在耳鉴之下，谓之"揣骨听声"。

278 欧阳公尝得一古画牡丹丛，其下有一貓，未知其精粗，丞相正肃吴公与欧公姻家，一见曰："此正午牡丹也。何以明之？其花披哆而色燥，此日中时花也；貓眼黑睛如线，此正午貓眼也。有带露花，则房敛而色泽；貓眼早暮则睛圆，日渐中狭长，正午则如一线耳。"此亦善求古人之意也〔一〕。

279 相国寺旧画壁乃高益之笔，有画众工奏乐一堵，最有意。人多病拥琵琶者误拨下弦，众管皆发四字，琵琶四字在上弦，此拨乃掩下弦，误也。予以为非误也，盖管以发指为声，琵琶以拨过为声，此拨掩下弦则声在上弦也。

益之布置尚能如此，其心匠可知。

280 书画之妙，当以神会，难可以形器求也。世之观画者，多能指摘其间形象、位置、彩色瑕疵而已，至于奥理冥造者，罕见其人。如彦远画评，言王维画物多不问四时，如画花往往以桃、杏、芙蓉、莲花同画一景。予家所藏摩诘画袁安卧雪图有雪中芭蕉，此乃得心应手，意到便成，故造理入神，迥得天意，此难可与俗人论也。谢赫云："卫协之画，虽不该备形妙，而有气韵，凌跨群雄，旷代绝笔。"又欧文忠盘车图诗云："古画画意不画形，梅诗咏物无隐情。忘形得意知者寡，不若见诗如见画。"此真为识画也。

281 王仲至阅吾家画，最爱王维画黄梅出山图，盖其所图黄梅、曹溪二人，气韵神检皆如其为人，读二人事迹，还观所画，可以想见其人。

282 国史补言〔二〕："客有以按乐图示王维，维曰：'此霓裳第三叠第一拍也。'客未然，引工按曲乃信。"此好奇者为之。凡画奏乐，止能画一声，不过金石管弦同用一字耳，何曲无此声，岂独霓裳第三叠第一拍也？或疑舞节及他举动拍法中，别有奇声可验，此亦不然。霓裳曲凡十三叠，前六叠无拍，至第七叠方谓之"叠遍"，自此始有拍而舞作，故白乐天诗云"中序擘騞初入拍"，"中序"即第七叠也，第三叠安得有拍？但言"第三叠第一拍"，即知其妄也。或说尝有人观画弹琴图，曰："此弹广陵散也。"此或可信。广陵散中有数声他曲皆无，如泼攦声之类是也〔三〕。

283 画牛、虎皆画毛，惟马不画，予尝以问画工，工言：

"马毛细,不可画。"予难之曰:"鼠毛更细,何故却画?"工不能对。大凡画马,其大不过盈尺〔四〕,此乃以大为小,所以毛细而不可画,鼠乃如其大,自当画毛。然牛、虎亦是以大为小,理亦不应见毛,但牛、虎深毛,马浅毛,理须有别,故名辈为小牛、小虎,虽画毛,但略拂拭而已,若务详密,翻成冗长,约略拂拭,自有神观,迥然生动,难可与俗人论也。若画马如牛、虎之大者,理当画毛,盖见小马无毛,遂亦不摹〔五〕,此庸人袭迹,非可与论理也。又李成画山上亭馆及楼塔之类,皆仰画飞檐,其说以谓自下望上,如人平地望塔檐间见其榱桷。此论非也,大都山水之法,盖以大观小,如人观假山耳。若同真山之法,以下望上只合见一重山,岂可重重悉见,兼不应见其溪谷间事,又如屋舍亦不应见其中庭及后巷中事。若人在东立则山西便合是远境,人在西立则山东却合是远境,似此如何成画?李君盖不知以大观小之法〔六〕,其间折高、折远,自有妙理,岂在掀屋角也?

284 画工画佛身光,有匾圆如扇者,身侧则光亦侧,此大谬也,渠但见雕木佛耳,不知此光常圆也。又有画行佛,光尾向后,谓之"顺风光",此亦谬也,佛光乃定果之光,虽劫风不可动,岂常风能摇哉?

285 古文己字从一、从亡,此乃通贯天、地、人,与王字义同,中则为王,或左或右则为己。僧肇曰:"会万物为一己者,其惟圣人乎?"子曰:"下学而上达。"人不能至于此,皆自域之也。得己之全者如此。

286 度支员外郎宋迪工画,尤善为平远山水,其得意者有平沙雁落、远浦帆归、山市晴岚、江天暮雪、洞庭秋月、潇湘夜雨、烟寺晚钟、渔村落照，谓之"八景"，好事者多传之。往岁小窑村陈用之善画，迪见其画山水，谓用之曰："汝画信工，但少天趣。"用之深伏其言，曰："尝患其不及古人者，正在于此。"迪曰："此不难耳。汝先当求一败墙，张绢素讫，倚之败墙之上，朝夕观之。观之既久，隔素见败墙之上，高平曲折，皆成山水之象，心存目想，高者为山、下者为水，坎者为谷、缺者为涧，显者为近、晦者为远，神领意造，恍然见其有人禽草木飞动往来之象，了然在目，则随意命笔，默以神会，自然境皆天就，不类人为，是谓'活笔'。"用之自此画格遂进〔七〕。

287 古文自变隶，其法已错乱，后转为楷字，愈益讹舛，殆不可考。如言"有口为吴，无口为天"，按字书，吴字本从口、从夨音捩，非天字也。此固近世谬从楷法言之，至如两汉篆文尚未废，亦有可疑者。如汉武帝以隐语召东方朔云"先生来来"，解云："来来，枣（棗）也。"按枣字从朿音刺不从来。此或是后人所传，非当时语，如卯金刀为刘（劉）、货泉为白水真人，此则出于纬书，乃汉人之语。按刘字从丣音酉、从金，如柳、駵、留皆从丣，非卯字也；货从贝，真乃从具，亦非一法，不知缘何如此。字书与本史所记，必有一误也。

288 唐韩偓为诗极清丽，有手写诗百馀篇，在其四世孙奕处。偓天复中避地泉州之南安县，子孙遂家焉，庆历中予过南安，见奕出其手集，字极淳劲可爱。后数年奕诣阙献之,以忠臣之后得司士参军[八],终于殿中丞。又予在京师,见偓送习光上人诗,亦墨迹也,与此无异。

289 江南徐铉善小篆,映日视之,画之中心有一缕浓墨,正当其中,至于曲折处亦当中,无有偏侧处,乃笔锋直下不倒侧,故锋常在画中,此用笔之法也。铉尝自谓:"吾晚年始得蹻匾之法。"凡小篆喜瘦而长,蹻匾之法非老笔不能也。

290 名画录:"吴道子尝画佛,留其圆光,当大会中,对万众举手一挥,圆中运规,观者莫不惊呼。"画家为之自有法,但以肩倚壁,尽臂挥之,自然中规,其笔画之粗细,则以一指拒壁以为准,自然均匀[九]。此无足奇,道子妙处不在于此,徒惊俗眼耳。

291 晋、宋人墨迹多是吊丧、问疾书简。唐贞观中购求前世墨迹甚严,非吊丧、问疾书迹皆入内府,士大夫家所存,皆当日朝廷所不取者,所以流传至今。

292 鲤鱼当胁一行三十六鳞,鳞有黑文如十字,故谓之"鲤",文从鱼、里者,三百六十也。然井田法即以三百步为一里,恐四代之法,容有不相袭者。

293 国初,江南布衣徐熙、伪蜀翰林待诏黄筌皆以善画著名,尤长于画花竹。蜀平,黄筌并子居宝、居寀、居实[一〇],弟惟亮,皆隶翰林图画院,擅名一时。其后江南平,徐熙至京师,送图画院品其画格。诸黄画花妙在赋色,用笔极新细,殆不见墨迹,但以轻色染成,谓之"写生"。徐熙以墨笔画之,殊草草,略施丹粉而已,神气迥出,别有生动之意。筌恶其轧己，言其画粗恶不入格，罢之。熙之子乃效诸黄之格〔一一〕，更不用墨笔，直以彩色图之，谓之“没骨图”，工与诸黄不相下，筌等不复能瑕疵，遂得齿院品，然其气韵皆不及熙远甚〔一二〕。

294 予从子辽喜学书，尝论曰：“书之神韵虽得之于心，然法度必资讲学。常患世之作字，分制无法，凡字有两字、三四字合为一字者，须字字可拆〔一三〕；若笔画多寡相近者，须令大小均停。所谓笔画相近，如杀字乃四字合为一，当使乂、木、几、又四者小大皆均。如尗字乃二字合，当使上与小二者大小长短皆均。若笔画多寡相远，即不可强牵使停，寡在左则取上齐，寡在右则取下齐。如从口、从金，此多寡不同也〔一四〕，唫则取上齐，扣则取下齐。如从尗、从又及从口、从胃三字合者多寡不同，则叔当取下齐，喟当取上齐。”如此之类，不可不知。又曰：“运笔之时，常使意在笔前。”此古人良法也。

295 王羲之书，旧传惟乐毅论乃羲之亲书于石，其他皆纸素所传。唐太宗裒聚二王墨迹，惟乐毅论石本，其后随太宗入昭陵，朱梁时耀州节度使温韬发昭陵得之，复传人间。或曰：公主以伪本易之，元不曾入圹。本朝入高绅学士家，皇祐中绅之子高安世为钱塘主簿，乐毅论在其家，予尝见之，时石已破缺，末后独有一“海”字者是也。其家后十馀年，安世在苏州，石已破为数片，以铁束之，后安世死，石不知所在。或云苏州一富家得之，亦不复见。今传乐毅论皆摹本也，笔画无复昔之清劲，羲之小楷字于此殆绝，遗教经之类皆非其比也。

296 王鉷据陕州〔一五〕，集天下良工画圣寿寺壁，为一时妙绝。画工凡十八人，皆杀之，同为一坎，瘗于寺西厢，使天下不复有此笔，其不道如此。至今尚有十堵馀，其间西廊迎佛舍利、东院佛母壁最奇妙，神彩皆欲飞动，又有鬼母、瘦佛二壁差次，其馀亦不甚过人。

297 江南中主时有北苑使董源善画，尤工秋岚远景，多写江南真山，不为奇峭之笔。其后建业僧巨然祖述源法，皆臻妙理。大体源及巨然画笔皆宜远观，其用笔甚草草，近视之几不类物象，远观则景物粲然，幽情远思，如睹异境。如源画落照图，近视无功，远观村落杳然深远，悉是晚景，远峰之顶宛有反照之色，此妙处也。

校勘记

〔一〕古人之意 "之"字原作"笔"，据类苑卷五二、挥麈卷一引改，大德本此字作"心"，盖"之"之讹。

〔二〕国史补 "补"字原作"谱"，查此处引文出唐国史补，故从胡校据王观国学林卷五引改。

〔三〕泼攦声 "泼"字原作"拨"，据大德本及类苑卷五〇引改，楼钥攻媿集卷七九弹广陵散书赠王明之云"此曲多泼攦声，盖他曲所无者"可证。

〔四〕不过盈尺 "盈"字原无，从胡校据大德本及类苑卷五〇引补。

〔五〕不摹 "摹"字原作"瀉"，从胡校据类苑卷五〇引改。

〔六〕盖不知 "盖"字原作"却"，从胡校据大德本、丛刊本及类苑卷五〇引改。

〔七〕画格遂进　“遂”字原无，据邓椿画继卷六、彭大翼山堂肆考卷一六六引补。

〔八〕司士参军　“司士”原作“用仕”，从胡校据大德本、丛刊本改。

〔九〕自然均匀　“均匀”原作“匀均”，据大德本、丛刊本及类苑卷五一引乙。

〔一〇〕并子居宝居寀居实　“子”上原有“二”字，“居寀”原无，丛刊本作“并□居宝□□□□”，类苑卷五一引作“并二子居宝、居寀”，从胡校据以删、补。

〔一一〕熙之子　胡校：“宣和画谱但载熙孙之以画名者，而不及其子，岂笔谈‘子’字为‘孙’之误，抑画史悉失载熙子之究心艺术者欤？”按：郭若虚图画见闻志、夏文彦图绘宝鉴皆称没骨图出于熙孙崇嗣，堪为上说佐证。

〔一二〕然其气韵　“然”字原无，从胡校据大德本及类苑卷五二引补。

〔一三〕字字可拆　“拆”字原作“拼”，从胡校据大德本、丛刊本改。

〔一四〕此多寡不同也　此六字原无，从胡校据大德本及类苑卷五一引补。

〔一五〕王鉷据陕州　马泰来谓：“笔谈之‘王鉷’应为‘王珙’之讹。”（梦溪笔谈札记二则，中华文史论丛一九八一年第三辑）

梦溪笔谈卷十八

技　艺

298 贾魏公为相日，有方士姓许，对人未尝称名，无贵贱皆称我，时人谓之"许我"。言谈颇有可采，然傲诞，视公卿蔑如也。公欲见，使人邀召数四，卒不至，又使门人苦邀致之，许骑驴径欲造丞相厅事，门吏止之，不可，吏曰："此丞相厅门，虽丞郎亦须下。"许曰："我无所求于丞相，丞相召我来。若如此，但须我去耳。"不下驴而去。门吏急追之不还，以白丞相，魏公又使人谢而召之，终不至。公叹曰："许市井人耳，惟其无所求于人，尚不可以势屈，况其以道义自任者乎？"

299 营舍之法谓之木经，或云喻皓所撰。凡屋有三分去声，自梁以上为上分，地以上为中分，阶为下分。凡梁长几何，则配极几何以为榱等，如梁长八尺，配极三尺五寸，则厅堂法也〔一〕，此谓之"上分"。楹若干尺，则配堂基若干尺以为榱等，若楹一丈一尺，则阶基四尺五寸之类，以至承栱、榱桷，皆有定法，谓之“中分”。阶级有峻、平、慢三等，宫中则以御辇为法，凡自下而登，前竿垂尽臂、后竿展尽臂为峻道，荷辇十二人，前二人曰前竿，次二人曰前絛，又次曰前胁；后二人曰后胁，又后曰后絛，末后曰后竿。辇前队长一人曰传唱，后一人曰报赛。前竿平肘、后竿平肩为慢道，前竿垂手、后竿平肩为平道，此之谓“下分”。其书三卷。近岁土木之工益为严善，旧木经多不用，未有人重为之，亦良工之一业也。

300 审方面势覆，量高深远近，算家谓之“叀术”〔二〕。叀文象形，如绳木所用墨斗也。求星辰之行，步气朔消长，谓之“缀术”。谓不可以形察，但以算数缀之而已，北齐祖暅有缀术二卷。

301 算术求积尺之法，如刍萌、刍童、方池、冥谷、堑堵、鳖臑、圆锥、阳马之类，物形备矣，独未有隙积一术。古法，凡算方积之物，有立方，谓六幕皆方者。其法再自乘则得之。有堑堵，谓如土墙者，两边杀、两头齐。其法并上、下广折半以为之广，以直高乘之；又以直高为句，以上广减下广，馀者为股，句股乘弦以为斜高〔三〕。有刍童，谓如覆斗者，四面皆杀。其法倍上长加入下长，以上广乘之，倍下长加入上长，以下广乘之，并二位，以高乘之，六而一〔四〕。隙积者，谓积之有隙者，如累棋、层坛及酒家积罂之类。虽似覆斗四面皆杀，缘有刻缺及虚隙之处，用刍童法求之，常失于数少。予思而得之，用刍童法为上行，下行别列下广，以上广减之，馀者以高乘之，六而一，并入上行。假令积罂，最上行纵横各二罂，最下行各十二罂，行行相次。先以上二行相次〔五〕，率至十二，当十一行也〔六〕。以刍童法求之，倍上行长得四，并入下长得十六，以上广乘之得三十二〔七〕，又倍下长得二十四，并入上长得二十六〔八〕，以下广乘之得三百一十二，并二位得三百四十四〔九〕，以高乘之得三千七百八十四〔一〇〕。重列下广十二，以上广减之馀十，以高乘之得一百一十，并入上行得三千八百九十四，六而一得六百四十九，此为罂数也。刍童求见实方之积，隙积求见合角不尽，益出羡积也。履亩之法，方圆曲直尽矣，未有会圆之术〔一一〕。凡圆田，既能析之〔一二〕，须使会之复圆，古法惟以中破圆法析之，其失有及三倍者。予别为析会之术〔一三〕，置圆田，径半之以为弦，又以半径减去所割数，馀者为股，各自乘，以股除弦〔一四〕，馀者开方除为句〔一五〕，倍之为割田之直径，以所割之数自乘退一位倍之〔一六〕，又以圆径除所得加入直径，为割田之弧。再割亦如之，减去已割之数则再割之数也〔一七〕。假令有圆田径十步，欲割二步，以半径为弦，五步自乘得二十五，又以半径减去所割二步，馀三步为股，自乘得九，用减弦外有十六，开平方，除得四步为句，倍之为所割直径，以所割之数二步自乘为四，倍之得为八，退上一位为四尺〔一八〕，以圆径除，今圆径十已足盈数，无可除，只用四尺加入直径为所割之弧，凡得圆径八步四尺也〔一九〕。再割亦依此法。如圆径二十步求弧数，则当折半，乃所谓以圆径除之也。此二类皆造微之术，古书所不到者，漫志于此。

302 蹙融或谓之"蹙戎"，汉书谓之"格五"，虽止用数棋共行一道，亦有能否。徐德占善移，遂至无敌，其法，己常欲有馀裕〔二〇〕，而致敌人于崄。虽知其术止如是，然卒莫能胜之。

303 予伯兄善射，自能为弓。其弓有六善，一者性体少而劲，二者和而有力，三者久射力不屈，四者寒暑力一，五者弦声清实,六者一张便正。凡弓性体少则易张而寿,但患其不劲,欲其劲者妙在治筋。凡筋生长一尺,乾则减半,以胶汤濡而梳之〔二一〕,复长一尺然后用,则筋力已尽,无复伸弛;又揉其材令仰,然后傅角与筋〔二二〕,此两法所以为筋也。凡弓节短则和而虚,"虚"谓挽过吻则无力。节长则健而柱,"柱"谓挽过吻则木强而不来。"节"谓把梢裨木,长则柱,短则虚。节得中则和而有力,仍弦声清实。凡弓初射与天寒,则劲强而难挽;射久、天暑,则弱而不胜矢,此胶之为病也。凡胶欲薄而筋力尽,强弱任筋而不任胶,此所以射久力不屈、寒暑力一也。弓所以为正者材也,相材之法,视其理,其理不因矫揉而直,中绳则张而不跛。此弓人之所当知也。

304 小说,唐僧一行曾算棋局都数,凡若干局尽之。予尝思之,此固易耳,但数多,非世间名数可能言之。今略举大数,凡方二路、用四子,可变八十一局〔二三〕;方三路、用九子,可变一万九千六百八十三局;方四路、用十六子,可变四千三百四万六千七百二十一局;方五路、用二十五子,可变八千四百七十二亿八千八百六十万九千四百四十三局;古法十万为亿、十亿为兆、万亿为秭〔二四〕,算家以万万为亿、万万亿为兆、万万兆为垓〔二五〕,今但以算家数计之。方六路、用三十六子,可变十五兆九十四万六千三百五十二亿八千二百三万一千九百二十六局〔二六〕;方七路以上,数多无名可记,尽三百六十一路,大约连书万字五十二即是局之大数〔二七〕。万字五十二,最下万字是万局〔二八〕,第二是万万局,第三是万亿局,第四是一兆局,第五是万兆局,第六是万万兆,谓之一垓,第七是万垓局〔二九〕,第八是万万垓,第九是万倍万万垓〔三〇〕。此外无名可纪,但五十二次万倍乘之即是都大数,零中数不与。其法,初一路可变三局,一黑、一白、一空。自后不以横、直,但增一子即三因之,凡三百六十一增皆三因之,即是都局数。又法,先计循边一行为法,凡十九路,得十一亿六千二百二十六万一千四百六十七局〔三一〕。凡加一行即以法累乘之,乘终十九行亦得上数。又法,以自法相乘,得一百三十五兆八百五十一万七千一百七十四亿四千八百二十八万七千三百三十四局〔三二〕,此是两行凡三十八路变得此数也〔三三〕。下位副置之;以下乘上,又以下乘下,置为上位,又副置之;以下乘上,以下乘下,加一法亦得上数。有数法可求,唯此法最径捷,只五次乘,便尽三百六十一路。千变万化不出此数,棋之局尽矣。

305 西京杂记云:"汉元帝好蹴踘〔三四〕,以蹴踘为劳,求相类而不劳者,遂为弹棋之戏。"予观弹棋绝不类蹴踘,颇与击踘相近,疑是传写误耳。唐薛嵩好蹴踘,刘钢劝止之曰:"为乐甚众,何必乘危邀顷刻之欢〔三五〕?"此亦击踘,唐书误述为蹴踘。弹棋今人罕为之,有谱一卷,盖唐人所为。其局方二尺,中心高,如覆盂,其巅为小壶,四角微隆起。今大名开元寺佛殿上有一石局,亦唐时物也。李商隐诗曰"玉作弹棋局,中心最不平",谓其中高也。白乐天诗"弹棋局上事,最妙是长斜","长斜"谓抹角斜弹,一发过半局,今谱中具有此法。柳子厚叙棋用二十四棋者,即此戏也。汉书注云:"两人对局,白、黑子各六枚。"与子厚所记小异。如弈棋,古局用十七道,合二百八十九道,黑、白棋各百五十,亦与后世法不同。

306 算术多门,如求一、上驱、搭因、重因之类,皆不离乘除，唯增成一法稍异，其术都不用乘除，但补亏就盈而已。假如欲九除者增一便是，八除者增二便是，但一位一因之。若位数少则颇简捷，位数多则愈繁，不若乘除之有常。然算术不患多学，见简即用，见繁即变，不胶一法，乃为通术也。

307 板印书籍，唐人尚未盛为之，自冯瀛王始印五经已后，典籍皆为板本。庆历中，有布衣毕昇又为活板。其法用胶泥刻字，薄如钱唇，每字为一印，火烧令坚。先设一铁板，其上以松脂腊和纸灰之类冒之，欲印则以一铁范置铁板上，乃密布字印，满铁范为一板，持就火炀之，药稍镕，即以一平板按其面，则字平如砥。若止印三、二本，未为简易，若印数十百千本，则极为神速。常作二铁板，一板印刷，一板已自布字，此印者才毕，则第二板已具，更互用之，瞬息可就。每一字皆有数印，如“之”、“也”等字，每字有二十馀印，以备一板内有重复者。不用则以纸帖之，每韵为一帖，木格贮之。有奇字素无备者，旋刻之，以草火烧，瞬息可成。不以木为之者，文理有疏密，沾水则高下不平，兼与药相粘，不可取，不若燔土，用讫再火令药镕，以手拂之，其印自落，殊不沾污。昇死，其印为予群从所得，至今保藏〔三六〕。

308 淮南人卫朴精于历术，一行之流也。春秋日蚀三十六，诸历通验，密者不过得二十六、七〔三七〕，唯一行得二十九〔三八〕，朴乃得三十五，唯庄公十八年一蚀，今古算皆不入蚀法，疑前史误耳。自夏仲康五年癸巳岁至熙宁六年癸丑，凡三千二百一年，书传所载日蚀凡四百七十五，众历考验虽各有得失，而朴所得为多。朴能不用算推古今日月蚀，但口诵乘除，不差一算。凡大历悉是算数，令人就耳一读，即能暗诵，傍通历则纵横诵之。尝令人写历书，写讫令附耳读之，有差一算者，读至其处则曰“此误某字”，其精如此。大乘除皆不下照位，运筹如飞，人眼不能逐。人有故移其一算者，朴自上至下手循一遍，至移算处，则拨正而去。熙宁中撰奉元历，以无候簿，未能尽其术，自言得六七而已，然已密于他历。

309 医用艾一灼谓之“一壮”者，以壮人为法。其言若干壮，壮人当依此数，老幼羸弱量力减之。

310 四人分曹共围棋者，有术可令必胜，以我曹不能者，立于彼曹能者之上，令但求急，先攻其必应，则彼曹能者为其所制，不暇恤局，则常以我曹能者当彼不能者。此虞卿斗马术也。

311 西戎用羊卜，谓之“跋焦”，卜师谓之“厮乩”〔三九〕。以艾灼羊髀骨，视其兆，谓之“死跋焦”。其法，兆之上为神明，近脊处为坐位，坐位者主位也，近傍处为客位。盖西戎之俗，所居正寝常留中一间，以奉鬼神，不敢居之，谓之神明，主人乃坐其傍，以此占主客胜负。又有先咒粟以食羊，羊食其粟，则自摇其首，乃杀羊视其五藏，谓之“生跋焦”。其言极有验，委细之事皆能言之，生跋焦土人尤神之。

312 钱氏据两浙时，于杭州梵天寺建一木塔，方两三级，钱帅登之，患其塔动，匠师云："未布瓦，上轻，故如此。"乃以瓦布之，而动如初，无可奈何，密使其妻见喻皓之妻，赂以金钗，问塔动之因，皓笑曰："此易耳，但逐层布板讫，便实钉之，即不动矣。"匠师如其言，塔遂定。盖钉板上下弥束，六幕相联如胠箧，人履其板，六幕相持，自不能动。人皆伏其精练。

313 医者所论人须发眉虽皆毛类，而所主五藏各异，故有老而须白眉发不白者，或发白而须眉不白者，藏气有所偏故也。大率发属于心，禀火气，故上生；须属肾，禀水气，故下生；眉属肝，禀木气〔四〇〕，故侧生。男子肾气外行，上为须，下为势，故女子、宦人无势则亦无须，而眉发无异于男子，则知不属肾也。

314 医之为术，苟非得之于心，而恃书以为用者，未见能臻其妙。如术能动钟乳，按乳石论曰"服钟乳当终身忌术"，五石诸散用钟乳为主，复用术，理极相反，不知何谓，予以问老医，皆莫能言其义。按乳石论云："石性虽温，而体本沈重，必待其相蒸薄然后发。"如此，则服石多者，势自能相蒸，若更以药触之，其发必甚。五石散杂以众药，用石殊少，势不能蒸，须藉外物激之令发耳。如火少必因风气所鼓而后发，火盛则鼓之反为害，此自然之理也。故孙思邈云："五石散大猛毒。宁食野葛，不服五石。遇此方即须焚之，勿为含生之害。"又曰："人不服石，庶事不佳；石在身中，万事休泰。唯不可服五石散。"盖以五石散聚其所恶，激而用之，其发暴故也。古人处方大体如此，非此书所能尽也。况方书仍多伪杂，如神农本草最为旧书，其间差误尤多，医不可以不知也。

315 予一族子旧服芎䓖，医郑叔熊见之云："芎䓖不可久服，多令人暴死。"后族子果无疾而卒。又予姻家朝士张子通之妻，因病脑风，服芎䓖甚久，亦一旦暴亡，皆予目见者。又予尝苦腰重，久坐，则旅距十馀步〔四一〕，然后能行，有一将佐见予曰："得无用苦参洁齿否？"予时以病齿，用苦参数年矣。曰："此病由也。苦参入齿，其气伤肾，能使人腰重。"后有太常少卿舒昭亮用苦参揩齿，岁久亦病腰，自后悉不用苦参，腰疾皆愈。此皆方书旧不载者。

316 世之摹字者，多为笔势牵制，失其旧迹。须当横摹之，泛然不问其点画，惟旧迹是循，然后尽其妙也。

317 古人以散笔作隶书，谓之"散隶"。近岁蔡君谟又以散笔作草书，谓之"散草"，或曰"飞草"。其法皆生于飞白，亦自成一家。

318 四明僧奉真，良医也。天章阁待制许元为江淮发运使，奏课于京师，方欲入对，而其子疾亟，瞑而不食，惙惙欲逾宿矣〔四二〕，使奉真视之，曰："脾已绝，不可治，死在明日。"元曰："观其疾势，固知其不可救，今方有事须陛对，能延数日之期否？"奉真曰："如此似可。诸脏皆已衰，唯肝脏独过，脾为肝所胜，其气先绝，一脏绝则死。若急泻肝气，令肝气衰，则脾少缓，可延三日，过此无术也。"乃投药，至晚乃能张目，稍稍复啜粥，明日渐苏而能食。元甚喜，奉真笑曰："此不足喜，肝气暂舒耳，无能为也。"后三日果卒。

校勘记

〔一〕厅堂法也　“堂法”原作“法堂”，从胡校据大德本乙。

〔二〕叀术　此与下文“叀文象形”之“叀”字原作“軎”，据大德本、丛刊本改。

〔三〕又以直高为句，以上广减下广，馀者为股，句股乘弦以为斜高　张文虎校语谓此四句当作“又以直高为股，以上广减下广，馀者半之为句，句股求弦以为斜高”。

〔四〕以高乘之，六而一　“以”上原有“法”字，“一”字原作“二”，从胡校据李籍九章算术音义及顾观光九数存古卷五删、改。

〔五〕上二行相次　李群校语：“此处应是‘上行二相次’。”

〔六〕当十一行也　“一”字原作“二”，从胡校据大德本、丛刊本改。

〔七〕以上广乘之得三十二　“三”字原作“二”，按前文上广为二，乘之当得三十二，且下文三百十二与此数相加得三百四十四亦可证，故从胡校改。

〔八〕又倍下长得二十四，并入上长得二十六　“二十四”原作“十六”，“二十六”原作“四十六”，从胡校据赵与峕宾退录卷四校语改。

〔九〕并二位　“位”字原作“倍”，从胡校据张文虎校语改。

〔一〇〕三千七百八十四　“三”字原作“二”，从胡校据张文虎校语改。

〔一一〕会圆之术　“圆”字原作“图”，从胡校据大德本、丛刊本改。

〔一二〕既能析之　此与下文“以中破圆法析之”之“析”字原作“拆”，据类苑卷五二引改。

〔一三〕别为析会之术　“为析”原作“无折”，据大德本及类苑卷五二引改。

〔一四〕以股除弦　李群校语：“此处应是‘以弦减股’。”

〔一五〕开方除为句　李群校语："'除'字应删。"

〔一六〕退一位倍之　胡校据钱宝琮校记谓"退一位"三字"涉其自注之语而衍"，李群校语亦云此三字应删。

〔一七〕减去已割之数则再割之数也　顾观光九数存古卷五引改两"数"字作"弧"。

〔一八〕退上一位　"位"字原作"倍"，从胡校据张文虎校语改。

〔一九〕圆径　李群校语："应作'圆弧'。"

〔二〇〕已常欲有馀裕　类苑卷五二引"已"上有"以"字。

〔二一〕梳之　"梳"字原作"极"，从胡校据大德本及类苑卷五二引改。

〔二二〕傅角与筋　"傅"字原作"传"，从胡校据大德本、丛刊本改。

〔二三〕可变八十一局　"八"下原有"千"字，从钱宝琮校记删。

〔二四〕万亿为秭　"亿"字原作"兆"，从钱宝琮校记改；"秭"字原作"稊"，据大德本改。

〔二五〕万万兆为垓　孙子算经卷上谓"凡大数之法，万万曰亿，万万亿曰兆，万万兆曰京，万万京曰陔"，钱宝琮校记云此处"在数名兆、垓之间没有京，与孙子算经不同"，按括说出国语郑语"计亿事，材兆物，收经入，行姟极"韦注："贾、虞说皆以万万为亿，郑后司农云'十万曰亿，十亿曰兆'，从古数也。姟，备也。数极于姟，万万兆曰姟。"垓、陔、姟之不同者，假借取音而已。

〔二六〕八千二百三万一千九百二十六　钱宝琮校记云"为六路"可变局数"亿"字下当作"九千六百九十九万九千一百二十一"，"疑作者计算偶误，原非刻本之误"。

〔二七〕书万字五十二　钱宝琮校记云十九路可变局数"只须连书万字四十三次，作者说'书万字五十二'，疑系计算错误"。

〔二八〕是万局　"是"字原作"即"，据大德本、丛刊本改。

〔二九〕万垓局　“万”字原无，从钱宝琮校记补。

〔三〇〕万倍万万垓　“倍”字原作“亿”，从钱宝琮校记据大德本及类苑卷五二引改。

〔三一〕十一亿　“十一”原作“一十”，从钱宝琮校记乙。

〔三二〕七十四亿四千八百二十八万七千三百三十四　据计算“七十”下当作“六亿七千二百九十九万二千八十九”，钱宝琮校记谓系括计算错误。

〔三三〕三十八路　“十”字原作“千”，从胡校据大德本、丛刊本改。

〔三四〕汉元帝好蹴踘　“好”字原作“造”，从胡校据大德本、丛刊本改。又，据西京杂记卷二“元”字当作“成”。

〔三五〕顷刻之欢　“顷”字原作“倾”，从胡校据大德本、丛刊本改。

〔三六〕保藏　“保”字原作“宝”，据大德本、丛刊本及类苑卷五二引改。

〔三七〕得二十六七　齐东野语卷一五引无“七”字，困学纪闻卷六亦称“历家推验精者不过二十六”。

〔三八〕二十九　大德本及类苑卷五二、齐东野语卷一五引“九”字作“七”。

〔三九〕断乩　此下原有小注“必定反”，方以智通雅卷四：“说文引书云‘卟疑’，集韵或作‘乩’，通作‘稽’。今稗海注乩音必定反，非也。”按方说是，窃意此盖后人于“乩”字旁注“稽”字，传钞者遂以此“稽”字为双行小注而误为“必定反”，今据删。

〔四〇〕禀木气　此三字原无，依本条述例当有，故据张杲医说卷八引类苑补。

〔四一〕旅距　大德本“距”字作“拒”。

〔四二〕惙惙欲逾宿矣　“欲”下原有“死”字，据大德本、丛刊本及类苑卷四八引删。

梦溪笔谈卷十九

器　用

319 礼书所载黄彝，乃画人目为饰，谓之“黄目”。予游关中，得古铜黄彝，殊不然，其刻画甚繁，大体似缪篆，又如栏盾间所画回波曲水之文，中间有二目如大弹丸，突起煌煌然，所谓“黄目”也。视其文，髣髴有牙角口吻之象。或谓黄目乃自是一物。又予昔年在姑熟王敦城下土中得一铜钲，刻其底曰“诸葛士全茖鸣钲”，“茖”即古落字也，此部落之“落”，士全，部将名耳〔一〕。钲中间铸一物，有角，羊头，其身亦如篆文，如今时术士所画符，傍有两字，乃大篆“飞廉”字，篆文亦古怪，则钲间所图盖飞廉也。飞廉，神兽之名。淮南转运使韩持正亦有一钲，所图飞廉及篆字与此亦同，以此验之，则黄目疑亦是一物。飞廉之类，其形状如字非字，如画非画，恐古人别有深理。大抵先王之器皆不苟为，昔夏后铸鼎以知神奸，殆亦此类，恨未能深究其理，必有所谓。或曰：礼图罇彝皆以木为之，未闻用铜者。此亦未可质，如今人得古铜罇者极多，安得言无？如礼图瓮以瓦为之，左传却有瑶瓮；律以竹为之，晋时舜祠下乃发得玉律，此亦无常法。如蒲、谷璧，礼图悉作草稼之象，今世人发古冢得蒲璧，乃刻文蓬蓬如蒲花敷时，谷璧如粟粒耳，则礼图亦未可为据。

320 礼书言罍画云雷之象〔二〕，然莫知雷作何状。今祭器中画雷，有作鬼神伐鼓之象，此甚不经。予尝得一古铜罍，环其腹皆有画，正如人间屋梁所画曲水，细观之，乃是云、雷相间为饰。如ᘓ者，古云字也，象云气之形；如◎者，雷字也，古文@为雷，象回旋之声。其铜罍之饰，皆一ᘓ一◎相间，乃所谓云雷之象也。今汉书罍字作"畾"〔三〕，盖古人以此饰罍，后世自失传耳〔四〕。

321 唐人诗多有言吴钩者。吴钩，刀名也，刃弯，今南蛮用之，谓之"葛党刀"。

322 古法以牛革为矢服，卧则以为枕。取其中虚，附地枕之，数里内有人马声则皆闻之，盖虚能纳声也。

323 郓州发地得一铜弩机，甚大，制作极工，其侧有刻文曰"臂师虞士，耳师张柔"〔五〕，史传无此色目人，不知何代物也。

324 熙宁中李定献偏架弩〔六〕，似弓而施干镫，以镫距地而张之，射三百步，能洞重札，谓之"神臂弓"，最为利器。李定本党项羌酋〔七〕，自投归朝廷，官至防团而死，诸子皆以骁勇雄于西边。

325 古剑有沈卢、鱼肠之名沈音湛〔八〕，沈卢谓其湛湛然黑色也。古人以剂钢为刃，柔铁为茎干，不尔则多断折，剑之钢者刃多毁缺，巨阙是也，故不可纯用剂钢。鱼肠即今蟠钢剑也，又谓之“松文”，取诸鱼燔熟，褫去胁视见其肠，正如今之蟠钢剑文也。

326 济州金乡县发一古冢，乃汉大司徒朱鲔墓，石壁皆刻人物、祭器、乐架之类。人之衣冠多品，有如今之幞头者，巾额皆方，悉如今制，但无脚耳。妇人亦有如今之垂肩冠者，如近年所服角冠，两翼抱面，下垂及肩，略无小异。人情不相远，千馀年前冠服已尝如此，其祭器亦有类今之食器者。

327 古人铸鉴，鉴大则平，鉴小则凸。凡鉴洼则照人面大，凸则照人面小，小鉴不能全观人面〔九〕，故令微凸，收人面令小，则鉴虽小而能全纳人面，仍复量鉴之小大，增损高下，常令人面与鉴大小相若。此工之巧智，后人不能造，比得古鉴皆刮磨令平，此师旷所以伤知音也。

328 长安故宫阙前有唐肺石尚在，其制如佛寺所击响石，而甚大，可长八九尺，形如垂肺，亦有款志，但漫剥不可读。按秋官大司寇“以肺石达穷民”，原其义，乃伸冤者击之，立其下，然后士听其辞，如今之挝登闻鼓也。所以肺形者便于垂，又肺主声，声所以达其冤也。

329 熙宁中尝发地得大钱三十馀千文，皆“顺天得一”，当时在庭皆疑古无得一年号，莫知何代物。予按唐书，史思明僭号，“铸‘顺天得一’钱”，“顺天”乃其伪年号，

"得一"特以名铸钱耳,非年号也。

330 世有透光鉴,鉴背有铭文凡二十字〔一〇〕,字极古,莫能读,以鉴承日光,则背文及二十字皆透在屋壁上,了了分明。人有原其理,以谓铸时薄处先冷〔一一〕,唯背文上差厚,后冷而铜缩多,文虽在背,而鉴面隐然有迹,所以于光中现。予观之,理诚如是。然予家有三鉴,又见他家所藏,皆是一样,文画铭字无纤异者,形制甚古,唯此一样光透,其他鉴虽至薄者,皆莫能透,意古人别自有术。

331 予顷年在海州,人家穿地得一弩机,其望山甚长,望山之侧为小矩〔一二〕,如尺之有分寸。原其意,以目注镞端,以望山之度拟之,准其高下,正用算家句股法也。太甲曰"往省括于度则释",疑此乃度也。汉陈王宠善弩射,十发十中,中皆同处,其法以"天覆地载,参连为奇,三微三小,三微为经,三小为纬,要在机牙"。其言隐晦难晓,大意"天覆地载",前后手势耳;"参连为奇"〔一三〕,谓以度视镞、以镞视的,参连如衡,此正是句股度高深之术也;三经、三纬则设之于堋,以志其高下左右耳。予尝设三经、三纬,以镞注之,发矢亦十得七八,设度于机定加密矣。

332 予于关中得一铜匜,其背有刻文二十字,曰"律人衡兰注水匜〔一四〕,容一升,始建国元年一月癸卯造"〔一五〕,皆小篆。"律人"当是官名,王莽传中不载。

333 青堂羌善锻甲,铁色青黑莹彻,可鉴毛发,以麝皮为絤旅之,柔薄而韧。镇戎军有一铁甲,椟藏之,相传以为宝器,韩魏公帅泾原曾取试之,去之五十步,强弩射之不能入，尝有一矢贯札，乃是中其钻空，为钻空所刮，铁皆反卷，其坚如此。凡锻甲之法，其始甚厚，不用火，冷锻之〔一六〕，比元厚三分减二乃成，其末留筋头许不锻，隐然如瘊子，欲以验未锻时厚薄，如浚河留土笋也，谓之“瘊子甲”。今人多于甲札之背隐起伪为瘊子，虽置瘊子，但元非精钢，或以火锻为之，皆无补于用，徒为外饰而已。

334 朝士黄秉少居长安，游骊山，值道士理故宫石渠，石下得折玉钗，刻为凤首，已皆破缺，然制作精巧，后人不能为也。郑嵎津阳门诗曰：“破簪碎钿不足拾，金沟浅溜和缨緌。”非虚语也。予又尝过金陵，人有发六朝陵寝，得古物甚多，予曾见一玉臂钗，两头施转关，可以屈伸，合之令圆，仅于无缝，为九龙绕之，功侔鬼神。世多谓前古民醇，工作率多卤拙，是大不然。古物至巧，正由民醇故也，民醇则百工不苟。后世风俗虽侈，而工之致力不及古人，故物多不精。

335 屋上覆橑，古人谓之“绮井”，亦曰“藻井”，又谓之“覆海”。今令文中谓之“斗八”，吴人谓之“罳顶”，唯宫室、祠观为之。

336 今人地中得古印章，多是军中官。古之佩章，罢、免、迁、死皆上印绶，得以印绶葬者极稀，土中所得多是没于行阵者。

337 大驾玉辂，唐高宗时造，至今进御。自唐至今凡三至太山登封，其他巡幸莫记其数，至今完壮，乘之安若山岳，以措杯水其上而不摇。庆历中尝别造玉辂，极天下良工为之，乘之动摇不安，竟废不用。元丰中复造一辂，尤极工巧，未经进御，方陈于大庭，车屋适坏，遂压而碎，只用唐辂。其稳利坚久，历世不能窥其法。世传有神物护之，若行诸辂之后则隐然有声。

校勘记

〔一〕部将名耳　“耳”字原作“其”，属下读，据大德本改。

〔二〕云雷之象　“雷”字原作“罍”，从胡校据弘治本及卫湜礼记集说卷六一引改。

〔三〕作䨻　“䨻”字原作“靁”，从胡校据汉书卷四七及班马字类改。

〔四〕自失传耳　“自”字原作“字”，从胡校据大德本及卫湜礼记集说卷六一引改。

〔五〕耳师张柔　阮元积古斋钟鼎彝器款识卷十及王国维校识皆谓“耳”乃“牙”之误释。

〔六〕李定献偏架弩　胡校：“朱弁曲洧旧闻卷九、洪迈容斋三笔皆记熙宁初百姓李宏造神臂弓，疑‘定’为‘宏’字之误，然朱、洪又不言其为党项首领。”按王明清挥麈三录卷三据李平叔云，谓神臂弓“盖熙宁中西人李宏中创造，因内侍张若水献于裕陵者也”，则括说非无因。

〔七〕党项羌酋　“酋”字原作“首”，据大德本改。

〔八〕沈音湛　此三字原作正文，从胡校据弘治本、稗海本改为注文。

〔九〕全观人面　大德本“观”字作“视”。

〔一〇〕鉴背有铭文　“背”字原作“皆”，从胡校据大德本改。

〔一一〕以谓　“谓”字原作“为”，据大德本、丛刊本改。

〔一二〕小矩　“矩”字原作“短”，从胡校据王国维校识及大德本改。

〔一三〕参连为奇　“参”字原作“三”，按上文作“参连”，从胡校据弘治本、稗海本改。

〔一四〕律人衡兰　胡校：“据吕大防续考古图卷四、薛尚功历代钟鼎彝器款识法帖卷一九，原文实作‘律斤’，非‘律人’。”

〔一五〕元年一月癸卯造　据吕大防续考古图卷四、薛尚功历代钟鼎彝器款识法帖卷一九，“元年”下乃“正月癸酉朔日制”七字，铭文字数亦非二十字，盖括凭记忆而为之，故讹误如此。

〔一六〕冷锻之　“冷”字原作“今”，从胡校据大德本改。

梦溪笔谈卷二十

神 奇

338 世人有得雷斧、雷楔者，云雷神所坠，多于震雷之下得之，而未尝亲见〔一〕。元丰中予居随州，夏月大雷震一木折，其下乃得一楔，信如所传。凡雷斧多以铜、铁为之，楔乃石耳，似斧而无孔。世传雷州多雷，有雷祠在焉，其间多雷斧、雷楔。按图经，雷州境内有雷、擎二水，雷水贯城下，遂以名州，如此则"雷"自是水名，言多雷乃妄也。然高州有电白县，乃是邻境，又何谓也？

339 越州应天寺有鳗井，在一大磐石上，其高数丈，井才方数寸，乃一石窍也，其深不可知，唐徐浩诗云"深泉鳗井开"即此也，其来亦远矣。鳗时出游，人取之置怀袖间，了无惊猜，如鳗而有鳞，两耳甚大，尾有刃迹，相传云黄巢曾以剑制之。凡鳗出游，越中必有水旱、疫疠之灾，乡人常以此候之〔二〕。

340 治平元年常州日禺时，天有大声如雷，乃一大星[三]，几如月，见于东南，少时而又震一声，移著西南，又一震，而坠在宜兴县民许氏园中，远近皆见，火光赫然照天，许氏藩篱皆为所焚。是时火息，视地中只有一窍，如桮大，极深，下视之，星在其中，荧荧然，良久渐暗，尚热不可近。又久之，发其窍，深三尺馀，乃得一圆石，犹热，其大如拳，一头微锐，色如铁，重亦如之。州守郑伸得之，送润州金山寺，至今匣藏，游人到则发视，王无咎为之传甚详。

341 山阳有一女巫，其神极灵，予伯氏尝召问之，凡人间物，虽在千里之外，问之皆能言，乃至人中心萌一意，已能知之。坐客方弈棋，试数白黑棋握手中，问其数，莫不符合，更漫取一把棋不数而问之，则亦不能知数。盖人心所知者彼则知之[四]，心所无则莫能知，如季咸之见壶子、大耳三藏观忠国师也。又问以巾篋中物，皆能悉数，时伯氏有金刚经百册，盛一大篋中[五]，指以问之："其中何物？"则曰："空篋也。"伯氏乃发以示之，曰："此有百册佛经，安得曰空篋？"鬼良久又曰[六]："空篋耳，安能欺我。"此所谓文字相空，因真心以显非相，宜其鬼神所不能窥也。

342 神仙之说传闻固多，予之目睹者二事。供奉官陈允任衢州监酒务日，允已老，发秃齿脱，有客候之，称孙希龄，衣服甚褴褛，赠允药一刀圭，令揩齿，允不甚信之。暇日因取揩上齿，数揩而良，及归家[七]，家人见之皆笑曰："何为以墨染须？"允惊，以鉴照之，上髯黑如漆矣，急去巾视，童首之发已长数寸，脱齿亦隐然有生者。予见允时年七十馀，上髯及发尽黑，而下髯如雪。又正郎萧渤罢白波辇运，至京师，有黥卒姓石，能以瓦石沙土手挼之悉成银，渤厚礼之，问其法，石曰："此真气所化，未可遽传。若服丹药，可呵而变也。"遂授渤丹数粒，渤饵之，取瓦石呵之，亦皆成银。渤乃丞相荆公姻家，是时丞相当国，予为宰士，目睹此事。都下士人求见石者如市，遂逃去，不知所在，石才去，渤之术遂无验。石，齐人也，时曾子固守齐，闻之，亦使人访其家，了不知石所在。渤既服其丹，亦宜有补年寿，然不数年间，渤乃病卒，疑其所化特幻耳。

343 熙宁中予察访过咸平，是时刘定子先知县事，同过一佛寺，子先谓予曰："此有一佛牙甚异。"予乃斋洁取视之，其牙忽生舍利，如人身之汗，飒然涌出，莫知其数，或飞空中，或坠地〔八〕，人以手承之，即透过，著牀榻摘然有声，复透下〔九〕，光明莹彻，烂然满目。予到京师，盛传于公卿间，后有人迎至京师，执政官取入东府，以次流布士大夫之家，神异之迹，不可悉数。有诏留大相国寺，创造木浮图以藏之，今相国寺西塔是也。

344 菜品中芜菁、菘、芥之类，遇旱其标多结成花，如莲花，或作龙蛇之形。此常性，无足怪者。熙宁中李宾客及之知润州，园中菜花悉成荷花，仍各有一佛坐于花中〔一〇〕，形如雕刻，莫知其数，暴乾之，其相依然。或云：李君之家奉佛甚笃，因有此异。

345 彭蠡小龙显异至多，人人能道之，一事最著。熙宁中王师南征，有军仗数十船泛江而南，自离真州，即有一小蛇登船，船师识之，曰："此彭蠡小龙也，当是来护军仗耳〔一一〕。"主典者以洁器荐之，蛇伏其中〔一二〕，船乘便风，日棹数百里，未尝有波涛之恐，不日至洞庭，蛇乃附一商人船回南康。世传其封域止于洞庭，未尝逾洞庭而南也。有司以状闻，诏封神为顺济王，遣礼官林希致诏。子中至祠下焚香毕，空中忽有一蛇坠祝肩上，祝曰："龙君至矣。"其重一臂不能胜，徐下至几案间，首如龟，不类蛇首也。子中致诏意曰："使人至此，斋三日然后致祭。王受天子命，不可以不斋戒。"蛇受命，径入银香奁中蟠，三日不动。祭之日，既酌酒，蛇乃自奁中引首吸之。俄出循案行，色如湿胭脂，烂然有光，穿一翦彩花过，其尾尚赤，其前已变为黄矣，正如雌黄色，又过一花，复变为绿，如嫩草之色。少顷行上屋梁，乘纸旛脚以行，轻若鸿毛，倏忽入帐中，遂不见。明日子中还，蛇在船后送之，逾彭蠡而回。此龙常游舟檝间，与常蛇无辨，但蛇行必蜿蜒，而此乃直行，江人常以此辨之。

346 天圣中近辅献龙卵，云得自大河中，诏遣中人送润州金山寺。是岁大水，金山庐舍为水所漂者数十间，人皆以为龙卵所致。至今椟藏，予屡见之，形类、色理都如鸡卵，大若五升囊〔一三〕，举之至轻，唯空壳耳。

347 内侍李舜举家曾为暴雷所震，其堂之西室，雷火自窗间出，赫然出檐，人以为堂屋已焚，皆出避之，及雷止，其舍宛然，墙壁、窗纸皆黔。有一木格，其中杂贮诸器，其漆器银扣者，银悉镕流在地，漆器曾不焦灼。有一宝刀极坚钢，就刀室中镕为汁，而室亦俨然。人必谓火当先焚草木，然后流金石，今乃金石皆铄，而草木无一毁者，非人情所测也。佛书言“龙火得水而炽，人火得水而灭”，此理信然。人但知人境中事耳，人境之外，事有何限，欲以区区世智情识穷测至理，不其难哉。

348 知道者苟求至脱然〔一四〕，随其所得浅深，皆有效验。尹师鲁自直龙图阁谪官，过梁下，与一佛者谈，师鲁自言以静退为乐，其人曰：“此犹有所系〔一五〕，不若进退两忘。”师鲁顿若有所得，自为文以记其说。后移邓州，是时范文正公守南阳，少日师鲁忽手书与文正别，仍嘱以后事。文正极讶之，时方馔客，掌书记朱炎在坐〔一六〕，炎老人，好佛学，文正以师鲁书示炎，曰：“师鲁迁谪失意，遂至乖理，殊可怪也。宜往见之，为致意开譬之，无使成疾。”炎即诣尹，而师鲁已沐浴，衣冠而坐，见炎来道文正意，乃笑曰：“何希文犹以生人见待？洙死矣。”与炎谈论顷时，遂隐几而卒。炎急使人驰报文正，文正至，哭之甚哀，师鲁忽举头曰：“早已与公别，安用复来？”文正惊问所以，师鲁笑曰〔一七〕：“死生常理也，希文岂不达此？”又问其后事，尹曰：“此在公耳。”乃揖希文，复逝，俄顷，又举头顾希文曰：“亦无鬼神，亦无恐怖。”言讫，遂长往。师鲁所养至此，可谓有力矣，尚未能脱有无之见，何也？得非进退两忘，犹存于胸中欤。

349 吴人郑夷甫少年登科，有美才，嘉祐中监高邮军税务，尝遇一术士，能推人死期，无不验者，令推其命，不过三十五岁，忧伤感叹，殆不可堪，人有劝其读老、庄以自广。

久之，润州金山有一僧，端坐与人谈笑间遂化去，夷甫闻之，喟然叹息曰："既不得寿，得如此僧复何憾哉。"乃从佛者授首楞严经，往还吴中〔一八〕，岁馀忽有所见，曰："生死之理，我知之矣。"遂释然放怀，无复蒂芥。后调封州判官，预知死日，先期旬日，作书与交游、亲戚叙诀，及次叙家事备尽，至期沐浴更衣。公舍外有小园，面溪一亭洁饰，夷甫至其间，亲督人洒扫及焚香，挥手指画之间，屹然立化，家人奔出呼之，已立僵矣，亭亭如植木，一手犹作指画之状。郡守而下少时皆至，士民观者如墙，明日乃就敛。高邮崔伯易为墓志，略叙其事。予与夷甫远亲，知之甚详，士人中盖未曾有此事。

350 人有前知者，数十百千年事皆能言之，梦寐亦或有之，以此知万事无不前定。予以谓不然，事非前定，方其知时即是今日，中间年岁亦与此同时，元非先后。此理宛然，熟观之可谕。或曰：苟能前知，事有不利者，可迁避之。亦不然也，苟可迁避，则前知之时已见所避之事，若不见所避之事，即非前知。

351 吴僧文捷戒律精苦，奇迹甚多，能知宿命，然罕与人言，予群从文通为知制诰知杭州〔一九〕，礼为上客。文通尝学诵揭帝咒，都未有人知〔二〇〕，捷一日相见，曰："舍人诵咒，何故阙一句？"既而思其所诵，果少一句。浙人多言文通不寿，一日斋心，往问捷，捷曰："公更三年为翰林学士，寿四十岁，后当为地下职任，事权不减生时，与杨乐道待制联曹，然公此时当衣衰绖视事。"文通闻之大骇，曰："数十日前曾梦杨乐道相过,云:‘受命与公同职事,所居甚乐,慎勿辞也。’”后数年,果为学士而丁母丧,年三十九矣。明年秋捷忽使人与文通诀别,时文通在姑苏,急往钱塘见之,捷惊曰:“公大期在此月,何用更来?宜即速还。”屈指计之,曰:“急行尚可到家。”文通如其言驰还,徧别骨肉,是夜无疾而终。捷与人言多如此,不能悉记,此吾家事耳。捷尝持如意轮咒,灵变尤多,缾中水咒之则涌立,畜一舍利,昼夜转于琉璃缾中〔二一〕,捷行道绕之,捷行速则舍利亦速,行缓则舍利亦缓。士人郎忠厚事之至谨,就捷乞以舍利〔二二〕,捷遂与之,封护甚严。一日忽失所在,但空缾耳,忠厚斋戒延捷加持,少顷,见观音像衣上一物蠢蠢而动,疑其虫也,试取乃所亡舍利。如此者非一。忠厚以予爱之,持以见归,予家至今严奉,盖神物也。

352 郢州渔人掷网于汉水,至一潭底,举之觉重,得一石,长尺馀,圆直如断椽。细视之,乃群小蛤鳞次相比,绸缪巩固,以物试抉其一端,得一书卷,乃唐天宝年所造金刚经,题志甚详,字法奇古,其末云“医博士、摄比阳县令朱均施”。比阳乃唐州属邑,不知何年坠水中,首尾略无沾渍。为土豪李孝源所得,孝源素奉佛,宝藏其书,蛤筒复养之水中,客至欲见,则出以视之。孝源因感经像之胜异,施家财万馀缗,写佛经一藏于郢州兴阳寺,特为严丽。

353 张忠定少时谒华山陈图南,遂欲隐居华山,图南曰:“他人则不可知,如公者,吾当分半以相奉。然公方有官职,未可议此,其势如失火家待君救火,岂可不赴也?”乃赠以一诗曰："自吴入蜀是寻常，歌舞筵中救火忙。乞得金陵养闲散，亦须多谢鬓边疮。"始皆不谕其言，后忠定更镇杭、益，晚年有疮发于项后，治不差，遂自请得金陵，皆如此诗言。忠定在蜀日，与一僧善，及归，谓僧曰："君当送我至鹿头，有事奉托。"僧依其言至鹿头关，忠定出一书封角付僧，曰："谨收此，后至乙卯年七月二十六日，当请于官司，对众发之。慎不可私发，若不待其日及私发者，必有大祸。"僧得其书，至大中祥符七年岁乙卯〔二三〕，时凌侍郎策帅蜀，僧乃持其书诣府，具陈忠定之言，其僧亦有道者，凌信其言，集从官共开之，乃忠定真容也，其上有手题曰："咏当血食于此。"后数日得京师报，忠定以其年七月二十六日捐馆，凌乃为之筑庙于成都。蜀人自唐以来严祀韦南康，自此乃改祠忠定至今。

354 熙宁七年，嘉兴僧道亲，号通照大师，为秀州副僧正。因游温州雁荡山，自大龙湫回，欲至瑞鹿院〔二四〕，见一人衣布襦，行涧边，身轻若飞，履木叶而过，叶皆不动，心疑其异人，乃下涧中揖之，遂相与坐于石上，问其氏族、闾里、年齿皆不答，须发皓白，面色如少年，谓道亲曰："今宋朝第六帝也，更后九年当有疾，汝可持吾药献天子。此药人臣不可服，服之有大责，宜善保守。"乃探囊出一丸，指端大，紫色，重如金锡，以授道亲曰："龙寿丹也。"欲去，又谓道亲曰："明年岁当大疫，吴、越尤甚，汝名已在死籍，今食吾药，勉修善业，当免此患。"探囊中取一柏叶与之，道亲即时食之，老人曰："定免矣。慎守吾药，至癸亥岁自诣阙献之。"

言讫遂去。南方大疫，两浙无贫富皆病，死者十有五六，道亲殊无恙。至元丰六年夏，梦老人趣之曰："时至矣，何不速诣阙献药？"梦中为雷电驱逐，惶惧而起，径诣秀州，具述本末，谒假入京，诣尚书省献之。执政亲问，以为狂人，不受其献，明日因对奏知，上急使人追寻，付内侍省问状，以所遇对。未数日，先帝果不豫，乃使勾当御药院梁从政持御香，赐装钱百千，同道亲乘驿，诣雁荡山求访老人，不复见，乃于初遇处焚香而还。先帝寻康复，谓辅臣曰："此但预示服药兆耳。"闻其药至今在彰善阁，当时不曾进御。

355 庐山太平观乃九天采访使者祠，自唐开元中创建。元丰二年道士陶智仙营一舍，令门人陈若拙董作，发地忽得一缾，封鐍甚固，破之，其中皆五色土，唯有一铜钱，文有"应元保运"四字，若拙得之以归其师，不甚为异。至元丰四年，忽有诏进号九天采访使者为应元保运真君〔二五〕，遣内侍廖维持御书殿额赐之，乃与钱文符同。时知制诰熊本提举太平观，具闻其事，召本观主首推诘其详，审其无伪，乃以其钱付廖维表献之。

356 祥符中方士王捷，本黥卒，尝以罪配沙门岛，能作黄金。有老锻工毕升，曾在禁中为捷锻金，升云："其法为炉灶，使人隔墙鼓鞴，盖不欲人觇其启闭也。其金，铁为之，初自冶中出色尚黑，凡百馀两为一饼，每饼辐解，凿为八片，谓之'鸦觜金'者是也。"今人尚有藏者。上令尚方铸为金龟、金牌各数百，龟以赐近臣人一枚，时受赐者除戚里外，在庭者十有七人，馀悉埋玉清昭应宫宝符阁及殿基之下，以为宝镇；牌赐天下州、府、军、监各一，今谓之“金宝牌”者是也。洪州李简夫家有一龟，乃其伯祖虚己所得者，盖十七人之数也。其龟夜中往往出游，烂然有光，掩之则无所得，其家至今匮藏〔二六〕。

校勘记

〔一〕未尝亲见　“亲”字原作“得”，从胡校据大德本改。

〔二〕乡人常以此候之　挥犀卷二云“蒲阳壶公山有蟹泉，在嵌崟之侧，一穴大可容臂，其源常竭，求涓滴不可得。州县遇旱暵，即遣吏斋沐，置净器于前，以茅接之，泉乃徐徐引出，满器而止。有一蟹大如钱，色红可爱，缘茅入器中戏泳，俄顷乃去。若遇蟹出，雨必沾足。此亦应天寺鳗井之类也”，胡补证：“张文虎舒艺室杂著甲编卷上复朱述之大令书谓：墨客挥犀续编应天寺鳗井条本笔谈文，而前编蟹泉条下云‘此亦应天寺鳗井之类’，句意相应，语气亦绝类沈存中，安知非笔谈佚文。”

〔三〕大星　“大”字原作“火”，从胡校据大德本及类苑卷六八引改。

〔四〕彼则知之　“则”字原作“亦”，据大德本、丛刊本及类苑卷六八引改。

〔五〕一大篋中　“一”字原无，据大德本及类苑卷六八引补。

〔六〕鬼良久又曰　疑“鬼”字乃“觋”之讹。

〔七〕及归家　“及”字原作“久”，从胡校据大德本改。

〔八〕坠地　大德本及类苑卷四四引“坠”字作“堕”。

〔九〕复透下　“复”字原无，从胡校据大德本及类苑卷四四引补。

〔一〇〕各有一佛　“有”字原无，从胡校据大德本及类苑卷六八引补。

〔一一〕军仗　“军”字原作“君”，从胡校据大德本及类苑卷六八引改。

〔一二〕伏其中　“中”字原无，从胡校据大德本及类苑卷六八引补。

〔一三〕五升囊　“升”字原作“斗”，从胡校据类苑卷六八引改，大德本此字作“外”，盖即“升”之讹。

〔一四〕求至脱然　大德本及胡仔渔隐丛话后集卷三七引“求”字作“未”。

〔一五〕犹有所系　“所”字原无，从胡校据大德本及胡仔渔隐丛话后集卷三七引补。

〔一六〕朱炎在坐　“坐”字原作“室”，从胡校据大德本改。

〔一七〕师鲁笑曰　“笑”字原作“哭”，从胡校据大德本、丛刊本及胡仔渔隐丛话后集卷三七、惠洪冷斋夜话卷八引改。

〔一八〕往还吴中　“往还”原作“径迁”，据大德本改。

〔一九〕予群从文通　此及下句“文通尝学论”之“文通”，稗海本及类苑卷四四引作“遘”，胡校谓系避宋高宗嫌名改。

〔二〇〕都未有人知　“都”字原作“多”，从胡校据大德本、丛刊本及类苑卷四四引改。

〔二一〕转于琉璃缾中　大德本“转”上有“常”字。

〔二二〕乞以舍利　“以”字原作“一”，据大德本、丛刊本及类苑卷四四引改。

〔二三〕大中祥符七年岁乙卯　胡校：“大中祥符七年岁次甲寅，非乙卯。张咏实卒于七年甲寅，据文莹湘山野录卷上所记，乃八年乙卯周忌之日，凌策发遗书视之。其说是也，沈括误记。”

〔二四〕瑞鹿院　“院”字原作“苑”，从胡校据大德本、丛刊本及类苑卷四四引改。

〔二五〕应元保运　“元”字原作“天”，从胡校据大德本、丛刊本改。

〔二六〕匵藏　大德本、丛刊本“匵”字作“匮”。

梦溪笔谈卷二十一

异　事　异疾附

357 世传虹能入溪涧饮水，信然。熙宁中予使契丹，至其极北黑水境永安山下卓帐，是时新雨霁，见虹下帐前涧中，予与同职扣涧观之，虹两头皆垂涧中，使人过涧隔虹对立，相去数丈，中间如隔绡縠〔一〕，自西望东则见，盖夕虹也〔二〕。立涧之东西望则为日所铄，都无所睹，久之稍稍正东，逾山而去。次日行一程，又复见之。孙彦先云："虹乃雨中日影也，日照雨则有之。"

358 皇祐中，苏州民家一夜有人以白垩书其墙壁，悉似"在"字，字稍异，一夕之间数万家无一遗者，至于卧内深隐之处，户牖间无不到者，莫知其然，后亦无他异。

359 延州天山之巅有奉国佛寺，寺庭中有一墓，世传尸毗王之墓也。尸毗王出于佛书，大智论言尝割身肉以饲饿鹰，至割肉尽。今天山之下有濯筋河，其县为肤施县，详

"肤施"之义,亦与尸毗王说相符。按汉书,肤施县乃秦县名,此时尚未有佛书,疑后人傅会县名为说。虽有唐人一碑,已漫灭断折,不可读。庆历中施昌言镇鄜延,乃坏奉国寺为仓,发尸毗墓,得千馀秤炭,其棺椁皆朽,有枯骸尚完,胫骨长二尺馀,髗骨大如斗,并得玉环玦七十馀件,玉冲牙长仅盈尺〔三〕,皆为在位者所取,金银之物则入于役夫,争取珍宝,遗骸多为拉碎,但贮一小函中埋之。东上阁门使夏元象时为兵马都监,亲董是役,为予言之甚详。至今天山仓侧,昏后独行者往往与鬼神遇,郡人甚畏之。

360 予于谯亳得一古镜,以手循之,当其中心,则摘然如灼龟之声,人或曰:此夹镜也。然夹不可铸,须两重合之,此镜甚薄,略无銲迹,恐非可合也,就使銲之,则其声当铣塞,今扣之其声泠然纤远。既因抑按而响,刚铜当破,柔铜不能如此澄莹洞彻,历访镜工,皆罔然不测。

361 世传湖湘间因震雷,有鬼神书"谢仙火"三字于木柱上,其字入木如刻,倒书之。此说甚著。近岁秀州华亭县亦因雷震,有字在天王寺屋柱上,亦倒书,云"高洞扬雅一十六人火令章"凡十一字〔四〕,内"令章"两字特奇劲,似唐人书体,至今尚在,颇与"谢仙火"事同。所谓"火"者,疑若队伍若干人为一火耳。予在汉东时,清明日雷震死二人于州守园中,胁上各有两字如墨,笔画扶疏类柏叶,不知何字。

362 元厚之少时,曾梦人告之:"异日当为翰林学士,须兄弟数人同在禁林。"厚之自思素无兄弟,疑此梦为不然。熙宁中厚之除学士，同时相先后入学士院，一韩持国维〔五〕、一陈和叔绎、一邓文约绾、一杨元素绘，并厚之名绛，五人名皆从系，始悟弟兄之说。

363 木中有文，多是柿木。治平初杭州南新县民家析柿木，中有"上天大国"四字，予亲见之，书法类颜真卿，极有笔力，"国"字中间"或"字仍挑起作尖口〔六〕，全是颜笔，知其非伪者。其横画即是横理，斜画即是斜理。其木直剖，偶当"天"字中分，而"天"字不破，上下两画并一脚皆横挺出半指许，如木中之节，以两木合之，如合契焉。

364 卢中甫家吴中，尝未明而起，墙柱之下有光熠然，就视之，似水而动，急以油纸扇挹之，其物在扇中滉漾，正如水银而光艳烂然，以火烛之，则了无一物。又魏国大主家亦尝见此物，李团练评尝与予言〔七〕，与中甫所见无少异，不知何异也。予昔年在海州，曾夜煮盐鸭卵，其间一卵烂然通明如玉，荧荧然屋中尽明，置之器中十馀日，臭腐几尽，愈明不已。苏州钱僧孺家煮一鸭卵，亦如是。物有相似者，必自是一类。

365 予在中书检正时阅雷州奏牍，有人为乡民诅死。问其状，乡民能以熟食咒之，俄顷脍炙之类悉复为完肉，又咒之则熟肉复为生肉，又咒之则生肉能动，复使之能活，牛者复为牛、羊者复为羊，但小耳，更咒之则渐大，既而复咒之则还为熟食。人有食其肉，觉腹中淫淫而动，必以金帛求解，金帛不至，则腹裂而死，所食牛羊自裂中出。狱具案上，观其咒语，但曰"东方王母桃，西方王母桃"两句而已，其他但道其所欲，更无他术。

366 寿州八公山侧土中及溪涧之间，往往得小金饼，上有篆文“刘主”字，世传淮南王药金也。得之者至多，天下谓之“印子金”是也。然止于一印，重者不过半两而已，鲜有大者。予尝于寿春渔人处得一饼，言得于淮水中，凡重七两馀，面有二十馀印，背有五指及掌痕，纹理分明，传者以谓埿之所化，手痕正如握埿之迹。襄、随之间故春陵、白水地，发土多得金麟趾、褭蹄。麟趾中空，四傍皆有文，刻极工巧；褭蹄作团饼，四边无模范迹，似于平物上滴成，如今乾柿，土人谓之“柿子金”。赵飞燕外传“帝窥赵昭仪浴，多褎金饼以赐侍儿私婢”，殆此类也。一枚重四两馀，乃古之一斤也。色有紫艳，非他金可比。以刀切之，柔甚于铅，虽大块亦可刀切，其中皆虚软，以石磨之，则霏霏成屑。小说谓麟趾〔八〕、褭蹄乃娄敬所为药金，方家谓之“娄金”，和药最良，汉书注亦云异于他金。予在汉东，一岁凡数家得之，有一窖数十饼者，予亦买得一饼。

367 旧俗正月望夜迎厕神，谓之“紫姑”。亦不必正月，常时皆可召，予少时〔九〕，见小儿辈等闲则召之，以为嬉笑。亲戚间曾有召之而不肯去者，两见有此，自后遂不敢召。景祐中，太常博士王纶家因迎紫姑，有神降其闺女，自称上帝后宫诸女，能文章，颇清丽，今谓之“女仙集”，行于世。其书有数体，甚有笔力，然皆非世间篆隶，其名有“藻笺篆”、“茁金篆”十馀名，纶与先君有旧，予与其子弟游，亲见其笔迹〔一〇〕。其家亦时见其形，但自腰以上见之乃好女子，其下常为云气所拥，善鼓筝，音调凄婉，听者忘倦。尝谓其女曰："能乘云与我游乎？"女子许之，乃自其庭中涌白云如蒸，女子践之，云不能载，神曰："汝履下有秽土，可去履而登。"女子乃袜而登，如履缯絮，冉冉至屋复下，曰："汝未可往，更期异日。"后女子嫁，其神乃不至，其家了无祸福，为之记传者甚详。此予目见者，粗志于此。近岁迎紫姑者极多〔一一〕，大率多能文章歌诗，有极工者，予屡见之，多自称蓬莱谪仙，医、卜无所不能，棋与国手为敌，然其灵异显著无如王纶家者。

368 世有奇疾者。吕缙叔以知制诰知颍州〔一二〕，忽得疾，但缩小，临终仅如小儿。古人不曾有此疾，终无人识。有松滋令姜愚，无他疾，忽不识字，数年方稍稍复旧。又有一人家妾，视直物皆曲，弓弦、界尺之类，视之皆如钩，医僧奉真亲见之。江南逆旅中一老妇，啖物不知饱，徐德占过逆旅，老妇愬以饥，其子耻之，对德占以蒸饼啖之，尽一竹篑约百饼，犹称饥不已，日饭一石米，随即痢之，饥复如故。京兆醴泉主簿蔡绳，予友人也，亦得饥疾，每饥立须啖物〔一三〕，稍迟则顿仆闷绝，怀中常置饼饵，虽对贵官，遇饥亦便龁啖。绳有美行，博学有文，为时闻人，终以此不幸，无人识其疾，每为之哀伤。

369 嘉祐中扬州有一珠甚大，天晦多见，初出于天长县陂泽中，后转入甓社湖，又后乃在新开湖中，凡十馀年，居民、行人常常见之。予友人书斋在湖上，一夜忽见其珠甚近，初微开其房，光自吻中出，如横一金线，俄顷忽张壳，其大如半席，壳中白光如银，珠大如拳，烂然不可正视，十馀里间林木皆有影，如初日所照，远处但见天赤如野火，倏然远去，其行如飞，浮于波中，杳杳如日。古有明月之珠，此珠色不类月，荧荧有芒焰，殆类日光。崔伯易尝为明珠赋，伯易高邮人，盖常见之。近岁不复出，不知所往。樊良镇正当珠往来处，行人至此，往往维船数宵以待现，名其亭为“玩珠”。

370 登州巨嵎山下临大海，其山有时震动，山之大石皆颓入海中，如此已五十馀年〔一四〕，土人皆以为常，莫知所谓。

371 士人宋述家有一珠，大如鸡卵，微绀，色莹彻如水，手持之映空而观，则末底一点凝翠，其上色渐浅，若回转则翠处常在下，不知何物，或谓之“滴翠珠”。佛书西域有琉璃珠，投之水中，虽深皆可见，如人仰望虚空月影，疑此近之。

372 登州海中时有云气，如宫室、台观、城堞，人物、车马、冠盖，历历可见，谓之“海市”。或曰蛟蜃之气所为，疑不然也。欧阳文忠曾出使河朔，过高唐县驿舍〔一五〕，中夜有鬼神自空中过，车马、人畜之声一一可辨，其说甚详，此不具纪。问本处父老，云二十年前尝昼过县，亦历历见人物〔一六〕，土人亦谓之“海市”，与登州所见大略相类也。

373 近岁延州永宁关大河岸崩，入地数十尺，土下得竹笋一林，凡数百茎，根干相连，悉化为石。适有中人过，亦取数茎去，云欲进呈。延郡素无竹，此入在数十尺土下，不知其何代物，无乃旷古以前，地卑气湿而宜竹邪？婺州金华山有松石，又如核桃、芦根、鱼蟹之类，皆有成石者，然皆其地本有之物，不足深怪，此深地中所无[一七]，又非本土所有之物，特可异耳。

374 治平中泽州人家穿井，土中见一物，蜿蜒如龙蛇状，畏之不敢触，久之见其不动，试扑之乃石也[一八]，村民无知，遂碎之。时程伯纯为晋城令，求得一段，鳞甲皆如生物。盖蛇蜃所化，如石蟹之类。

375 随州医蔡士宁尝宝一息石，云数十年前得于一道人。其色紫光如辰州丹砂，极光莹如映，人搜和药剂，有缠纽之纹，重如金锡，其上有两三窍，以细篾剔之，出赤屑如丹砂，病心狂热者，服麻子许即定，其斤两岁息。士宁不能名，乃以归予。或云：昔人所炼丹药也。形色既异，又能滋息，必非凡物，当求识者辨之。

376 随州大洪山人李遥，杀人亡命，逾年至秭归，因出市见鬻柱杖者，等闲以数十钱买之。是时秭归适又有邑民为人所杀，求贼甚急，民之子见遥所操杖，识之曰"此吾父杖也"，遂以告官司，执遥验之，果邑民之杖也，榜掠备至。遥实买杖，而鬻者已不见，卒未有以自明者，有司诘其行止来历，势不可隐，乃递随州，大洪杀人之罪遂败，卒不知鬻杖者何人。市人千万，而遥适值之，因缘及其隐匿，此亦事之可怪者。

377 至和中交趾献麟，如牛而大，通身皆大鳞，首有一角。考之记传，与麟不类，当时有谓之"山犀"者，然犀不言有鳞，莫知其的。回诏欲谓之“麟”则虑夷獠见欺〔一九〕，不谓之“麟”则未有以质之〔二〇〕，止谓之“异兽”，最为慎重有体。今以予观之，殆天禄也。后汉书“灵帝中平三年〔二一〕，铸天禄、虾蟆于平门外”〔二二〕，注云：“天禄，兽名。今邓州南阳县北宗资碑旁两兽，镌其膊，一曰‘天禄’、一曰‘辟邪’。”元丰中予过邓境，闻此石兽尚在，使人墨其所刻“天禄”、“辟邪”字观之，似篆似隶，其兽有角鬣，大鳞如手掌。南丰曾阜为南阳令，题宗资碑阴云：“二兽膊之所刻独在，制作精巧，高七八尺，尾鬣皆鳞甲，莫知何象而名此也。”今详其形，甚类交趾所献异兽，知其必天禄也。

378 钱塘有闻人绍者尝宝一剑，以十大钉陷柱中，挥剑一削，十钉皆截，隐如秤衡，而剑锋无纤迹，用力屈之如钩，纵之铿然有声，复直如弦。关中种谔亦畜一剑，可以屈置盒中，纵之复直。张景阳七命论剑曰“若其灵宝，则舒屈无方”，盖自古有此一类，非常铁能为也。

379 嘉祐中伯兄为卫尉丞，吴僧持一宝鉴来，云：“斋戒照之，当见前途吉凶。”伯兄如其言，乃以水濡其鉴，鉴不甚明，髣髴见如人衣绯衣而坐。是时伯兄为京寺丞，衣绿，无缘遽有绯衣，不数月英宗即位，覃恩赐绯。后数年僧至京师，蔡景繁时为御史，尝照之，见已著貂蝉，甚自喜，不数日摄官奉祀，遂假蝉冕。景繁终于承议郎，乃知鉴之所卜，唯知近事耳。

380 三司使宅本印经院，熙宁中更造三司宅，自薛师政经始，宅成，日官周琮曰：“此宅前河，后直太社，不利居者。”始自元厚之，自拜日入居之，不久厚之谪去，而曾子宣继之，子宣亦谪去，章子厚居之〔二三〕，子厚又逐，而予为三司使，亦以罪去，李奉世继为之，而奉世又谪，皆不缘三司职事，悉以他坐褫削。奉世去，安厚卿主计，而三司官废，宅毁为官寺，厚卿亦不终任。

381 岭表异物志记鳄鱼甚详。予少时到闽中，时王举直知潮州，钓得一鳄，其大如船，画以为图，而自序其下。大体其形如鼍，但喙长等其身，牙如锯齿。有黄、苍二色，或时有白者。尾有三钩，极铦利，遇鹿、豕，即以尾戟之以食。生卵甚多，或为鱼，或为鼍、鼋，其为鳄者不过一二。土人设钩于大豕之身，筏而流之水中，鳄尾而食之，则为所毙。

382 嘉祐中海州渔人获一物，鱼身而首如虎，亦作虎文，有两短足在肩，指爪皆虎也，长八九尺，视人辄泪下，舁至郡中，数日方死。有父老云昔年曾见之〔二四〕，谓之“海蛮师”，然书传、小说未尝载〔二五〕。

383 邕州交寇之后，城垒方完，有定水精舍泥佛辄自动摇，昼夜不息，如此逾月。时新经兵乱，人情甚惧，有司不敢隐，具以上闻，遂有诏令置道场禳谢，动亦不已。时刘初知邕州，恶其惑众，乃舁像投江中，至今亦无他异。

384 洛中地内多宿藏，凡置第宅未经掘者，例出掘钱。张文孝左丞始以数千缗买洛大第，价已定，又求掘钱甚多，文孝必欲得之，累增至千馀缗方售，人皆以为妄费。乃营建庐舍，土中得一石匣，不甚大而刻镂精妙，皆为花鸟异形，顶有篆字二十馀，书法古怪，无人能读，发匣得黄金数百两，鬻之，金价正如置第之直，斸掘钱亦在其数，不差一钱。观其款识文画，皆非近古所有，数已前定，则虽欲无妄费，安可得也？

385 熙宁九年恩州武城县有旋风自东南来，望之插天如羊角，大木尽拔，俄顷，旋风卷入云霄中，既而渐近，乃经县城，官舍、民居略尽，悉卷入云中，县令儿女、奴婢卷去复坠地，死伤者数人，民间死伤亡失者不可胜计，县城悉为丘墟〔二六〕，遂移今县。

386 宋次道春明退朝录言："天圣中青州盛冬浓霜，屋瓦皆成百花之状。"此事五代时已尝有之，予亦自两见如此。庆历中京师集禧观渠中，冰纹皆成花果林木。元丰末予到秀州，人家屋瓦上冰亦成花，每瓦一枝，正如画家所为折枝，有大花如牡丹、芍药者，细花如海棠、萱草辈者，皆有枝叶，无毫发不具，气象生动，虽巧笔不能为之，以纸拓之，无异石刻。

387 熙宁中河州雨雹，大者如鸡卵，小者如莲芡，悉如人头，耳目口鼻皆具，无异镌刻。次年王师平河州，蕃戎授首者甚众，岂克胜之符预告邪？

校勘记

〔一〕绡縠　"绡"字原作"绢"，从胡校据大德本及类苑卷六八引改。

〔二〕夕虹　"夕"字原作"反"，从胡校据大德本及类苑卷六八引改。

〔三〕长仅盈尺　按三礼图称"冲牙长三寸"，则长盈尺之冲牙不得云"仅"，疑"尺"字乃"寸"之讹。

〔四〕扬雅　"雅"字原作"鸦"，据大德本及齐东野语卷一二改。

〔五〕一韩持国维　"一"下原有"人"字，依本条述例删。

〔六〕挑起作尖口　"挑起"字原作"起挑"，据大德本及类苑卷四七、咸淳临安志卷八八引改。

〔七〕尝与予言　"与予言"原作"言予"，从胡校据大德本及类苑卷六八引改。

〔八〕小说谓　"谓"字原无，据大德本补。

〔九〕予少时　"少"字原作"幼"，从胡校据大德本、丛刊本及类苑卷六八引改。

〔一〇〕亲见其笔迹　"亲"字原无，从胡校据大德本及类苑卷六八引补。

〔一一〕迎紫姑者　"者"上原有"仙"字，从胡校据大德本及类苑卷六八引删。

〔一二〕知制诰知颍州　"知制诰知"原作"知知制诰"，从胡校据大德本及挥犀卷六引乙。

〔一三〕立须啖物　"物"字原无，从胡校据大德本及挥犀卷六引补。

〔一四〕如此已五十馀年　长编卷一五八载庆历六年三月庚寅"登州地震，岠嵎山摧。自是震不已，每岁震，即海底有声如雷"，下计五十馀年括已去世，疑"五"乃"三"之讹。

〔一五〕过高唐县驿舍　依文义"驿"上似脱"宿"字。

〔一六〕历历见人物　类苑卷六八、锦绣万花谷前集卷五、潘自牧记纂渊海卷七引"历历"作"髣髴"。

〔一七〕此深地中所无　疑"深"乃"笋"字之讹。

〔一八〕试扑之　大德本及类苑卷六八引"扑"字作"摸"。

〔一九〕回诏　"回"字原无，从胡校据大德本补。

〔二〇〕则未有以质之 "则"字原无,从胡校据大德本补。

〔二一〕后汉书 "后"字原作"按",此下引文出后汉书灵帝纪,则"按"字乃"后"之讹,故据改。

〔二二〕平门外 "平"下原有"津"字,从胡校据后汉书宦者列传删。

〔二三〕章子厚居之 "章"字原无,依本条述例补。

〔二四〕有父老云 "有"字原无,从胡校据大德本及类苑卷六九引补。

〔二五〕未尝载 此下原有"疑此物即虎头鲨也能变虎"十一字,从胡校据大德本、丛刊本删,胡云:"此盖后人所作旁注错入正文者。"

〔二六〕县城 "城"字原无,从胡校据大德本及类苑卷六九引补。

梦溪笔谈卷二十二

谬 误 谲诈附

388 “东南之美，有会稽之竹箭”，竹为竹，箭为箭，盖二物也。今采箭以为矢，而通谓矢为箭者，因其箭名之也〔一〕，至于用木为笴而谓之“箭”，则谬矣〔二〕。

389 丁晋公之逐，士大夫远嫌，莫敢与之通声问。一日忽有一书与执政，执政得之不敢发，立具上闻，洎发之，乃表也，深自叙致，词颇哀切，其间两句曰“虽迁陵之罪大，念立主之功多”，遂有北还之命。谓多智变，以流人无因达章奏，遂托为执政书，度以上闻，因蒙宽宥。

390 尝有人自负才名，后为进士状首，扬历贵近。曾谪官知海州，有笔工善画水，召使画便厅掩障，自为之记，自书于壁间，后人以其时名，至今严护之。其间叙画水之因，曰“设于厅事，以代反坫”，人莫不怪之。予窃意其心，以谓“邦君树塞门〔三〕，管氏亦树塞门；邦君为两君之好有反坫，管氏亦有反坫”，其文相属，故谬以屏为反坫耳。

391 段成式酉阳杂俎记事多诞，其间叙草木异物尤多谬妄，率记异国所出，欲无根柢。如云“一木五香，根旃檀、节沈香、花鸡舌、叶藿、胶薰陆”，此尤谬。旃檀与沈香两木元异，鸡舌即今丁香耳，今药品中所用者亦非，藿香自是草叶，南方至多，薰陆小木而大叶，海南亦有薰陆，乃其胶也，今谓之“乳头香”。五物迥殊，元非同类。

392 丁晋公从车驾巡幸，礼成，有诏赐辅臣玉带。时辅臣八人，行在只候库止有七带，尚衣有带，谓之“比玉”，价直数百万，上欲以赐辅臣，以足其数。晋公心欲之，而位在七人之下，度必不及己，乃谕有司不须发尚衣带，自有小私带，且可服之以谢，候还京别赐可也，有司具以此闻。既各受赐，而晋公一带仅如指阔，上顾谓近侍曰：“丁谓带与同列大殊，速求一带易之。”有司奏唯有尚衣御带，遂以赐之。其带熙宁中复归内府。

393 黄宗旦晚年病目，每奏事先具奏目，成诵于口，至上前展奏目诵之，其实不见也。同列害之，密以他书易其奏目，宗旦不知也，至上前所诵与奏目不同，归乃觉之，遂乞致仕。

394 京师卖卜者，唯利举场时举人占得失。取之各有术，有求目下之利者，凡有人问皆曰必得，士人乐得所欲，竞往问之；有邀以后之利者，凡有人问悉曰不得，下第者常过十分之七，皆以为术精而言直，后举倍获，有因此著名，终身飨利者。

395 包孝肃尹京，号为明察。有编民犯法，当杖脊，吏受赇，与之约曰："今见尹，必付我责状，汝第呼号自辩，我与汝分此罪，汝决杖，我亦决杖。"既而包引囚问毕，果付吏责状，囚如吏言分辩不已，吏大声诃之曰："但受脊杖出去，何用多言！"包谓其市权，捽吏于庭，杖之十七〔四〕，特宽囚罪，止从杖坐，以抑吏势，不知乃为所卖，卒如素约。小人为奸，固难防也。孝肃天性峭严，未尝有笑容，人谓包希仁笑比黄河清。

396 李溥为江淮发运使，每岁奏计，则以大船载东南美货，结纳当途，莫知纪极。章献太后垂帘时，溥因奏事盛称浙茶之美，云："自来进御唯建州饼茶，而浙茶未尝修贡，本司以羡馀钱买到数千斤，乞进入内。"自国门挽船而入，称"进奉茶纲"，有司不敢问，所贡馀者悉入私室。溥晚年以贿败，窜谪海州，然自此遂为发运司岁例，每发运使入奏，舳舻蔽川，自泗州七日至京。予出使淮南时，见有重载入汴者，求得其籍，言两浙笺纸三暖船，他物称是。

397 崔融为瓦松赋云："谓之木也，访山客而未详；谓之草也，验农皇而罕记。"段成式难之曰"崔公博学，无不该悉，岂不知瓦松已有著说"，引梁简文诗"依檐映昔耶"〔五〕。成式以昔耶为瓦松，殊不知昔耶乃是垣衣，瓦松自名昨叶何，成式亦自不识。

398 江南陈彭年博学书史，于礼文尤所详练，归朝列于侍从，朝廷郊庙礼仪多委彭年裁定，援引故事颇为详洽。尝摄太常卿，导驾误行黄道上〔六〕，有司止之，彭年正色回顾曰:“自有典故。”礼曹素畏其该洽,不复敢诘问。

399 海物有车渠,蛤属也,大者如箕,背有渠垄如蚶壳,故以为器〔七〕,致如白玉,生南海。尚书大传曰“文王囚于羑里,散宜生得大贝如车渠,以献纣”,郑康成乃解之曰:“渠,车罔也。”盖康成不识车渠,谬解之耳。

400 李献臣好为雅言,曾知郑州,时孙次公为陕漕罢赴阙,先遣一使臣入京,所遣乃献臣故吏,到郑庭参,献臣甚喜,欲令左右延饭,乃问之曰:“餐来未?”使臣误意“餐”者谓次公也,遽对曰:“离长安日,都运待制已治装。”献臣曰:“不问孙待制,官人餐来未?”其人惭沮而言曰:“不敢仰昧,为三司军将日曾吃却十三。”盖鄙语谓遭杖为“餐”。献臣掩口曰:“官人误也,问曾与未曾餐饭,欲奉留一食耳。”

校勘记

〔一〕因其箭名之也　挥犀卷五引“箭”字作“材”。

〔二〕则谬矣　“谬”字原作“缪”,从胡校据大德本、丛刊本改。

〔三〕邦君树塞门　此与下句“管氏亦树塞门”之“树”字原作“屏”,乃避宋英宗嫌名,从胡校据论语八佾改。

〔四〕杖之十七　“十七”原作“七十”,从胡校据大德本及类苑卷七二引乙。

〔五〕映昔耶　此与下文“以昔耶”、“昔耶乃是”之“耶”字原作“邪”,据大德本、丛刊本及酉阳杂俎卷一九改。

〔六〕导驾　“导”字原作“道”,从胡校据大德本、丛刊本改。

〔七〕故以为器　万历本“故”字作“攻”。

梦溪笔谈卷二十三

讥谑 谬误附

401 石曼卿为集贤校理，微行倡馆，为不逞者所窘，曼卿醉与之校，为街司所录。曼卿诡怪不羁，谓主者曰："只乞就本厢科决，欲诘旦归馆供职。"厢帅不喻其谑，曰："此必三馆吏人也。"杖而遣之。

402 司马相如叙上林诸水曰"丹水、紫渊，灞、浐、泾、渭，八川分流，相背而异态，灏溔潢漾，东注太湖"，李善注："太湖，所谓震泽。"按，八水皆入大河，如何得东注震泽？又白乐天长恨歌云："峨嵋山下少人行，旌旗无光日色薄。"峨嵋在嘉州，与幸蜀路全无交涉。杜甫武侯庙柏诗云："霜皮溜雨四十围，黛色参天二千尺。"四十围乃是径七尺，无乃太细长乎？防风氏身广九亩，长三丈，姬室亩广六尺，九亩乃五丈四尺，如此防风之身乃一饼啖耳。此亦文章之病也。

403 库藏中物，物数足而名差互者，帐籍中谓之“色缴”音叫。尝有一从官知审官西院，引见一武人，于格合迁官，其人自陈年六十，无材力，乞致仕，叙致谦厚，甚有可观，主判攘手曰：“某年七十二，尚能拳殴数人，此辕门也，方六十岁，岂得遽自引退？”京师人谓之“色缴”。

404 旧日官为中允者极少，唯老于幕官者，累资方至，故为之者多潦倒之人，近岁州县官进用者多除中允，遂有“冷中允”、“热中允”。又集贤殿修撰，旧多以馆阁久次者为之，近岁有自常官超授要任，未至从官者多除修撰，亦有“冷撰”、“热撰”。时人谓：“热中允不博冷修撰。”

405 梅询为翰林学士，一日书诏颇多，属思甚苦，操觚循阶而行〔一〕，忽见一老卒卧于日中，欠伸甚适，梅忽叹曰：“畅哉！”徐问之曰：“汝识字乎？”曰：“不识字。”梅曰：“更快活也。”

406 有一南方禅僧到京师，衣闲绯袈裟，主事僧素不识南宗体式，以为妖服，执归有司。尹正见之，亦迟疑未能断，良久，喝出禅僧，以袈裟送报慈寺泥迦叶披之。人以谓此僧未有见处，却是知府具一只眼。

407 士人应敌文章，多用他人议论，而非心得，时人为之语曰：“问即不会，用则不错。”

408 张唐卿进士第一人及第，期集于兴国寺，题壁云：“一举首登龙虎榜，十年身到凤凰池。”有人续其下云：“君看姚晔并梁固，不得朝官未可知。”后果终于京官。

409 信安、沧、景之间多蚊虻，夏月牛马皆以泥涂之，不尔多为蚊虻所毙。郊行不敢乘马，马为蚊虻所毒，则狂逸不可制。行人以独轮小车，马鞍蒙之以乘，谓之"木马"，挽车者皆衣韦袴。冬月作小坐牀，冰上拽之，谓之"凌牀"。予尝按察河朔，见挽者相属，问其所用，曰"此运使凌牀、此提刑凌牀也"，闻者莫不掩口。

410 庐山简寂观道士王告好学有文，与星子令相善。有邑豪修醮，告当为都工，都工薄有施利，一客道士自言衣紫，当为都工，讼于星子云："职位颠倒，称号不便。"星子令封牒与告，告乃判牒曰："客僧做寺主〔二〕，俗谚有云；散众夺都工，教门无例。虽紫衣与黄衣稍异，奈本观与别观不同。非为称呼，盖利乎其中有物；妄自尊显，岂所谓大道无名？宜自退藏，无抵刑宪。"告后归本贯登科〔三〕，为健吏，至祠部员外郎、江南西路提点刑狱而卒。

411 旧制，三班奉职月俸钱七百、驿券肉半斤。祥符中有人为诗，题所在驿舍间曰："三班奉职实堪悲，卑贱孤寒即可知。七百料钱何日富，半斤羊肉几时肥？"朝廷闻之，曰："如此何以责廉隅？"遂增今俸。

412 尝有一名公，初任县尉，有举人投书索米，戏为一诗答之曰："五贯九百五十俸，省钱请作足钱用。妻儿尚未厌糟糠，僮仆岂免遭饥冻？赎典、赎解不曾休，吃酒、吃肉何曾梦？为报江南痴秀才，更来谒索觅甚瓮。"熙宁中例增选人俸钱，不复有五贯九百俸者，此实养廉隅之本也。

413 石曼卿初登科，有人讼科场，覆考落数人，曼卿是其数。时方期集于兴国寺，符至追所赐敕牒、靴服，数人皆啜泣而起，曼卿独解靴袍还使人，露体戴幞头，复坐，语笑终席而去。次日被黜者皆授三班借职，曼卿为一绝句曰："无才且作三班借，请俸争如录事参。从此罢称乡贡进，且须走马东西南。"

414 蔡景繁为河南军巡判官日，缘事至留司御史台阅案牍，得乾德中回南郊仪仗使司牒检云："准来文取索本京大驾卤簿，勘会本京卤簿仪仗，先于清泰年中末帝将带逃走，不知所在。"

415 江南宋齐丘，智谋之士也，自以谓江南有精兵三十万，士卒十万、大江当十万，而己当十万。江南初主本徐温养子，及僭号，迁徐氏于海陵，中主继统，用齐丘谋，徐氏无男女少长皆杀之〔四〕。其后，齐丘尝有一小儿病，闭阁谢客，中主置燕召之亦不出，有老乐工且双瞽，作一诗书纸鸢上，放入齐丘第中，诗曰："化家为国实良图，总是先生画计谟。一个小儿抛不得，上皇当日合何如？"海陵州宅之东，至今有小儿坟数十，皆当时所杀徐氏之族也。

416 有一故相远派，在姑苏有嬉游，书其壁曰"大丞相再从侄某尝游"。有士人李璋，素好讪谑，题其傍曰"混元皇帝三十七代孙李璋继至"。

417 吴中一士人曾为转运司别试解头，以此自负，好附托显位。是时侍御史李制知常州、丞相庄敏庞公知湖州，士人游毗陵，挈其徒饮倡家，顾谓一驺卒曰："汝往白李二，我在此饮，速遣有司持酒肴来。""李二"谓李御史也。俄顷郡厨以饮食至，甚为丰腆。有一蓐医适在其家，见其事，后至御史之家，因语及之。李君极怪，使人捕得驺卒，乃兵马都监所假，受士人教戒，就使庖买饮食以给坐客耳。李乃杖驺卒，使街司白士人出城〔五〕。郡僚有相善者出与之别，唁之曰："仓卒遽行，当何所诣？"士人应之曰："且往湖州依庞九耳。"闻者莫不大笑。

418 馆阁每夜轮校官一人直宿，如有故不宿则虚其夜，谓之"豁宿"。故事，豁宿不得过四，至第五日即须入宿。遇豁宿，例于宿历名位下书"腹肚不安，免宿"，故馆阁宿历相传谓之"害肚历"。

419 吴人多谓梅子为"曹公"，以其尝望梅止渴也，又谓鹅为"右军"。有一士人遗人醋梅与燖鹅，作书云："醋浸曹公一甏，汤燖右军两只，聊备一馔。"

校勘记

〔一〕操觚　"操"字原作"持"，从胡校据大德本、丛刊本改。

〔二〕做寺主　"做"字原作"作"，据大德本、丛刊本改。

〔三〕本贯　"本"字原无，从胡校据类苑卷六四引补。

〔四〕徐氏无男女少长皆杀之　胡补证："据五代史载，江南初主僭号后所迁杀者乃杨行密之后，沈括谓徐温之族，盖记述之误。"

〔五〕白士人出城　类苑卷六五引"白"字作"押"。

梦溪笔谈卷二十四

杂志一

420 延州今有五城〔一〕，说者以谓旧有东、西二城夹河对立，高万兴典郡〔二〕，始展南、北、东三关城。予因读杜甫诗云“五城何迢迢，迢迢隔河水”、“延州秦北户，关防犹可倚”，乃知天宝中已有五城矣。

421 鄜延境内有石油，旧说高奴县出脂水即此也。生于水际沙石，与泉水相杂，惘惘而出，土人以雉尾裛之，乃采入缶中，颇似淳漆，燃之如麻〔三〕，但烟甚浓，所沾幄幕皆黑。予疑其烟可用，试扫其煤以为墨，黑光如漆，松墨不及也，遂大为之，其识文为“延川石液”者是也〔四〕。此物后必大行于世，自予始为之。盖石油至多，生于地中无穷，不若松木有时而竭。今齐、鲁间松林尽矣，渐至太行、京西、江南松山太半皆童矣。造煤人盖未知石烟之利也。石炭烟亦大，墨人衣，予戏为延州诗云：“二郎山下雪纷纷，旋卓穹庐学塞人。化尽素衣冬未老，石烟多似洛阳尘〔五〕。”

422 解州盐泽之南，秋、夏间多大风，谓之“盐南风”。其势发屋拔木，几欲动地，然东与南皆不过中条〔六〕，西不过席张铺，北不过鸣条，纵广止于数十里之间。解盐不得此风不冰，盖大卤之气相感，莫知其然也。又汝南亦多大风，虽不及盐南之厉，然亦甚于他处，不知缘何如此。或云自城北风穴山中出，今所谓风穴者已夷矣，而汝南自若，了知非有穴也。方谚云“汝州风，许州葱”，其来素矣。

423 昔人文章用北狄事多言黑山，黑山在大幕之北，今谓之“姚家族”，有城在其西南，谓之“庆州”，予奉使尝帐宿其下。山长数十里，土石皆紫黑，似今之磁石，有水出其下，所谓黑水也。胡人言黑水原下委高，水曾逆流，予临视之，无此理，亦常流耳。山在水之东。大抵北方水多黑色，故有卢龙郡，北人谓水为“龙”，卢龙即黑水也。黑水之西有连山，谓之“夜来山”，极高峻，契丹坟墓皆在山之东南麓。近西有远祖射龙庙，在山之上，有龙舌藏于庙中，其形如剑。山西别是一族，尤为劲悍，唯啖生肉血，不火食，胡人谓“山西族”，北与黑水胡、南与达靼接境。

424 予姻家朝散郎王九龄尝言，其祖贻永侍中有女子，嫁诸司使夏偕，因病危甚，服医朱严药遂差，貂蝉喜甚，置酒庆之，女子于坐间求为朱严奏官，貂蝉难之，曰：“今岁恩例已许门医刘公才，当候明年。”女子乃哭而起，径归不可留。貂蝉追谢之，遂召公才，谕以女子之意，辍是岁恩命以授朱严。制下之日而严死，公才乃嘱王公曰：“朱严未受命而死，法容再奏。”公然之，再为公才请。及制下，公才之尉氏县，使人召之，公才方饮酒，闻得官大喜，遂暴卒。一四门助教而死二医，一官不可妄得，况其大者乎？

425 赵韩王治第，麻擣钱一千二百馀贯，其他可知。盖屋皆以板为笪，上以方砖甃之，然后布瓦，至今完壮。涂壁以麻擣土，世俗遂谓涂壁麻为“麻擣”。

426 契丹北境有跳兔，形皆兔也，但前足才寸许，后足几一尺，行则用后足跳，一跃数尺，止则蹶然仆地。生于契丹庆州之地大幕中〔七〕，予使虏日，捕得数兔持归，盖尔雅所谓蹷兔也，亦曰蛩蛩巨驉也。

427 蟭蟟之小而绿色者，北人谓之“螓”，即诗所谓“螓首蛾眉”者也，取其顶深且方也。又闽人谓大蝇为“胡螓”，亦螓之类也。

428 北方有白雁，似雁而小，色白，秋深则来。白雁至则霜降，河北人谓之“霜信”，杜甫诗云“故国霜前白雁来”，即此也。

429 熙宁中初行淤田法，论者以谓史记所载“泾水一斛〔八〕，其泥数斗，且粪且溉，长我禾黍”，所谓“粪”即淤也。予出使至宿州，得一石碑，乃唐人凿六陡门，发汴水以淤下泽，民获其利，刻石以颂刺史之功，则淤田之法其来盖久矣。

430 予奉使河北，遵太行而北，山崖之间往往衔螺蚌壳及石子如鸟卵者，横亘石壁如带。此乃昔之海滨，今东距海已近千里，所谓大陆者，皆浊泥所湮耳。尧殛鲧于羽山，旧说在东海中，今乃在平陆。凡大河、漳水、滹沲、涿水、桑乾之类，悉是浊流，今关陕以西，水行地中不减百馀尺，其泥岁东流，皆为大陆之土，此理必然。

431 唐李翱为来南录云：“自淮沿流，至于高邮，乃溯至于江。”孟子所谓“决汝、汉，排淮、泗而注之江”，则淮、泗固尝入江矣。此乃禹之旧迹也，熙宁中曾遣使按图求之，故道宛然，但江、淮已深，其流无复能至高邮耳。

432 予中表兄李善胜，曾与数年辈炼朱砂为丹，经岁馀，因沐砂再入鼎，误遗下一块，其徒丸服之，遂发懵冒，一夕而毙。朱砂至凉药〔九〕，初生婴子可服，因火力所变，遂能杀人。以变化相对言之，既能变而为大毒，岂不能变而为大善？既能变而杀人，则宜有能生人之理，但未得其术耳。以此知神仙羽化之方，不可谓之无，然亦不可不戒也。

433 温州雁荡山天下奇秀，然自古图牒未尝有言者。祥符中因造玉清宫，伐山取材，方有人见之，此时尚未有名。按西域书，阿罗汉诺矩罗居震旦东南大海际雁荡山芙蓉峰龙湫，唐僧贯休为诺矩罗赞，有“雁荡经行云漠漠，龙湫宴坐雨蒙蒙”之句。此山南有芙蓉峰，下有芙蓉驿〔一〇〕，前瞰大海，然未知雁荡、龙湫所在。后因伐木始见此山，山顶有大池，相传以为雁荡；下有二潭水，以为龙湫；又有经行峡、宴坐峰，皆后人以贯休诗名之也。谢灵运为永嘉守，凡永嘉山水游历殆遍，独不言此山，盖当时未有雁荡之名。予观雁荡诸峰，皆峭拔崄怪，上耸千尺，穹崖巨谷，不类他山，皆包在诸谷中，自岭外望之都无所见，至谷中则森然干霄。原其理，当是为谷中大水冲激，沙土尽去，唯巨石岿然挺立耳，如大小龙湫、水帘、初月谷之类，皆是水凿音漕，去声之穴，自下望之则高岩峭壁，从上观之适与地平，以至诸峰之顶，亦低于山顶之地面，世间沟壑中水凿之处皆有植土龛岩，亦此类耳。今成皋陕西大涧中，立土动及百尺，迥然耸立，亦雁荡具体而微者，但此土彼石耳。既非挺出地上，则为深谷林莽所蔽，故古人未见、灵运所不至，理不足怪也。

434 内诸司舍屋，唯秘阁最宏壮，阁下穹隆高敞，相传谓之"木天"。

435 嘉祐中，苏州昆山县海上有一船桅折，风飘抵岸。船中有三十馀人，衣冠如唐人，系红鞓角带，短皂布衫，见人皆恸哭，语言不可晓，试令书字，字亦不可读，行则相缀如雁行。久之，自出一书示人，乃唐天祐中告授乇罗岛首领陪戎副尉制〔一一〕；又有一书，乃是上高丽表，亦称乇罗岛，皆用汉字，盖东夷之臣属高丽者。船中有诸谷，唯麻子大如莲的，苏人种之，初岁亦如莲的，次年渐小，数年后只如中国麻子。时赞善大夫韩正彦知昆山县事，召其人犒以酒食，食罢，以手捧首而䵣〔一二〕，意若欢感。正彦使人为其治桅，桅旧植船木上，不可动，工人为之造转轴，教其起倒之法，其人又喜，复捧首而䵣。

436 熙宁中珠辇国使人入贡，乞依本国俗撒殿，诏从之。使人以金盘贮珠，跪捧于殿槛之间，以金莲花酌珠，向御座撒之，谓之"撒殿"，乃其国至敬之礼也。朝退，有司扫彻得珠十馀两，分赐是日侍殿阁门使副、内臣。

437 方家以磁石磨针锋，则能指南，然常微偏东，不全南也。水浮多荡摇，指爪及盌唇上皆可为之，运转尤速〔一三〕，但坚滑易坠，不若缕悬为最善。其法取新纩中独蠒缕，以芥子许蜡缀于针腰，无风处悬之，则针常指南。其中有磨而指北者，予家指南、北者皆有之。磁石之指南，犹柏之指西，莫可原其理。

438 岁首画钟馗于门，不知起自何时。皇祐中金陵发一冢，有石志，乃宋宗悫母郑夫人，宗悫有妹名钟馗，则知钟馗之设亦远〔一四〕。

439 信州杉溪驿舍中，有妇人题壁数百言，自叙世家本士族，父母以嫁三班奉职鹿生之子鹿忘其名，娩娠方三日，鹿生利月俸，逼令上道，遂死于杉溪，将死乃书此壁，具逼迫苦楚之状，恨父母远，无地赴诉。言极哀切，颇有词藻，读者无不感伤。既死，槁葬之驿后山下，行人过此，多为之愤激，为诗以吊之者百馀篇，人集之，谓之"鹿奴诗"，其间甚有佳句。鹿生，夏文庄家奴，人恶其贪忍，故斥为"鹿奴"。

440 士人以氏族相高，虽从古有之，然未尝著盛，自魏氏铨总人物，以氏族相高，亦未专任门地。唯四夷则全以氏族为贵贱，如天竺，以刹利、婆罗门二姓为贵种，自馀皆为庶姓，如毗舍、首陁是也，其下又有贫四姓，如工巧、纯陁是也。其他诸国亦如是，国主、大臣各有种姓，苟非贵种，国人莫肯归之，庶姓虽有劳能，亦自甘居大姓之下，至今如此。自后魏据中原，此俗遂盛行于中国，故有八氏、十姓、三十六族、九十二姓。凡三世公者曰膏粱，有令、仆者曰华腴，尚书、领、护而上者为甲姓，九卿、方伯者为乙姓，散骑常侍、太中大夫者为丙姓，吏部正员郎为丁姓，得入者谓之"四姓"。其后迁易纷争，莫能坚定，遂取前世仕籍，定以博陵崔、范阳卢、陇西李、荥阳郑为甲族〔一五〕，唐高宗时又增太原王、清河崔、赵郡李，通谓"七姓"〔一六〕。然地势相倾，互相排诋，各自著书，盈编连简，殆数十家，至于朝廷为之置官撰定，而流习所徇，扇以成俗，虽国势不能排夺。大率高下五等，通有百家，皆谓之"士族"，此外悉为庶姓，婚宦皆不敢与百家齿。陇西李氏乃皇族，亦自列在第三，其重族望如此。一等之内，又如冈头卢、泽底李、土门崔、靖恭杨之类，自为鼎族，其俗至唐末方渐衰息。

441 茶芽，古人谓之"雀舌"、"麦颗"，言其至嫩也。今茶之美者，其质素良而所植之木又美〔一七〕，则新芽一发便长寸馀，其细如针，唯芽长为上品，以其质干、土力皆有馀故也。如雀舌、麦颗者，极下材耳，乃北人不识，误为品题。予山居有茶论，尝茶诗云："谁把嫩香名雀舌？定来北客未曾尝〔一八〕。不知灵草天然异，一夜风吹一寸长。"

442 闽中荔枝，核有小如丁香者，多肉而甘。土人亦能为之，取荔枝木去其宗根，仍火燔令焦，复种之，以大石抵其根，但令傍根得生，其核乃小，种之不复牙。正如六畜去势，则多肉而不复有子耳。

443 元丰中庆州界生子方虫，方为秋田之害，忽有一虫生，如土中狗蝎，其喙有钳，千万蔽地，遇子方虫，则以钳搏之，悉为两段，旬日子方皆尽，岁以大穰。其虫旧曾有之，土人谓之“傍不肯”。

444 养鹰鹯者，其类相语谓之“咊潄”咊音以麦反〔一九〕。三馆书有咊潄三卷，皆养鹰鹯法度及医疗之术。

445 处士刘易隐居王屋山，尝于斋中见一大蜂罥于蛛网，蛛搏之，为蜂所螫坠地，俄顷，蛛鼓腹欲裂，徐行入草，蛛啮芋梗微破，以疮就啮处磨之，良久，腹渐消，轻躁如故。自后人有为蜂螫者，挼芋梗傅之则愈。

446 宋明帝好食蜜渍鱁鮧，一食数升。鱁鮧乃今之乌鲗肠也，如何以蜜渍食之？大业中吴郡贡蜜蟹二千头、蜜拥剑四瓮。又何胤嗜糖蟹〔二〇〕。大抵南人嗜咸，北人嗜甘，鱼、蟹加糖蜜，盖便于北俗也。如今之北方人喜用麻油煎物，不问何物，皆用油煎。庆历中群学士会于玉堂，使人置得生蛤蜊一篑，令饔人烹之，久且不至，客讶之，使人检视，则曰：“煎之已焦黑，而尚未烂。”坐客莫不大笑。予尝过亲家设馔，有油煎法鱼，鳞鬣虬然，无下筯处，主人则捧而横啮，终不能咀嚼而罢。

447 漳州界有一水，号乌脚溪，涉者足皆如墨，数十里间，水皆不可饮，饮则病瘴〔二一〕，行人皆载水自随。梅龙图公仪宦州县时，沿牒至漳州，素多病，预忧瘴疠为害，至乌脚溪，使数人肩荷之，以物蒙身，恐为毒水所沾。兢惕过甚，睢盱矍铄，忽坠水中，至于没顶乃出之，举体黑如昆仑，自谓必死，然自此宿病尽除，顿觉康健，无复昔之羸瘵，又不知何也。

448 北岳恒山，今谓之"大茂山"者是也〔二二〕，半属契丹，以大茂山分脊为界。岳祠旧在山下，石晋之后稍迁近里，今其地谓之"神棚"。今祠乃在曲阳，祠北有望岳亭，新晴气清，则望见大茂。祠中多唐人故碑，殿前一亭中有李克用题名，云："太原河东节度使李克用，亲领步骑五十万，问罪幽陵，回师自飞狐路即归雁门。"今飞狐路在茂之西，自银冶寨北出倒马关度虏界，却自石门子〔二三〕、冷水铺入瓶形、梅回两寨之间至代州。今此路已不通，唯北寨西出承天阁路，可至河东，然路极峭狭。太平兴国中车驾自太原移幸恒山，乃由土门路，至今有行宫〔二四〕。

449 镇阳池苑之盛，冠于诸镇，乃王镕时海子园也，镕尝馆李匡威于此〔二五〕，亭馆尚是旧物，皆甚壮丽。镇人喜大言，矜大其池，谓之"潭园"，盖不知昔尝谓之"海子"矣。中山人常好与镇人相雌雄，中山城北园中亦有大池，遂谓之"海子"，以压镇之潭园。予熙宁中奉使镇、定，时薛师政为定帅，乃与之同议，展海子直抵西城中山王冢，悉为稻田，引新河水注之，清波弥漫数里，颇类江乡矣。

校勘记

〔一〕延州　"延"字原作"廷"，从胡校据大德本、丛刊本改。

〔二〕高万兴典郡　"兴"字原无，从胡校据类苑卷五八引及旧五代史高万兴传补。

〔三〕燃之如麻　"燃"字原作"然"，从胡校据丛刊本改。

〔四〕延川石液　弘治本及高似孙纬略卷一一引"川"作"州"。

〔五〕多似洛阳尘　“似”字原作“是”，从胡校据大德本、丛刊本及类苑卷五八引改。

〔六〕东与南　“与南”原作“南与”，从胡校据大德本、丛刊本及类苑卷五八引乙。

〔七〕大幕中　“幕”字原作“漠”，大德本、丛刊本作“莫”，依第四二三条述例当作“幕”，“莫”乃“幕”之坏字耳，故据改。

〔八〕史记所载泾水一斛　胡校：“引文出汉书沟洫志，史记无此文，沈括盖误记。”又，汉书沟洫志所载“斛”字作“石”。

〔九〕至凉药　类苑卷四九引“凉”字作“良”。

〔一〇〕下有芙蓉驿　“下”上原有“峰”字，据大德本、丛刊本及类苑卷五八引删；“有”字原无，据类苑卷五八、薛季宣浪语集卷三鴈荡山赋注引补。

〔一一〕乇罗岛　此与本条下文、本书第五〇七条“乇罗岛”之“乇”字原作“屯”，从胡校据类苑卷五八引改。证类本草、建炎以来系年要录作“毛”，盖即“乇”之讹。

〔一二〕捧首而軃　此与下句“复捧首而軃”之“軃”字原作“驒”，从胡校据王秉恩校记改。

〔一三〕运转尤速　“运转”原作“转运”，从胡校据大德本、丛刊本及类苑卷五八引乙。

〔一四〕锺馗之设亦远　“设”字原作“说”，“远”下原有“矣”字，从胡校据大德本、丛刊本及类苑卷五八引改、删。

〔一五〕甲族　“甲”字原作“中”，从胡校据类苑卷五八引及新五代史杂传改。

〔一六〕通谓七姓　“谓”字原作“为”，从胡校据大德本、丛刊本改。

〔一七〕所植之木又美　“木”字原作“土”，据大德本、丛刊本及类苑卷五八引改。按王祯农书卷一〇谓“茶之美者质良而植茂，新芽一发便长寸馀，其细如针，斯为上品，如雀舌、麦颗特次材耳”,即本括说,可证当以“木”为是。

〔一八〕定来　总龟卷二九引“来”字作“知”。

〔一九〕以麦反　康熙字典引字汇补云“以陵切,音盈”,“麦”字疑误。

〔二〇〕何胤　“胤”字原作“嗣”,按当作“何胤”,梁书可证,此乃避宋太祖讳,从胡校回改。

〔二一〕饮则病瘴　“则”字原作“皆”,据大德本、丛刊本及类苑卷五八引改。

〔二二〕恒山今谓之大茂山　“山今”原作“岑”,盖误合“山”、“今”为一字,从胡校据类苑卷五九引改。又,本条“恒山”之“恒”字原作“常”,乃避宋真宗讳,从胡校回改。

〔二三〕却自石门子　“自”字原作“是”,从胡校据大德本、丛刊本及类苑卷五九引改。

〔二四〕有行宫　类苑卷五九引“宫”下有“在”字。

〔二五〕李匡威　“匡”字原作“正”,胡补证:“‘李正威’即‘李匡威’,因避宋太祖讳而改,当回改。”是,据改。

梦溪笔谈卷二十五

杂志二

450 宣州宁国县多枳首蛇，其长盈尺，黑鳞白章，两首文彩同，但一首逆鳞耳，人家庭槛间动有数十同穴，略如蚯蚓。

451 太子中允关杞曾提举广南西路常平仓，行部邕管，一吏人为虫所毒，举身溃烂。有一医言能治，呼使视之，曰："此为天蛇所螫，疾已深，不可为也。"乃以药傅其创，有肿起处，以钳拔之，有物如蛇，凡取十馀条而疾不起。又，予家祖茔在钱塘西溪，尝有一田家忽病癞，通身溃烂，号呼欲绝，西溪寺僧识之，曰："此天蛇毒耳，非癞也。"取木皮煮饮一斗许〔一〕，令其恣饮，初日疾减半，两三日顿愈。验其木，乃今之秦皮也，然不知天蛇何物。或云草间黄花蜘蛛是也，人遭其螫，仍为露水所濡，乃成此疾。露涉者亦当戒也。

452 天圣中侍御史、知杂事章频使辽，死于虏中，虏中无棺榇，舆至范阳方就殓。自后辽人常造数漆棺，以银饰之，每有使人入境，则载以随行，至今为例。

453 景祐中党项首领赵德明卒，其子元昊嗣立，朝廷遣郎官杨告入蕃吊祭。告至其国中，元昊迁延遥立，屡促之，然后至前受诏，及拜起，顾其左右曰："先王大错〔二〕，有国如此，而乃臣属于人！"既而飨告于厅，其东屋后若千百人锻声，告阴知其有异志，还朝秘不敢言，未几元昊果叛。其徒遇乞先创造蕃书，独居一楼上，累年方成，至是献之，元昊乃改元，制衣冠礼乐，下令国中悉用蕃书、胡礼，自称大夏。朝廷兴师问罪，弥岁，虏之战士益少，而旧臣宿将如刚浪唛、遇乞、野利辈多以事诛〔三〕，元昊力孤，复奉表称蕃，朝廷因赦之，许其自新，元昊乃更称兀卒曩宵。庆历中契丹举兵讨元昊，元昊与之战屡胜，而契丹至者日益加众，元昊望之大骇，曰："何如此之众也！"乃使人行成，退数十里以避之，契丹不许，引兵压西师阵，元昊又为之退舍，如是者三，凡退百馀里。每退，必尽焚其草莱，契丹之马无所食，因其退乃许平，元昊迁延数日，以老北师，契丹马益病，亟发军攻之，大败契丹于金肃城，获其伪乘舆、器服，子婿、近臣数十人而还。先是，元昊后房生一子，曰甯令受。"甯令"者，华言大王也。其后又纳没臧讹咙之妹，生谅祚而爱之，甯令受之母恚忌，欲除没臧氏，授戈于甯令受使图之。甯令受闲入元昊之室，卒与元昊遇，遂刺之，不殊而走，诸大佐没臧讹咙辈仆甯令枭之，明日元昊死，立谅祚，而舅讹咙相之。有梁氏者，其先中国人，为讹咙子妇，谅祚私焉，日视事于国，夜则从诸没臧氏，讹咙怼甚，谋伏甲梁氏之宫，须其入以杀之，梁氏私以告谅祚，乃使召讹咙，执于内室。没臧，强宗也，子弟族人在外者八十馀人，悉诛之，夷其宗。以梁氏为妻，又命其弟乞埋为家相，许其世袭。谅祚凶忍，好为乱，治平中遂举兵犯庆州大顺城，谅祚乘骆马、张黄屋，自出督战，陴者彍弩射之中，乃解围去。创甚，驰入一佛祠，有牧牛儿不得出，惧伏佛座下，见其脱鞾，血涴于踝，使人裹创舁载而去。至其国死，子秉常立，而梁氏自主国事。梁乞埋死，其子移逋继之，谓之"没甯令"。"没甯令"者，华言天大王也。秉常之世，执国政者有嵬名浪遇，元昊之弟也，最老于军事，以不附诸梁，迁下治而死，存者三人，移逋以世袭居长契，次曰都罗马尾，又次曰罔萌讹〔四〕，略知书，私侍梁氏。移逋、萌讹皆以昵幸进，唯马尾粗有战功，然皆庸才。秉常荒孱，梁氏自主兵，不以属其子，秉常不得志，素慕中国。有李青者，本秦人，亡虏中，秉常昵之，因说秉常以河南归朝廷，其谋洩，青为梁氏所诛而秉常废。

454 古人论茶，唯言阳羡、顾渚、天柱、蒙顶之类，都未言建溪。然唐人重串茶粘黑者，则已近乎建饼矣。建茶皆乔木，吴、蜀、淮南唯丛茇而已，品自居下。建茶胜处曰郝源、曾坑，其间又岔根、山顶二品尤胜，李氏时号为"北苑"，置使领之。

455 信州铅山县有苦泉，流以为涧，挹其水熬之则成胆矾，烹胆矾则成铜，熬胆矾铁釜久之亦化为铜。水能为铜，物之变化固不可测。按黄帝素问有天五行、地五行，土之气“在天为湿”，土能生金石，湿亦能生金石，此其验也。又，石穴中水所滴皆为钟乳、殷孽，春、秋分时汲井泉则结石花，大卤之下则生阴精石，皆湿之所化也。如木之气“在天为风”，木能生火，风亦能生火，盖五行之性也。

456 古之节如今之虎符，其用则有圭璋、龙虎之别，皆椟，“辅之英荡”是也〔五〕，汉人所持节乃古之旄也。予在汉东得一玉琥，美玉而微红，酣酣如醉肌，温润明洁，或云即玫瑰也。古人有以为币者，春官“以白琥礼西方”是也；有以为货者，左传赐以玉琥二是也〔六〕；有以为瑞节者，“山国用虎节”是也。

457 国朝汴渠，发京畿辅郡三十馀万夫岁一浚〔七〕。祥符中，阁门只候使臣谢德权领治京畿沟洫，权借浚汴夫，自尔后三岁一浚，始令京畿邑官皆兼沟洫河道〔八〕，以为常职。久之，治沟洫之工渐弛，邑官徒带空名，而汴渠有二十年不浚〔九〕，岁岁堙淀。异时京师沟渠之水皆入汴，旧尚书省都堂壁记云“疏治八渠，南入汴水”是也。自汴流堙淀，京城东水门下至雍丘、襄邑，河底皆高出堤外平地一丈二尺馀，自汴堤下瞰，民居如在深谷。熙宁中，议改疏洛水入汴。予尝因出使按行汴渠，自京师上善门量至泗州淮口〔一〇〕，凡八百四十里一百三十步。地势，京师之地比泗州凡高十九丈四尺八寸六分，就京城东数里渠心穿井〔一一〕，至三丈方见旧底。验量地势，用水平、望尺、干尺量之，不能无小差[一二]。汴渠堤外皆是出土故沟，予因决沟水令相通[一三]，时为一堰节其水，候水平其上，渐浅涸则又为一堰，相齿如阶陛，乃量堰之上下水面相高下之数，会之，乃得地势高下之实。

458 唐风俗，人在远或闺门间，则使人传拜以为敬。本朝两浙仍有此俗，客至，欲致敬于闺阃，则立使人而拜之，使人入见所礼，乃再拜致命，若有中外则答拜，使人出，复拜客，客与之为礼如宾主。

459 庆历中王君贶使契丹，宴君贶于混同江[一四]，观钩鱼[一五]。临归，戎主置酒，谓君贶曰："南北修好岁久，恨不得亲见南朝皇帝兄，托卿为传一桮酒到南朝。"乃自起酌酒，容甚恭，亲授君贶举桮，又自鼓琵琶，上南朝皇帝千万岁寿。先是，戎主之弟宗元为燕王，有全燕之众，久畜异谋，戎主恐其阴附朝廷，故特效恭顺。宗元后卒以称乱诛。

460 潘阆字逍遥，咸平间有诗名，与钱易、许洞为友，狂放不羁。尝为诗曰"散拽禅师来蹴踘，乱拖游女上秋千"[一六]，此其自序之实也。后坐卢多逊党亡命，捕迹甚急，阆乃变姓名、僧服，入中条山，许洞密赠之诗曰："潘逍遥，平生才气如天高。倚天大笑无所惧，天公嗔尔口呶呶，罚教临老头补衲[一七]，归中条。我愿中条山神镇长在，驱雷叱电[一八]，依前趁出这老怪[一九]。"后会赦，以四门助教召之，阆乃自归，送信州安置。仍不惩艾，复为扫市舞词曰："出砒霜，价钱可。赢得拨灰兼弄火，畅杀我。"以此为士人不齿，放弃终身。

461 江湖间唯畏大风，冬月风作有渐，船行可以为备，唯盛夏风起于顾盼间，往往罹难。曾闻江国贾人有一术可免此患，大凡夏月风景须作于午后，欲行船者五鼓初起，视星月明洁、四际至地皆无云气，便可行，至于巳时即止，如此无复与暴风遇矣。国子博士李元规云："平生游江湖，未尝遇风，用此术。"

462 予使虏至古契丹界，大蓟茇如车盖，中国无此大者，其地名蓟，恐其因此也，如杨州宜杨、荆州宜荆之类。"荆"或为"楚"，楚亦荆木之别名也。

463 刁约使契丹，戏为四句诗曰"押燕移离毕，看房贺跋支。饯行三匹裂，密赐十貔貍"，皆纪实也。移离毕，官名，如中国执政官。贺跋支，如执衣、防阁。匹裂，似小木罂〔二〇〕，以色绫木为之，加黄漆〔二一〕。貔貍，形如鼠而大，穴居，食果谷，嗜肉，狄人为珍膳，味如豘子而脆〔二二〕。

464 世传江西人好讼，有一书名邓思贤，皆讼牒法也。其始则教以侮文，侮文不可得，则欺诬以取之；欺诬不可得，则求其罪劫之。盖思贤，人名也，人传其术〔二三〕，遂以之名书，村校中往往以授生徒。

465 蔡君谟尝书小吴笺云："李及知杭州，市白集一部，乃为终身之恨。此君殊清节，可为世戒。张乖崖镇蜀，当遨游时，士女环左右，终三年未尝回顾。此君殊重厚，可以为薄夫之检押。"此帖今在张乖崖之孙尧夫家。予以谓买书而为终身之恨，近于过激，苟其性如此，亦可尚也。

466 陈文忠为枢密，一日日欲没时，忽有中人宣召。

既入右掖，已昏黑，遂引入禁中，屈曲行甚久，时见有帘帏、灯烛，皆莫知何处。已而到一小殿，殿前有两花槛，已有数人先至，皆立廷中，殿上垂帘，蜡烛十馀炬而已。相继而至者凡七人，中使乃奏班齐，唯记文忠、丁谓、杜镐三人，其四人忘之，杜镐时尚为馆职。良久，乘舆自宫中出，灯烛亦不过数十而已，宴具甚盛，卷帘令不拜，升殿就坐，御座设于席东，设文忠之坐于席西，如常人宾主之位。尧叟等皆惶恐不敢就位，上宣喻不已，尧叟恳陈，自古未有君臣齐列之礼，至于再三，上作色曰："本为天下太平，朝廷无事，思与卿等共乐之。若如此，何如就外朝开宴？今日只是宫中供办，未尝命有司，亦不召中书辅臣。以卿等机密及文馆职任，侍臣无嫌，且欲促坐语笑，不须多辞。"尧叟等皆趋下称谢，上急止之，曰："此等礼数，且皆置之。"尧叟悚栗危坐，上语笑极欢，酒五六行，膳具中各出两绛囊，置群臣之前，皆大珠也，上曰："时和岁丰，中外康富，恨不得与卿等日夕相会。太平难遇，此物助卿等燕集之费。"群臣欲起谢，上云："且坐，更有。"如是酒三行，皆有所赐，悉良金重宝，酒罢，已四鼓。时人谓之"天子请客"。文忠之子述古得于文忠〔二四〕，颇能道其详，此略记其一二耳。

467 关中无螃蟹，元丰中予在陕西，闻秦州人家收得一乾蟹，土人怖其形状，以为怪物，每人有家有病疟者，则借去挂门户上，往往遂差。不但人不识，鬼亦不识也。

468 丞相陈秀公治第于润州，极为闳壮，池馆绵亘数百步。宅成，公已疾甚，唯肩舆一登西楼而已。人谓之三不得：居不得，修不得，卖不得。

469 福建剧贼廖恩聚徒千馀人，剽掠市邑，杀害将吏，江、浙为之骚然，后经赦宥，乃率其徒首降，朝廷补恩右班殿直。赴三班院候差遣，时坐恩黜免者数十人，一时在铨班叙录，其脚色皆理私罪或公罪，独恩脚色称"出身以来，并无公私过犯"。

470 曹翰围江州三年，城将陷，太宗嘉其尽节于所事〔二五〕，遣使喻翰："城下日，拒命之人尽赦之。"使人至独木渡〔二六〕，大风数日，不可济，及风定而济，则翰已屠江州无遗类适一日矣。唐吏部尚书张嘉福奉使河北，逆韦之乱，有敕处斩，寻遣使人赦之，使人马上昏睡，迟行一驿，比至已斩讫。与此相类，得非有命欤？

471 庆历中河北大水，仁宗忧形于色，有走马承受公事使臣到阙，即时召对，问："河北水灾何如？"使臣对曰："怀山襄陵。"又问："百姓如何？"对曰："如丧考妣。"上默然，既退，即诏阁门："今后武臣上殿奏事，并须直说，不得过为文饰。"至今阁门有此条，遇有合奏事人，即预先告示。

472 予奉使按边，始为木图，写其山川道路。其初徧履山川，旋以面糊、木屑写其形势于木案上，未几寒冻，木屑不可为，又镕蜡为之，皆欲其轻，易齎故也，至官所则以木刻。上之，上召辅臣同观，乃诏边州皆为木图，藏于内府。

473 蜀中剧贼李顺陷剑南、两川，关右震动，朝廷以为忧，后王师破贼，枭李顺，收复两川，书功行赏，了无间言。

至景祐中，有人告李顺尚在广州，巡检使臣陈文琏捕得之，乃真李顺也，年已七十馀，推验明白，囚赴阙，覆按皆实。朝廷以平蜀将士功赏已行，不欲暴其事，但斩顺，赏文琏二官，仍阁门只候。文琏，泉州人，康定中老归泉州，予尚识之。文琏家有李顺案款，本末甚详。顺本味江王小博之妻弟，始王小博反于蜀中，不能抚其徒众，乃共推顺为主。顺初起，悉召乡里富人大姓，令具其家所有财粟，据其生齿足用之外，一切调发，大赈贫乏，录用材能，存抚良善，号令严明，所至一无所犯。时两蜀大饥，旬日之间，归之者数万人，所向州县开门延纳，传檄所至无复完垒。及败，人尚怀之，故顺得脱去三十馀年，乃始就戮。

474 交趾乃汉、唐交州故地，五代离乱，吴昌文始据安南〔二七〕，稍侵交、广之地。其后昌文为丁琏所杀，复有其地。国朝开宝六年琏初归附，授静海军节度使，八年封交趾郡王。景德元年土人黎桓杀琏自立〔二八〕，三年桓死，安南大乱，久无酋长，其后国人共立闽人李公蕴为主。天圣七年公蕴死，子德政立。皇祐六年德政死〔二九〕，子日尊立。自公蕴据安南，始为边患，屡将兵入寇，至日尊乃僭称法天应运崇仁至道庆成龙祥英武睿文尊德圣神皇帝〔三〇〕，尊公蕴为太祖神武皇帝，国号大越。熙宁元年伪改元宝象，次年又改神武。日尊死，子乾德立，以宦人李尚吉与其母黎氏号鷰鸾太妃同主国事〔三一〕。熙宁八年举兵陷邕、钦、廉三州，九年遣宣徽使郭仲通、天章阁待制赵公才讨之，拔广源州，擒酋领刘纪，焚甲峒，破桄郎〔三二〕、决里，至富良江。

尚吉遣王子洪真率众来拒，大败之，斩洪真，众歼于江上，乾德乃降。是时乾德方十岁，事皆制于尚吉。广源州者，本邕州羁縻。天圣七年首领侬存福归附〔三三〕，补存福邕州卫职，转运使章频罢遣之，不受其地，存福乃与其子智高东掠笼州，有之七源〔三四〕，存福因其乱杀其兄，率土人刘川以七源州归存福。庆历八年智高自领广源州，渐吞灭右江、田州一路蛮峒。皇祐元年邕州人殿中丞昌协奏乞招收智高，不报，广源州孤立无所归，交趾觇其隙，袭取存福以归。智高据州不肯下，反欲图交趾，不克，为交人所攻，智高出奔右江文村，具金函表投邕州，乞归朝廷，知邕州陈拱拒不纳〔三五〕。明年，智高与其匹卢豹、黎貌、黄仲卿、廖通等拔横山寨入寇，陷邕州，入二广。及智高败走，卢豹等收其馀众归刘纪，下广河，至熙宁二年豹等归顺，未几复叛从纪。至大军南征，郭帅遣别将燕达下广源，乃始得纪，以广源为顺州。甲峒者，交趾大聚落。主者甲承贵，娶李公蕴之女，改姓甲氏。承贵之子绍泰又娶德政之女，其子景隆娶日尊之女，世为婚姻，最为边患。自天圣五年承贵破太平寨，杀寨主李绪，嘉祐五年绍泰又杀永平寨主李德用，屡侵边境。至熙宁大举，乃讨平之，收隶机郎县。

475 太祖朝常戒禁兵，衣之长不得过膝〔三六〕，买鱼肉及酒入营门者皆有罪。又制更戍之法，欲其习山川劳苦，远妻孥怀土之恋，兼外戍之日多，在营之日少，人人少子，而衣食易足。又京师卫兵请粮者，营在城东者则令赴城西仓，在城西者令赴城东仓，仍不许佣僦车脚，皆须自负，尝亲登右掖门观之。盖使之劳力〔三七〕，制其骄惰，故士卒衣食无外慕，安辛苦而易使。

476 青堂羌本吐蕃别族，唐末蕃将尚恐热作乱，率众归中国，境内离散。国初有胡僧立遵者，乘乱挟其主籛逋之子唃厮啰，东据宗哥邈川城。唃厮啰，人号瑕萨籛逋者，胡言赞普也。唃厮，华言佛也；啰，华言男也。自称佛男，犹中国之称天子也。立遵姓李氏，唃厮啰立，立遵与邈川首领温逋相之〔三八〕，有汉陇西、南安、金城三郡之地，东西二千馀里。宗哥邈川，即所谓三河间也。祥符九年立遵与唃厮啰引众十万寇边，入古渭州，知秦州曹玮攻败之，立遵归，乃死。唃厮啰妻李氏，立遵之女也，生二子，曰瞎毡、磨毡角。立遵死，唃厮啰更取乔氏，生子董毡，取契丹之女为妇，李氏失宠，去为尼，二子亦去其父，瞎毡居河州、磨毡角居邈川，唃厮啰往来居青堂城。赵元昊叛命，以兵遮唃厮啰〔三九〕，遂与中国绝。屯田员外郎刘涣献议通唃厮啰，乃使涣出古渭州，循末邦山至河州国门寺，绝河，逾廓州至青堂，见唃厮啰，授以爵命，自此复通。磨毡角死，唃厮啰复取邈川城，收磨毡角妻子质于结罗城。唃厮啰死，子董毡立，朝廷复授以爵命。瞎毡有子木征，"木征"者，华言龙头也〔四〇〕，以其唃厮啰嫡孙，昆弟行最长，故谓之"龙头"，羌人语倒，谓之"头龙"。瞎毡死，青堂首领瞎药鸡罗及胡僧鹿尊共立之，移居滔山〔四一〕。董毡之甥瞎征，伏羌蕃部李钺星之子也，与木征不协，其舅李笃毡挟瞎征居结古野反河，瞎征数与笃毡及沈千族首领常尹丹波合兵攻木征，木征去居安乡城。有欺巴温者〔四二〕,唃氏族子,先居结罗城,其后稍强,董毡河南之城遂三分,欺巴温、木征居洮、河间〔四三〕,瞎征居结河,董毡独有河北之地。熙宁五年秋,王子醇引兵始出路骨山〔四四〕,拔香子城,平河州,又出马蔺川〔四五〕,擒木征母弟结吴叱,破洮州,木征之弟巴毡角降〔四六〕,尽得河南熙、河、洮、岷、叠、宕六州之地,自临江寨至安乡城,东西一千馀里,降蕃户三十馀万帐。明年瞎木征降,置熙河路。

477 范文正常言:史称诸葛亮能用度外人。用人者莫不欲尽天下之才,常患近己之好恶,而不自知也,能用度外人,然后能周大事。

478 元丰中夏戎之母梁氏遣将,引兵卒至保安军顺宁寨,围之数重。时寨兵至少,人心危惧,有倡姥李氏得梁氏阴事甚详,乃掀衣登陴,抗声駡之,尽发其私,虏人皆掩耳,并力射之,莫能中,李氏言愈丑。虏人度李终不可得,恐且得罪,遂托以他事,中夜解去。鸡鸣狗盗皆有所用,信有之。

479 宋宣献博学,喜藏异书,皆手自校雠,常谓:“校书如扫尘,一面扫,一面生,故有一书每三四校犹有脱谬。”

校勘记

〔一〕煮饮一斗许　证类本草卷一三引“饮”字作“汁”。

〔二〕先王大错　“王”字原作“皇”,据大德本、丛刊本改。

〔三〕刚浪唛遇乞野利辈　“乞”字原无,按长编卷一三八云“元昊之贵臣野利刚浪凌、遇乞兄弟皆有材谋,伪号大王,亲信用事”，故据补。野利乃族名，然本书第二四四条径以野利为人名，故此处依从而将“遇乞野利”点断，实当如长编所称。

〔四〕罔萌讹　“罔”字原作“关”，据宋史夏国传下改。

〔五〕辅之英荡　“辅”字原作“将”，据周礼地官掌节改。

〔六〕赐以玉琥二　“赐”字原作“加”，按左传昭公三十二年“赐子家子双琥”，即括所本，则“加”字讹，故据改。

〔七〕三十馀万夫　“万”字原作“县”，按长编卷六四谢德权“领护汴河，兼督辇运。先是，岁役浚河夫三十万”云云，则“县”字讹，故据改。

〔八〕邑官　“邑”字原作“民”，按本条下文称“邑官”，从李群校语据长编卷二四八引改。

〔九〕有二十年不浚　长编卷二四八引“有”上有“至”字。

〔一〇〕淮口　长编卷二四八引“口”字作“岸”。

〔一一〕就京城东数里渠心　“就”字原作“于”，“渠心”原作“白渠中”，从李群校语据长编卷二四八引改。

〔一二〕不能无小差　长编卷二四八引“不”上有“亦”字。

〔一三〕予因决沟水令相通　“予因决沟”四字原无，从李群校语据长编卷二四八引补。

〔一四〕混同江　“同”字原作“融”，胡校引厉鹗辽史拾遗卷九云“沈括世父名同，故讳混同江为混融江”，故据以回改。

〔一五〕钩鱼　“钩”字原作“钓”，按辽帝常于每年正月至混同江游猎、钩鱼，与中原习见之钓鱼有别，据程大昌演繁露卷三改。

〔一六〕乱拖游女　“拖”字原作“抛”，从胡校据大德本、丛刊本及挥犀卷一引改。

〔一七〕头补衲　总龟卷三引“头”字作“投”。

〔一八〕叱电　“叱”字原作“叶”，从胡校据大德本、丛刊本改。

〔一九〕趁出这老怪　龚明之中吴纪闻卷一、挥犀卷一、总龟卷三引

“趁”字作“赶”。

〔二〇〕似小木罂　“似”字原无，从胡校据总龟卷一八引、契丹国志卷二四补。

〔二一〕加黄漆　“加”字原作“如”，从胡校据总龟卷一八引、契丹国志卷二四改。

〔二二〕味如豘子而脆　总龟卷一八引、契丹国志卷二四“子”字作“肉”。又，凡记及此物者皆称其极肥美、极肥腯，疑“脆”字乃“肥”之讹，盖形近而误也。

〔二三〕人传其术　郑克折狱龟鉴卷八引“人”字作“始”。

〔二四〕文忠之子述古　叶廷琯吹网录卷五引胡珽校语云，述古所属“宋史、长编、笔谈互异，东都事略相关传记无述古名，惟欧阳修陈文惠公尧佐神道碑称‘子男十人，长曰述古’，则宋史、笔谈并误也”。胡补证：“陈尧佐（文惠）为枢密时，杜镐已卒，故与杜镐同被邀之陈枢密，定为尧叟而非尧佐，则‘文忠之子述古’当作‘文惠之子述古’，东轩笔录卷三称‘文惠之子述古’可证。”

〔二五〕太宗嘉其尽节于所事　曹翰攻陷江州乃太祖开宝时事，则“宗”字当作“祖”。

〔二六〕独木渡　“渡”字原作“桥”，从胡校据大德本、丛刊本改。

〔二七〕吴昌文　此与本条下文之“昌文”原作“文昌”，据长编卷四、宋史卷四八八乙。

〔二八〕黎桓　此与本条下文之“桓”原作“威”，乃避宋钦宗讳改，从胡校据长编卷六〇、宋史卷四八八回改。

〔二九〕皇祐六年德政死　“嘉”字原作“皇”，按长编卷一八一至和二年十一月己巳“安南王李德政之子日遵遣使告德政卒”，则“嘉”字乃“皇”之讹，故据改。

〔三〇〕法天应运崇仁至道庆成龙祥英武睿文尊德圣神皇帝　宋史

交阯传所载同,越史略阮纪载其尊号为"法天应运崇仁至德英文睿武庆感龙祥孝道圣神皇帝"。

〔三一〕鸗鸾太妃 "鸗"字原作"燕",从胡校据大德本、丛刊本改。

〔三二〕桄郎 "桄"字原作"机",据范太史集卷四〇检校司空左武卫上将军郭公墓志铭及宋史郭逵传改。

〔三三〕侬存福 越史略阮纪所载同,长编卷一六七、玉海卷一九三、宋史卷四九五"存"作"全"。

〔三四〕有之七源 按此句至"以七源州归存福"难以通读,似有文字脱讹错乱。

〔三五〕知邕州陈拱 "知"字原无,从吴以宁说据长编卷一七二、宋史卷四九五补。

〔三六〕衣之长 "衣之"原作"之衣",据长编卷一〇八引乙。

〔三七〕使之劳力 长编卷一〇八引"劳"字作"习"。

〔三八〕温逋相之 "温"字下原有夹注"音温反",按长编卷八二称"既而宗哥僧李立遵、邈川大酋温逋奇略取厮啰如廓州,尊立之",此处之温逋即长编之温逋奇,则夹注乃衍文,故据删。

〔三九〕以兵遮喃厮啰 "喃"字原无,依文义补。

〔四〇〕华言龙头也 "龙头"原作"头龙",据大德本、丛刊本乙。

〔四一〕移居滔山 移居之地,汪藻青唐录作宕州,宋史吐蕃传作洮州,疑此处"滔山"乃"洮州"之讹。

〔四二〕欺巴温 此与本条下文之"欺巴温"原作"巴欺温",据宋朝诸臣奏议卷一四一文彦博上神宗论进筑河州附录之王韶奏议乙。

〔四三〕洮河间 "间"字原作"涧",据宋朝诸臣奏议卷一四一文彦博上神宗论进筑河州附录之王韶奏议改。

〔四四〕路骨山 长编卷二四六、东都事略王韶传"路"字原作"露"。

〔四五〕马蔺川 "川"字原作"州",长编卷二四七、东都事略王韶传及宋朝诸臣奏议卷一四一文彦博上神宗论进筑河州附录之王韶奏议作“马练川”，故据改。

〔四六〕巴毡角　“巴”字原作“已”，据长编卷二四六、玉海卷一九三改。

梦溪笔谈卷二十六

药　议

480　古方言云母粗服，则著人肝肺不可去，如枇杷、狗脊毛不可食，皆云射入肝肺。世俗似此之论甚多，皆谬说也。又言人有水喉、食喉〔一〕、气喉者，亦谬说也。世传欧希范真五脏图亦画三喉，盖当时验之不审耳。水与食同嚥，岂能就中遂分入二喉？人但有咽、有喉二者而已，咽则纳饮食，喉则通气，咽则下入胃脘，次入胃，又次入肠，又次入大、小肠；喉则下通五脏，出入息。五脏之含气呼吸，正如冶家之鼓鞴〔二〕，人之饮食、药饵但自咽入肠胃，何尝能至五脏？凡人之肌骨、五脏、肠胃虽各别，其入肠之物〔三〕，英精之气味皆能洞达，但滓秽即入二肠。凡人饮食及服药既入肠，为真气所蒸，英精之气味，以至金石之精者，如细研硫黄、朱砂、乳石之类，凡能飞走融结者，皆随真气洞达肌骨，犹如天地之气贯穿金石土木，曾无留碍，自馀顽石草木，则但气味洞达耳。及其势尽，则滓秽传入大肠、润湿渗入小肠，此皆败物，不复能变化，惟当退洩耳。凡所谓某物入肝、某物入肾之类，但气味到彼耳，凡质岂能至彼哉？此医不可不知也。

481 予集灵苑方，论鸡舌香以为丁香母，盖出陈氏拾遗，今细考之，尚未然。按齐民要术云鸡舌香“世以其似丁子，故一名丁子香”，即今丁香是也。日华子云鸡舌香“治口气”，所以三省故事，郎官口含鸡舌香〔四〕，欲其奏事对答其气芬芳，此正谓丁香治口气，至今方书为然。又古方五香连翘汤用鸡舌香，千金五香连翘汤无鸡舌香，却有丁香，此最为明验。新补本草又出丁香一条，盖不曾深考也。今世所用鸡舌香，乳香中得之，大如山茱萸，锉开中如柿核，略无气味，以治疾殊极乖谬。

482 旧说有药用一君〔五〕、二臣、三佐、五使之说，其意以谓药虽众〔六〕，主病者专在一物，其他则节级相为用，大略相统制。如此为宜，不必尽然也。所谓君者，主此一方者，固无定物也。药性论乃以众药之和厚者定以为君，其次为臣、为佐，有毒者多为使，此谬说也。设若欲攻坚积，如巴豆辈岂得不为君哉？

483 金罂子止遗洩，取其温且涩也。世之用金罂者，待其红熟时，取汁熬膏用之，大误也。红则味甘，熬膏则全断涩味，都失本性。今当取半黄时采，乾捣末用之。

484 汤、散、丸各有所宜。古方用汤最多，用丸、散者殊少，煮散古方无用者，唯近世人为之。大体欲达五脏四肢者莫如汤，欲留膈胃中者莫如散，久而后散者莫如丸；又无毒者宜汤，小毒者宜散，大毒者须用丸；又欲速者用汤，稍缓者用散，甚缓者用丸，此其大概也。近世用汤者全少，应汤皆用煮散〔七〕。大率汤剂气势完壮，力与丸、散倍蓰，煮散者一啜不过三五钱极矣，比功较力，岂敌汤势？然汤既力大，则不宜有失消息，用之全在良工，难可以定论拘也。

485 古法采草药多用二月、八月，此殊未当，但二月草已芽、八月苗未枯，采掇者易辨识耳，在药则未为良时。大率用根者，若有宿根，须取无茎叶时采，则津泽皆归其根，欲验之，但取芦菔、地黄辈观，无苗时采则实而沈，有苗时采则虚而浮；其无宿根者，即候苗成而未有花时采，则根生已足而又未衰，如今之紫草，未花时采则根色鲜泽，过而采则根色黯恶〔八〕，此其效也。用叶者取叶初长足时，用芽者自从本说，用花者取花初敷时，用实者成实时采，皆不可限以时月。缘土气有早晚、天时有愆伏。如平地三月花者，深山中则四月花，白乐天游大林寺诗云“人间四月芳菲尽，山寺桃花始盛开”，盖常理也，此地势高下不同也；如筀竹笋有二月生者，有四月生者〔九〕，有五月方生者谓之“晚筀”，稻有七月熟者，有八九月熟者，有十月熟者谓之“晚稻”，一物同一畦之间自有早晚，此性之不同也；〔一〇〕岭峤微草凌冬不凋，并、汾乔木望秋先陨，诸越则桃李冬实，朔漠则桃李夏荣，此地气之不同也〔一一〕；一亩之稼则粪溉者先芽，一丘之禾则后种者晚实，此人力之不同也，岂可一切拘以定月哉？

486 本草注："橘皮味苦，柚皮味甘。"此误也。柚皮极苦，不可向口，皮甘者乃橙耳。

487 按月令"冬至麋角解，夏至鹿角解"，阴阳相反如此，今人用麋、鹿茸作一种，殆疏也。又有刺麋、鹿血以代茸，云茸亦血耳，此大误也。窃详古人之意，凡含血之物，肉差易长，其次筋难长，最后骨难长，故人自胚胎至成人二十年，骨髓方坚。唯麋角自生至坚无两月之久，大者乃重二十馀斤，其坚如石，计一昼夜须生数两，凡骨之顿成生长神速无甚于此〔一二〕，虽草木至易生者，亦无能及之。此骨之至强者〔一三〕，所以能补骨血、坚阳道、强精髓也〔一四〕，岂可与凡血为比哉？麋茸利补阳，鹿茸利补阴。凡用茸，无乐太嫩。世谓之"茄子茸"，但珍其难得耳，其实少力，坚者又太老，唯长数寸，破之肌如朽木，茸端如马瑙〔一五〕、红玉者最善。又，北方戎狄中有麋、麖、麈，驼麈极大而色苍，尻黄而无班〔一六〕，亦鹿之类。角大而有文，坚莹如玉〔一七〕，其茸亦可用。

488 枸杞，陕西极边生者高丈馀，大可作柱，叶长数寸，无刺，根皮如厚朴，甘美异于他处者，千金翼云："甘州者为真，叶厚大者是。"大体出河西诸郡，其次江池间堙上者〔一八〕，实圆如樱桃，全少核，暴乾如饼，极膏润有味。

489 淡竹对苦竹为文，除苦竹外悉谓之"淡竹"，不应别有一品谓之"淡竹"。后人不晓，于本草内别疏淡竹为一物。今南人食笋，有苦笋、淡笋两色，淡笋即淡竹也。

490 东方、南方所用细辛皆杜衡也，又谓之“马蹄香”，色黄白〔一九〕，拳局而脆，乾则作团，非细辛也。细辛出华山，极细而直，深紫色，味极辛，嚼之习习如椒，其辛更甚于椒。故本草云细辛“水渍令直”，是以杜衡伪为之也。襄、汉间又有一种细辛，极细而直，色黄白，乃是鬼督邮，亦非细辛也。

491 本草注引尔雅云“蘦，大苦”，注：“甘草也。蔓延生，叶似荷青，茎赤〔二〇〕。”此乃黄药也，其味极苦，故谓之“大苦”〔二一〕，非甘草也。甘草枝叶悉如槐，高五六尺，但叶端微尖而糙涩，似有白毛，实作角生，如相思角，四五角作一本生〔二二〕，熟则角坼，子如小扁豆，极坚，齿啮不破。

492 胡麻直是今油麻，更无他说，予已于灵苑方论之。其角有六棱者、有八棱者。中国之麻，今谓之“大麻”是也，有实为苴麻，无实为枲，又曰牡麻。张骞始自大宛得油麻之种，亦谓之“麻”，故以“胡麻”别之，谓汉麻为“大麻”也。

493 赤箭即今之天麻也，后人既误出天麻一条，遂指赤箭别为一物，既无此物，不得已又取天麻苗为之，兹为不然〔二三〕，本草明称“采根暴乾”〔二四〕，安得以苗为之？草药上品，除五芝之外，赤箭为第一。此神仙补理养生上药，世人惑于天麻之说，遂止用之治风，良可惜哉。或以谓其茎如箭〔二五〕，既言赤箭，疑当用茎，此尤不然。至如鸢尾、牛膝之类，皆谓茎、叶有所似，则用根耳〔二六〕，何足疑哉？

494 地菘即天名精也。世人既不识天名精，又妄认地菘为火蔹，本草又出鹤虱一条，都成纷乱。今按，地菘即天名精，盖其叶似菘，又似名精，名精即蔓精也。故有二名，鹤虱即其实也。世间有单服火蔹法，乃是服地菘耳，不当用火蔹。火蔹，本草名豨莶〔二七〕，即是豬膏苺〔二八〕，后人不识，亦重复出之。

495 南烛草木，记传、本草所说多端，今少有识者，为其作青精饭色黑，乃误用乌桕为之，全非也。此木类也，又似草类，故谓之"南烛草木"〔二九〕，今人谓之"南天烛"者是也。南人多植于庭槛之间，茎如蒴藋，有节，高三四尺，庐山有盈丈者，叶微似楝而小，至秋则实赤如丹，南方至多。

496 太阴玄精生解州盐泽大卤中，沟渠土内得之。大者如杏叶，小者如鱼鳞，悉皆六角〔三〇〕，端正如龟甲〔三一〕。其裙襕小撱〔三二〕，其前则下剡，其后则上剡，正如穿山甲，相掩之处全是龟甲，更无异也。色绿而莹彻，叩之则直理而折，莹明如鉴，折处亦六角如柳叶。火烧过则悉解折，薄如柳叶，片片相离，白如霜雪，平洁可爱。此乃禀积阴之气凝结，故皆六角。今天下所用玄精，乃绛州山中所出绛石耳，非玄精也。楚州盐城古盐仓下土中又有一物，六棱如马牙硝，清莹如水晶，润泽可爱，彼方亦名太阴玄精，然喜暴润，如盐鹻之类，唯解州所出者为正。

497 稷乃今之穄也，齐、晋之人谓即、积皆曰祭，乃其土音，无他义也。本草注云又名穈子，穈子乃黍属，大雅："维秬维秠，维穈维芑。"秬、秠、穈、芑皆黍属，以色别，丹黍谓之穈穈音门，今河西人用穈字而音穈。

498 苦耽即本草酸浆也〔三三〕，新集本草又重出苦耽一条，河西番界中酸浆有盈丈者。

499 今之苏合香如坚木，赤色。又有苏合油，如糯胶，今多用此为苏合香。按刘梦得传信方用苏合香，云："皮薄，子如金色。按之则小，放之即起，良久不定如虫动。气烈者佳也〔三四〕。"如此则全非今所用者，更当精考之。

500 薰陆即乳香也，本名薰陆，以其滴下如乳头者谓之"乳头香"，镕塌在地上者谓之"塌香"，如腊茶之有滴乳、白乳之品，岂可各是一物？

501 山豆根味极苦，本草言味甘者，大误也。

502 蒿之类至多，如青蒿一类自有两种，有黄色者、有青色者，本草谓之"青蒿"，亦恐有别也。陕西绥、银之间有青蒿，在蒿丛之间时有一两株迥然青色，土人谓之"香蒿"，茎叶与常蒿悉同，但常蒿色绿，而此蒿色青翠，一如松、桧之色，至深秋馀蒿并黄，此蒿独青，气稍芬芳，恐古人所用以此为胜。

503 按文蛤即吴人所食花蛤也，魁蛤即车螯也。海蛤今不识其生时，海岸泥沙中得之，大者如棋子，细者如油麻粒，黄、白或赤相杂，盖非一类，乃诸蛤之房为海水砻砺光莹，都非旧质。蛤之属其类至多，房之坚久莹洁者皆可用，不适指一物，故通谓之"海蛤"耳。

504 今方家所用漏芦乃飞廉也，飞廉一名漏芦，苗似苦芙〔三五〕，根如牛蒡，绵头者是也，采时用根。今闽中所用漏芦，茎如油麻，高六七寸，秋深枯黑如漆，采时用苗，本草自有条，正谓之"漏芦"。

505 本草所论赭魁皆未详审〔三六〕。今赭魁南中极多，肤黑肌赤似何首乌，切破，其中赤白理如槟榔，有汁赤如赭，南人以染皮制鞾。闽、岭人谓之"馀粮"，本草禹馀粮注中所引乃此物也。

506 石龙芮今有两种，水中生者叶光而末圆，陆生者叶毛而末锐，入药用生水者〔三七〕。陆生亦谓之"天灸"，取少叶揉系臂上，一夜作大泡如火烧者是也。

507 麻子，海东来者最胜，大如莲实，出毛罗岛，其次上郡、北地所出，大如大豆，亦善，其馀皆下材。用时去壳，其法取麻子帛包之，沸汤中浸，候汤冷，乃取悬井中一夜，勿令著水，明日日中暴乾，就新瓦上轻挼，其壳悉解，簸扬取肉，粒粒皆完。

校勘记

〔一〕食喉　二字原无，从胡校据良方卷一补，胡校云："下文云'亦画三喉'，是上文应具三喉之称明矣。其后又云'水与食同嚥，岂能就中遂分入二喉'，亦明三喉说中有'食喉'之名也。"又，张杲医说卷八引有"食喉"无"气喉"，"亦画三喉"作"亦画二喉"，亦通，惜不得五脏图验证何者为是。

〔二〕治家　"治"字原作"治"，从胡校据丛刊本改。

〔三〕入肠之物　"入"字原作"食"，从胡校据大德本、丛刊本改。

〔四〕口含鸡舌香　"口"字原"日"，从胡校据增修经史证类大观本草卷一二引改。按宋书百官志、王观国学林卷八五木香条亦皆称郎官"口含鸡舌香"。

〔五〕有药用　原作"用药有"，从胡校据大德本、丛刊本乙。

〔六〕其意以谓　"谓"原作"为"，据大德本、丛刊本改。

〔七〕应汤　良方卷一"汤"下有"者"字。

〔八〕过而采　良方卷一"过"上有"花"字。

〔九〕有四月生者　良方卷一"四"上有"三"字。按李衎竹谱卷四云"笋出早者名早笙，笋出晚者名晚笙，早笋出三月，晚笋出五月"，疑本条上句"有二月生者"之"二"字当作"三"。

〔一〇〕此性　良方卷一"性"上有"物"字。

〔一一〕此地气之不同也　"也"字原无，从胡校据良方卷一及本条述例补。

〔一二〕生长神速　"生"字原无，从胡校据良方卷一、埤雅卷四引补。

〔一三〕骨之至强者　埤雅卷四引"骨"下有"血"字。

〔一四〕强精髓也　埤雅卷四引此句下有"头者诸阳之会，众阳之聚上钟于角"十四字。

〔一五〕马瑙　"马"字原作"玛"，据大德本、丛刊本及埤雅卷四引改。

〔一六〕尻黄　"尻"字原作"麂"，从胡校据良方卷一、埤雅卷四引改。

〔一七〕坚莹如玉　"坚"字原作"莹"，从胡校据良方卷一、埤雅卷四引改。又，本条小注，弘治本、稗海本、学津本及良方卷一、埤雅卷四引皆作正文。

〔一八〕堧上者　良方卷一"堧"上有"圩"字。

〔一九〕色黄白　"色"原作"也"，从胡校据良方卷一改。

〔二〇〕叶似荷青茎赤　"青茎赤"原作"茎青赤"，据大德本、丛刊本乙。尔雅释草此条郭注"青"下有"黄"字。

〔二一〕故谓之　"故"字原无，从胡校据良方卷一补。

〔二二〕四五角作一本生　"四五角"三字原无，从胡校据良方卷一、吴仁杰离骚草木疏卷一引补。

〔二三〕兹为不然　"兹"字原作"滋"，据弘治本、稗海本、学津本改。

〔二四〕暴乾　"暴"字原作"阴"，据证类本草卷六改。

〔二五〕或以谓　"或"字原无，从胡校据良方卷一补。

〔二六〕则用　良方卷一"则"上有"用"字。

〔二七〕豨莶　原作"稀莶"，据证类本草卷一一改。

〔二八〕豬膏莓　"莓"字原作"苗"，本草纲目卷一五引作"母"，据证类本草卷一一改。

〔二九〕南烛草木　"烛"字原无，从胡校据良方卷一补。按括此处袭自道经，云笈七签卷七四云"其树是木而叶似草，故号南烛草木也"可证。

〔三〇〕六角　"六"字原作"尖"，从胡校据良方卷一改，按下文云"折处亦六角"，正亦此处。

〔三一〕端正如龟甲　良方卷一"如"下有"刻正如"三字。

〔三二〕小揣　大德本、丛刊本"揣"字作"堕"。

〔三三〕苦耽　此与本条下文"苦耽"之"耽"字原作"耽"，从胡校据弘治本及良方卷一改。

〔三四〕气烈者　"气"字原无，从胡校据良方卷一补。

〔三五〕苦芙　大德本、丛刊本作"箬叶"，按本草纲目卷一五飞廉条引陶弘景说云"处处有之，极似苦芙"，又引蜀本草曰"叶似苦芙，茎似软羽，花紫色，子毛白"，可证当以"苦芙"为是，"箬叶"盖其形讹。

〔三六〕皆未详审　"未"字原作"非"，从胡校据大德本、丛刊本改。

〔三七〕生水者　"生水"原作"水生"，据大德本、丛刊本乙。

补笔谈卷一

故 事

508 故事，不御前殿，则宰相一员押常参官再拜而出。神宗初即位，宰相奏事多至日晏。韩忠献当国，遇奏事退晚，即依旧例一面放班，未有著令。王乐道为御史中丞，弹奏语过当，坐谪陈州。自此令宰臣奏事至辰时未退，即一面放班，遂为定制。

509 故事，升朝官有父致仕，遇大礼则推恩迁一官，不增俸。熙宁中张丞相杲卿以太子太师致仕，用子廕当迁仆射，廷议以为执政官非可以子荫迁授，罢之。前两府致仕不以廕迁官，自此始。

510 故事，初授从官、给谏未衣紫者，告谢日面赐金紫。何圣从在陕西就任除待制，仍旧衣绯，后因朝阙值大宴，殿上独圣从衣绯，仁宗问所以，中筵起，乃赐金紫，遂服以就坐。近岁许冲元除知制诰犹著绿，告谢日面赐银绯，后数日别因对方赐金紫〔一〕。

511 自国初以来未尝御正衙视朝，百官辞、见必先过正衙，正衙既不御，但望殿两拜而出，别日却赴内朝。熙宁中草视朝仪，独不立见辞谢班，正御殿日却谓之“无正衙”，须候次日依前望殿虚拜，谓之“过正衙”，盖阙文也。

512 熙宁三年，召对翰林学士承旨王禹玉于内东门小殿。夜深，赐银台烛双引归院。

513 夏郑公为忠武军节度使，自河中府徙知蔡州〔二〕，道经许昌，时李献臣为守，乃徙居他室，空使宅以待之，时以为知体。庆历中张邓公还乡，过南阳，范文正公亦虚室以待之，盖以其国爵也，遂守为故事。

514 国朝仪制，亲王玉带不佩鱼。元丰中，上特制玉鱼袋，赐扬王、荆王施于玉带之上。

515 旧制，馆职自校勘以上，非特除者皆先试，唯检讨不试。初置检讨官只作差遣，未比馆职故也。后来检讨给职钱并同带职，在校勘之上，亦承例不试。

516 旧制，侍从官学士以上方腰金。元丰初，授陈子雍以馆职使高丽，还除集贤殿修撰，赐金带。馆职腰金出特恩，非故事也。

517 今之门状称“牒件状如前，谨牒”，此唐人都堂见宰相之礼。唐人都堂见宰相，或参辞谢□事□先具事因〔三〕，申取处分。有非一事，故称“件状如前”。宰相状后判“引”，方许见。后人渐施于执政私第，小说记施于私第自李德裕始，近世谄敬者无高下一例用之，谓之“大状”。

予曾见白乐天诗稿，乃是新除寿州刺史李忘其名门状，其前序住京因宜及改易差遣数十言，其末乃言"谨只候辞，某官"。至如稽首之礼唯施于人君，大夫家臣不稽首，避人君也，今则虽交游皆稽首。此皆生于谄事上官者始为，流传至今，不可复革。

辩　证

518　今人多谓廊屋为庑，按广韵堂下曰庑〔四〕，盖堂下屋檐所覆处，故曰"立于庑下"。凡屋基皆谓之"堂"，廊檐之下亦得谓之"庑"，但庑非廊耳。至如今人谓两廊为东、西序，亦非也。序乃堂上东、西壁，在室之外者。序之外谓之"荣"，荣，屋翼也。今之两徘徊又谓之两庱，四注屋则谓之东〔五〕、西溜，今谓之"金厢道"者是也。

519　梓榆，南人谓之"朴"，齐、鲁间人谓之"驳马"。驳马即梓榆也，南人谓之"朴"，朴亦言驳也，但声之讹耳，诗"隰有六驳"是也。陆玑毛诗疏："檀木，皮似系迷，又似驳马，人云：'斫檀不谛得系迷，系迷尚可得驳马。'"盖三木相似也。今梓榆皮甚似檀，以其班驳似马之驳者，今解诗用尔雅之说以为兽，"锯牙〔六〕，食虎豹"，恐非也。兽，动物，岂常止于隰者，又与苞栎、苞棣、树檖非类，直是当时梓榆耳。

520　自古言楚襄王梦与神女遇，以楚辞考之，似未然。高唐赋序云："昔者先王尝游高唐，怠而昼寝，梦见一妇人，曰：'妾巫山之女也，为高唐之客，朝为行云，暮为行雨。'故立庙，号为朝云。"其曰"先王尝游高唐"，则梦神女者怀王也，非襄王也。又神女赋序曰："楚襄王与宋玉游于云梦之浦，使玉赋高唐之事。其夜王寝，梦与神女遇。王异之，明日以白玉，玉曰：'其梦若何？'对曰：'晡夕之后，精神恍惚，若有所憙，见一妇人，状甚奇异。'玉曰：'状如何也？'王曰：'茂矣美矣，诸好备矣。盛矣丽矣，难测究矣。瓌姿玮态，不可胜赞。'王曰：'若此盛矣，试为寡人赋之。'"以文考之，所云"茂矣"至"不可胜赞"云云，皆王之言也，宋玉称叹之可也，不当却云"王曰'若此盛矣，试为寡人赋之'"。又曰"明日以白玉"，人君与其臣语不当称"白"。又其赋曰："他人莫睹，玉览其状，望余帷而延视兮，若流波之将澜。"若宋玉代王赋之若王之自言者〔七〕，则不当自云"他人莫睹，玉览其状"，既称"玉览其状"，则是宋玉之言也，又不知称"余"者谁也。以此考之，则"其夜王寝，梦与神女遇"者，"王"字乃"玉"字耳；"明日以白玉"者，"以白王"也，"王"与"玉"字误书之耳。前日梦神女者怀王也，其夜梦神女者宋玉也，襄王无预焉，从来枉受其名耳。

521 唐书载武宗宠王才人，尝欲以为皇后，帝寝疾，才人侍左右，熟视曰："吾气奄奄，顾与汝辞，奈何？"对曰："陛下万岁后，妾得以殉〔八〕。"及大渐，审帝已崩，即自经于幄下。宣宗即位，嘉其节，赠贤妃。按李卫公文武两朝献替记云："自上临御，王妃有专房之宠，以娇妬忤旨，日夕而殒，群情无不惊惧，以谓上成功之后喜怒不测。"与唐书所载全别。献替记乃德裕手自记录，不当差谬，其书王妃之死固已不同，据献替记所言则王氏为妃久矣，亦非宣宗即位乃始追赠。按张祐集有孟才人叹一篇，其序曰："武宗皇帝疾笃，迁便殿。孟才人以歌笙获宠者，密侍其右，上目之曰：'吾当不讳，尔何为哉？'指笙囊泣曰：'请以此就缢。'上悯然。复曰：'妾尝艺歌，愿对上歌一曲，以泄其愤。'上以其恳，许之，乃歌一声何满子，气亟立殒。上令医候之，曰：'脉尚温而肠已绝。'"详此，则唐书所载者又疑其孟才人也。

522 建茶之美者号北苑茶。今建州凤凰山，土人相传谓之"北苑"，言江南尝置官领之，谓之"北苑使"。予因读李后主文集有北苑诗及文苑纪〔九〕，知北苑乃江南禁苑，在金陵，非建安也。江南北苑使，正如今之内园使。李氏时有北苑使善制茶，人竞贵之，谓之"北苑茶"，如今茶器中有学士瓯之类，皆因人得名，非地名也。丁晋公为北苑茶录云："北苑，地名也，今曰'龙焙'。"又云："苑者，天子园囿之名。此在列郡之东隅，缘何却名北苑？"丁亦自疑之。盖不知北苑茶本非地名，始因误传，自晋公实之于书，至今遂谓之"北苑"。

523 唐以来，士人文章好用古人语，而不考其意。凡说武人，多云"衣短后衣"，不知短后衣作何形制？短后衣出庄子说剑篇，盖古之士人衣皆曳后，故时有衣短后之衣者，近世士庶人衣皆短后，岂复更有短后之衣？

524 班固论司马迁为史记，"是非颇谬于圣人，论大道则先黄、老而后六经，序游侠则退处士而进奸雄，述货殖则崇势利而羞贫贱，此其蔽也”。予按后汉王允曰“武帝不杀司马迁，使作谤书流于后世”，班固所论乃所谓“谤”也。此正是迁之微意，凡史记次序、说论皆有所指，不徒为之，班固乃讥迁“是非颇谬于圣人”〔一〇〕，论甚不慊〔一一〕。

525 人语言中有“不”字，可否世间事未尝离口也，而字书中须读作否音也。若谓古今言音不同，如云“不可”岂可谓之“否可”，“不然”岂可谓之“否然”，古人曰“否，不然也”岂可曰“否，否然也”？古人言音决非如此，止是字书谬误耳。若读庄子“不可乎不可”须云“否可”，读诗须云“曷否肃雍”、“胡否佽焉”，如此全不近人情。

526 古人谓章句之学为分章摘句〔一二〕，即今之疏义是也。昔人有鄙章句之学者，以其不主于义理耳，今人或谬以诗赋声律为章句之学，误矣。然章句不明，亦所以害义理。如易云“终日乾乾”，两“乾”字当为两句，上乾“知至至之”，下乾“知终终之”也。“王臣蹇蹇”，两“蹇”字谓王与臣也，九五、六二王与臣皆处蹇中，王任蹇者也，臣或为冥鸿可也，六二所以不去者，以应乎五故也，则六二之蹇“匪躬之故”也。后人又改“蹇蹇”字为“謇”，以謇謇比谔谔，尤为讹谬。“君子夬夬”，“夬夬”二义也，以义决其外，胜己之私于内也。凡卦名而重言之，皆兼上下卦，如“来之坎坎”是也，先儒多以为连语，如虩虩、哑哑之类读之，此误分其句也。又“履虎尾咥人凶”当为句，君子则夬夬矣，何咎之有，况于凶乎？“自天祐之吉”当为句，非吉而利，则非所当祐也。书曰“成汤既没，太甲元年”，孔安国谓：“汤没至太甲立〔一三〕，称元年。”按孟子，成汤之后尚有外丙、仲壬，而尚书疏非之；又或谓古书缺落，文有不具。以予考之，汤誓、仲虺之诰、汤诰皆成汤时诰命〔一四〕，汤没，至太甲元年始复有伊训著于书，自是孔安国离其文于“太甲元年”下注之，遂若可疑，若通下文读之曰“成汤既没，太甲元年伊尹作伊训”，则文自足，亦非缺落。尧之终也，百姓如服考妣之丧三年。百姓，有命者也；为君斩衰，礼也。邦人无服，三年四海无作乐者，况畿内乎？论语曰“先行”当为句，“其言”自当后也。似此之类极多，皆义理所系，则章句亦不可不谨。

527 古人引诗，多举诗之断章，断音段，读如断截之断，谓如一诗之中，只断取一章或一二句取义，不取全篇之义，故谓之“断章”。今之人多读断章，断音锻，谓诗之断句，殊误也。诗之末句古人只谓之“卒章”，近世方谓“断句”。

528 古人谓币言“玄纁五两”者，一玄、一纁为一两。玄，赤黑，象天之色；纁，黄赤，象地之色。故天子六服皆玄衣纁裳，以朱渍丹秫染之。尔雅曰“一染谓之縓”，縓，今之茜也，色小赤；“再染谓之竀”，竀，赪也；“三染谓之纁”，盖黄赤色也。玄、纁二物也，今之用币以皂帛为玄纁，非也。古之言“束帛”者，以五匹屈而束之，今用十匹者，非也。易曰“束帛戋戋”，戋戋者寡也，谓之盛者非也。

529 经典释文如熊安生辈，本河朔人，反切多用北人音;陆德明,吴人,多从吴音;郑康成,齐人,多从东音。如璧有肉、好,肉音揉者,北人音也;"金作赎刑",赎音树者,亦北人音也,至今河朔人谓肉为揉、谓赎为树。如打字音丁梗反、罢字音部买反,皆吴音也;如疡医"祝药劀杀之齐",祝音咒,郑康成改为注,此齐、鲁人音也,至今齐谓注为咒;官名中尚书本秦官,尚音上,谓之尚书者,秦人音也,至今秦人谓尚为常。

乐　律

530 兴国中,琴待诏朱文济鼓琴为天下第一。京师僧慧日大师夷中尽得其法,以授越僧义海。海尽夷中之艺,乃入越州法华山习之,谢绝过从,积十年不下山,昼夜手不释弦,遂穷其妙。天下从海学琴者辐辏,无有臻其奥,海今老矣,指法于此遂绝。海读书能为文,士大夫多与之游,然独以能琴知名。海之艺不在于声,其意韵萧然,得于声外,此众人所不及也。

531 十二律,每律名用各别,正宫、大石调、般涉调七声,宫、羽〔一五〕、商、角、徵、变宫、变徵也。今燕乐二十八调用声各别,正宫、大石调、般涉调皆用九声,高五、高凡、高工、尺、上、高一、高四、六〔一六〕、合;大石角同此〔一七〕,加下五,共十声。中吕宫〔一八〕、双调、中吕调皆用九声,紧五、下凡、高工、尺、上、下一、四〔一九〕、六、合;双角同此,加高一,共十声。高宫、高大石调〔二〇〕、高般涉皆用九声,下五、下凡、工、尺、上、下一、下四、六、合；高大石角同此，加高四，共十声。道调宫、小石调、正平调皆用九声，高五、高凡、高工、尺、上、高一、高四〔二一〕、六、合；小石角加勾字，共十声。南吕宫、歇指调、南吕调皆用七声，下五、高凡、高工、尺、高一、高四、勾；歇指角加下工，共八声。仙吕宫、林钟商、仙吕调皆用九声，紧五、下凡、工、尺、上、下一、高四、六、合；林钟角加高工，共十声。黄钟宫、越调、黄钟羽皆用九声，高五、下凡、高工、尺、上、高一、高四、六、合；越角加高凡，共十声。外则为犯。燕乐七宫，正宫、高宫、中吕宫、道调宫、南吕宫、仙吕宫、黄钟宫；七商，越调、大石调、高大石调、双调、小石调、歇指调、林钟商；七角，越角、大石角、高大石角、双角、小石角、歇指角、林钟角；七羽，中吕调、南吕调又名高平调、仙吕调、黄钟羽又名大石调、般涉调、高般涉、正平调。

532 十二律并清宫当有十六声，今之燕乐止有十五声，盖今乐高于古乐二律以下，故无正黄钟声。今燕乐只以合字配黄钟，下四字配大吕，高四字配太簇，下一字配夹钟，高一字配姑洗，上字配中吕，勾字配蕤宾，尺字配林钟，下工字配夷则，高工字配南吕，下凡字配无射，高凡字配应钟，六字配黄钟清，下五字配大吕清，高五字配太簇清，紧五字配夹钟清。虽如此，然诸调杀声亦不能尽归本律，故有祖调、正犯、偏犯、傍犯，又有寄杀、侧杀、递杀、顺杀。凡此之类，皆后世声律渎乱，各务新奇，律法流散。然就其间亦自有伦理，善工皆能言之，此不备纪。

533 乐有中声、有正声。所谓“中声”者，声之高至于无穷，声之下亦无穷，而各具十二律，作乐者必求其高下最中之声，不如是，不足以致大和之音、应天地之节；所谓“正声”者，如弦之有十三泛韵，此十二律自然之节也。盈丈之弦其节亦十三，盈尺之弦其节亦十三，故琴以为十三徽。不独弦如此，金石亦然。考工为磬之法，“已上则磨其旁，已下则磨其耑”〔二二〕。磨之至于击而有韵处，即与徽应，过之则复无韵；又磨之至于有韵处，复应以一徽。石无大小，有韵处亦不过十三，犹弦之有十三泛声也，此天地至理，人不能以毫厘损益其间，近世金石之工盖未尝及此。不得正声，不足为器；不得中声，不得为乐。

534 律有四清宫，合十二律为十六，故钟磬以十六为一堵。清宫所以为止于四者，自黄钟而降至林钟，宫、商、角三律皆用正律，不失尊卑之序；至夷则即以黄钟为角，南吕以大吕为角，则民声皆过于君声，须当折而用黄钟、大吕之清宫；无射以黄钟为商、太族为角，应钟以大吕为商、夹钟为角〔二三〕，不可不用清宫，此清宫所以有四也。其馀征、羽，自是事、物用变声，过于君声无嫌，自当用正律，此清宫所以止于四，而不止于五也。君、臣、民用从声，事、物用变声，非但义理次序如此，声必如此然后和，亦非人力所能强也。

535 本朝燕部乐经五代离乱，声律差舛，传闻国初比唐乐高五律〔二四〕，近世乐声渐下，尚高两律。予尝以问教坊老乐工，云：“乐声岁久势当渐下，一事验之可见。教坊管色，岁月浸深则声渐差，辄复一易，父祖所用管色〔二五〕，今多不可用，唯方响皆是古器。铁性易鍎〔二六〕，时加磨莹，铁愈薄而声愈下。乐器须以金石为准，若准方响，则声自当渐变。”古人制器用石与铜，取其不为风雨燥湿所移，未尝用铁者，盖有深意焉。律法既亡，金石又不足恃，则声不得不流，亦自然之理也。

536 古乐钟皆扁如盒瓦，盖钟圆则声长，扁则声短。声短则节，声长则曲，节短处声皆相乱，不成音律。后人不知此意，悉为圆钟〔二七〕，急叩之多晃晃尔，清浊不复可辩。

537 琴瑟弦皆有应声，宫弦则应少宫，商弦即应少商，其馀皆隔四相应，今曲中有声者，须依此用之。欲知其应者，先调诸弦令声和，乃翦纸人加弦上，鼓其应弦则纸人跃，他弦即不动。声律高下苟同，虽在他琴鼓之，应弦亦震，此之谓“正声”。

538 乐中有敦、掣、住三声，一敦、一住各当一字，一大字住当二字，一掣减一字，如此迟速方应节，琴瑟亦然。更有折声，唯合字无，折一分、折二分至于折七八分者皆是。举指有浅深，用气有轻重，如笙、箫则全在用气，弦声只在抑按，如中吕宫一字、仙吕宫工字〔二八〕，皆比他调低半格方应本调〔二九〕。唯禁伶能知，外方常工多不喻也。

539 熙宁中宫宴，教坊伶人徐衎奏稽琴，方进酒而一弦绝，衎更不易琴，只用一弦终其曲，自此始为一弦稽琴格。

540 律吕宫、商、角声各相间一律，至征声顿间二律，所谓“变声”也。琴中宫、商、角皆用缠弦，至征则改用平弦，隔一弦鼓之皆与九徽应，独征声与十徽应，此皆隔两律法也。古法唯有五音，琴虽增少宫、少商〔三〇〕，然其用丝各半本律，乃律吕清倍法也，故鼓之六与一应、七与二应，皆不失本律之声。后世有变宫、变征者，盖自羽声隔八相生再起宫，而宫生征，虽谓之宫、征而实非宫、征声也。变宫在宫、羽之间，变征在角、征之间，皆非正声，故其声庞杂破碎，不入本均，流以为郑、卫，但爱其清焦，而不复古人纯正之音。惟琴独为正声者，以其无间声以杂之也。世俗之乐惟务清新，岂复有法度，乌足道哉！

541 十二律配燕乐二十八调，除无征音外，凡杀声，黄钟宫今为正宫，用六字；黄钟商今为越调，用六字；黄钟角今为林钟角，用尺字；黄钟羽今为中吕调，用六字。大吕宫今为高宫，用四字；大吕商、大吕角、大吕羽、太簇宫，今燕乐皆无。太簇商今为大石调，用四字；太簇角今为越角，用工字〔三一〕；太簇羽今为正平调，用四字。夹钟宫今为中吕宫，用一字；夹钟商今为高大石调，用一字；夹钟角、夹钟羽、姑洗宫〔三二〕、商，今燕乐皆无。姑洗角今为大石角，用凡字；姑洗羽今为高平调，用一字。中吕宫今为道调宫，用上字；中吕商今为双调，用上字；中吕角今为高大石角〔三三〕，用六字；中吕羽今为仙吕调，用上字。蕤宾宫、商、羽、角，今燕乐皆无。林钟宫今为南吕宫，用尺字；林钟商今为小石调，用尺字；林钟角今为双角，用四字；林钟羽今为黄钟调〔三四〕，用尺字。夷则宫今为仙吕宫，用工字；夷则商、角、羽、南吕宫，今燕乐皆无。南吕商今为歇指调，用工字；南吕角今为小石角，用一字；南吕羽今为般涉调，用工字〔三五〕。无射宫今为黄钟宫，用凡字；无射商今为林钟商，用凡字；无射角，今燕乐无；无射羽今为高般涉调，用凡字。应钟宫、应钟商，今燕乐皆无；应钟角今为歇指角，用尺字；应钟羽，今燕乐无。

校勘记

〔一〕后数日　汇秘笈本"日"字作"月"。

〔二〕自河中府徙知蔡州　"中府"原作"东中"，据东都事略夏竦传、春明退朝录卷下改。按河中府属永兴路，称"河东中"显误。又，本条前半与春明退朝录所载基本相同，当为括所本，此处之"知"字，春明退朝录作"判"，据东都事略夏竦传及长编，当以"判"为是。

〔三〕或参辞谢□事　依文义，所阙字疑为"贺"字。

〔四〕广韵　"韵"字原作"雅"，按"庑"字，广雅释宫谓"舍也"，而广韵称"堂下也"，则括所引乃广韵而非广雅，故据改。

〔五〕四注　"注"字原作"柱"，从胡校据汇秘笈本及王国维校识改。

〔六〕锯牙　尔雅释兽、诗晨风毛传"锯"字作"倨"，然七经孟子考文补遗引古本"倨"作"锯"，括所据或即此类本也。

〔七〕若王之自言者　"王"字原作"玉"，按依文义当作"王"字，据祝穆古今事文类聚后集卷一二引改。

〔八〕妾得以殉　"以"字原作"一"，据新唐书后妃下改。

〔九〕文苑纪　胡补证："'文'似为'北'字之讹。"

〔一〇〕圣人　"人"字原作"贤"，据汉书司马迁传及本条上文改。

〔一一〕不慊　“慊”字原作“款”，从胡校据稗海本、学津本及王国维校识改。

〔一二〕为分章摘句　“为”字原作“谓”，依文义改。

〔一三〕太甲立　“立”字原作“方”，据尚书伊训孔传改。

〔一四〕汤诰　二字原无，从胡校据汇秘笈本补。

〔一五〕羽　原作“与”字，从胡校依文义改。

〔一六〕六　原作“句”字，从胡校据张文虎舒艺室杂著賸稿学乐杂说（以下简称“张文虎学乐杂说”）改。

〔一七〕大石角　“角”字原无，从胡校据张文虎学乐杂说补。

〔一八〕中吕宫　“宫”字原无，从胡校据张文虎学乐杂说补。

〔一九〕四　“四”上原有“下”字，从胡校据张文虎学乐杂说删。

〔二〇〕高大石调　四字原无，从胡校据张文虎学乐杂说补。

〔二一〕高四　“高”字原作“下”，从胡校据张文虎学乐杂说改。

〔二二〕已上则磨其旁，已下则磨其耑　“旁”原作“耑”，“耑”原作“旁”，据周礼考工记改。

〔二三〕夹钟为角　原作“角钟”，从胡校据陶校、王国维校识改。

〔二四〕比唐乐　“比”字原作“此”，从胡校据汇秘笈本、稗海本及文义改。

〔二五〕父祖　原作“祖父”，从汇秘笈本乙。

〔二六〕铁性易鏥　“鏥”字原作“缩”，依文义当作“锈”，集韵、类篇皆以“鏥”为正字，括当从此，“缩”盖因形近而讹。

〔二七〕悉为圆钟　“圆”字原作“扁”，从戴念祖说（我国古代的声学，科学通报一九七六年第三期）改。

〔二八〕工字　“工”字原作“五”，据郑孟津词源解笺改。

〔二九〕皆比他调低半格　“他”字原作“似”，从胡校据汇秘笈本、稗海本、学津本改；“低”字原作“高”，据郑孟津词源解笺改。

〔三〇〕少商　“商”字原作“角”，从胡校据王国维校识改。

〔三一〕工字 “工”字原作“上”,从胡校据陶校改。

〔三二〕姑洗宫 “宫”字原无,从胡校据凌廷堪燕乐考原卷一补。

〔三三〕高大石角 “角”字原作“调”,从胡校据汇秘笈本及凌廷堪燕乐考原卷一改。

〔三四〕黄钟调 “黄钟”原作“大吕”,从胡校据凌廷堪燕乐考原卷一改。

〔三五〕工字 “工”字原作“四”,从胡校据凌廷堪燕乐考原卷一改。

补笔谈卷二

象数

542 又一说，子、午属庚，此纳甲之法。震初爻纳庚子、庚午也。丑、未属辛，巽初爻纳辛丑、辛未也。寅、申属戊，坎初爻纳戊寅、戊申也。卯、酉属己，离初爻纳己卯、己酉也。辰、戌属丙，艮初爻纳丙辰、丙戌也。巳、亥属丁。兑初爻纳丁巳、丁亥也。一言而得之者，宫与土也；假令庚子、庚午，一言便得庚；辛丑、辛未，一言便得辛；戊寅、戊申，一言便得戊；己卯、己酉，一言便得己，故皆属土。馀皆仿此。三言而得之者，征与火也；假令戊子、戊午皆三言而得庚，己丑、己未皆三言而得辛，丙寅、丙申皆三言而得戊，丁卯、丁酉皆三言而得己，故皆属火。五言而得之者，羽与水也；假令丙子、丙午皆五言而得庚，丁丑、丁未皆五言而得辛，甲寅、甲申皆五言而得戊，乙卯、乙酉皆五言而得己〔一〕，故皆属水。七言而得之者，商与金也；假令甲子、甲午皆七言而得庚，乙丑、乙未皆七言而得辛，壬申、壬寅皆七言而得戊，癸丑、癸酉皆七言而得己，故皆属金。九言而得之者〔二〕，角与木也。假令壬子、壬午皆九言而得庚，癸丑、癸未皆九言而得辛，庚寅、庚申皆九言而得戊，辛卯、辛酉皆九言而得己，故皆属木〔三〕。此出于抱朴子，云是河图玉版之文。然则一何以属土，三何以属火，五何以属水〔四〕？其说云："中央黅天之气一〔五〕，南方丹天之气三，北方玄天之气五，西方素天之气七，东方苍天之气九。"皆奇数而无偶数，莫知何义，都不可推考。

543 世俗十月遇壬日，北人谓之"入易"，吴人谓之"倒布"。壬日气候如本月，癸日差温类九月，甲日类八月，如此倒布之，直至辛日如十一月。遇春、秋时节则温，夏则暑，冬则寒。辛日以后自如时令。此不出阴阳书，然每岁候之亦时有准，莫知何谓。

544 卢肇论海潮，以谓日出没所激而成，此极无理。若因日出没，当每日有常，安得复有早晚？予尝考其行节，每至月正临子、午则潮生，候之万万无差。此以海上候之得潮生之时，去海远，即须据地理增添时刻。月正午而生者为潮，则正子而生者为汐；正子而生者为潮，则正午而生者为汐。

545 历法见于经者，唯尧典言"以闰月定四时成岁"。置闰之法，自尧时始有，太古以前又未知如何。置闰之法，先圣王所遗，固不当议，然事固有古人所未至而俟后世者，如岁差之类方出于近世，此固无古今之嫌也。凡日一出没谓之"一日"，月一盈亏谓之"一月"，以日、月纪天，虽定名，然月行二十九日有奇复与日会，岁十二会而尚有馀日，积三十二月复馀一会，气与朔渐相远，中气不在本月，名实相乖，加一月谓之"闰"。闰生于不得已，犹构舍之用磹楔也。自此气朔交争，岁年错乱，四时失位，算数繁猥。凡积月以为时，四时以成岁，阴阳消长、万物生杀变化之节，皆主于气而已，但记月之盈亏，都不系岁事之舒惨，今乃专以朔定十二月，而气反不得主本月之政。时已谓之春矣，而犹行肃杀之政，则朔在气前者是也，徒谓之乙岁之春，而实甲岁之冬也；时尚谓之冬也，而已行发生之令，则朔在气后者是也，徒谓之甲岁之冬，而实乙岁之春也〔六〕。是空名之正、二、三、四反为实，而生杀之实反为寓，而又生闰月之赘疣，此殆古人未之思也。今为术，莫若用十二气为一年，更不用十二月，直以立春之日为孟春之一日，惊蛰为仲春之一日，大尽三十一日、小尽三十日〔七〕，岁岁齐尽，永无闰馀；十二月常一大、一小相间，纵有两小相并，一岁不过一次。如此，则四时之气常正，岁政不相陵夺，日、月、五星亦自从之，不须改旧法。唯月之盈亏，事虽有系之者，如海、胎育之类，不预岁时寒暑之节，寓之历间可也。借以元祐元年为法，当孟春小，一日壬寅、三日望、十九日朔；仲春大，一日壬申、三日望、十八日朔。如此，历日岂不简易端平，上符天运，无补缀之劳？予先验天百刻有馀、有不足，人已疑其说；又谓十二次斗建当随岁差迁徙，人愈骇之。今此历论，尤当取怪怨攻罵，然异时必有用予之说者。

546 五行之时谓之"五辰"者〔八〕，春、夏、秋、冬各主一时，以四时分属五行，则春、夏、秋、冬虽属木、火、金、水，而建辰、建未、建戌、建丑之月各有十八日属土，故不可以时言，须当以月言。十二月谓之"十二辰"〔九〕，则五行之时谓之“五辰”也。

547 黄帝素问有五运六气。所谓“五运”者，甲、己为土运，乙、庚为金运，丙、辛为水运，丁、壬为木运，戊、癸为火运。如甲、己所以为土，戊、癸所以为火，多不知其因。予按，素问五运行大论黄帝问五运之所始于岐伯〔一〇〕，引太始天元册文曰“始于戊、己之分”，“所谓戊、己分者奎壁、角轸，则天地之门户也”，王砯注引遁甲：“六戊为天门，六己为地户。”天门在戌、亥之间，奎壁之分；地户在辰、巳之间，角轸之分。凡阴阳皆始于辰，上篇所论十二月谓之“十二辰”，十二支亦谓之“十二辰”，十二时亦谓之“十二辰”，日、月、星谓之“三辰”，五行之时谓之“五辰”〔一一〕。五运起于角轸者，亦始于辰也。甲、己之岁，戊己黅天之气经于角轸，故为土运，戊辰、己巳也〔一二〕；角属辰、轸属巳，甲、己之岁得戊辰、己巳，干皆土，故为土运。下皆同此。乙、庚之岁，庚辛素天之气经于角轸，故为金运，庚辰、辛巳也；丙、辛之岁，壬癸玄天之气经于角轸，故为水运，壬辰、癸巳也；丁、壬之岁，甲乙苍天之气经于角轸，故为木运，甲辰、乙巳也；戊、癸之岁，丙丁丹天之气经于角轸，故为火运，丙辰、丁巳也。素问曰“始于奎壁、角轸，则天地之门户也”，凡运临角轸，则气在奎壁以应之，气与运常同天地之门户，故曰“土位之下，风气承之”者〔一三〕，甲、己之岁，戊己土临角轸，则甲乙木在奎壁；奎属戌、壁属亥，甲、己之岁得甲戌、乙亥。下皆同此。曰“金位之下，火气承之”者，乙、庚之岁，庚辛金临角轸，则丙丁火在奎壁；曰“水位之下，土气承之”者，丙、辛之岁，壬癸水临角轸，则戊己土在奎壁；曰“风位之下，金气承之”者，丁、壬之岁，甲乙木临角轸，则庚辛金在奎壁；曰“相火之下，水气承之”者，戊、癸之岁，丙丁火临角轸，则壬癸水在奎壁。古今言素问者皆莫能喻，故具论如此。

548 世之言阴阳者，以十干寄于十二支，各有五行相从，唯戊己则常与丙丁同行。五行家则以戊寄于巳、己寄于午，六壬家亦以戊寄于巳而以己寄于未，唯素问以奎壁为戊分、轸角为己分。奎壁在亥、戌之间，谓之“戊分”，则戊当在戌也；轸角在辰、巳之间，谓之“己分”，则己当在辰也。遁甲以六戊为天门，天门在戌、亥之间，则戊亦当在戌；六己为地户，地户在辰、巳之间，则己亦当在辰。辰、戌皆土位，故戊己寄焉，二说正相合。按字书，戌从戊、从一，则戊寄于戌盖有从来；辰文从厂音汉、从衣，衣音身，左传“亥有二首六身”亦用此衣字从乙音隐、从己，则己寄于辰，与素问、遁甲相符矣。五行，土常与水相随。戊，阳土也；一，水之生数也。水乃金之子，水寄于西方金之末者，生水也，而旺土包之，此戊之理如是。己，阴土也；六，水之成数也。水乃木之母，水寄于东方木之末者，老水也，而衰土相与隐于厂下者，水土之墓也。厂，山岩之可居者。乙，隐也。

549 律有实积之数，有长短之数，有周径之数，有清浊之数。所谓“实积之数”者〔一四〕，黄钟管长九寸，围九分〔一五〕，以黍实其中，其积九九八十一，此实积之数也。太簇长八寸〔一六〕，围九分，八九七十二，前汉书称八八六十四，误也，解具下文。馀律准此。所谓“长短之数”者，黄钟九寸，三分损一下生林钟，长六寸；林钟，三分益一上生太簇，长八寸，此长短之数也，馀律准此。所谓"周径之数"者，黄钟长九寸，围九分；古人言黄钟围九分，举盈数耳，细率之当周九分七分之三。林钟长六寸，亦围九分，十二律皆围九分，前汉志言"林钟围六分"者误也，予于乐论辩之甚详。史记称"林钟五寸十分四"，此则六九五十四〔一七〕，足以验前汉误也。馀律准此。所谓"清浊之数"者，黄钟长九寸为正声，一尺八寸为黄钟浊宫，四寸五分为黄钟清宫，倍而长为浊宫，倍而短为清宫。馀律准此。

550 八卦有过揲之数，有归馀之数，有阴阳老少之数，有河图之数。所谓"过揲之数"者，亦谓之八卦之策。乾九揲而得之，揲必以四，四九三十六；坤六揲而得之，揲必以四，四六二十四。此乾、坤之策，过揲之数也，馀卦准此前卷叙之已详。所谓"归馀之数"者，乾一爻三少，初变之初五，再变、三变之初各四，并卦为十四，爻三合四十二，此乾卦归馀之数也；坤一爻三多〔一八〕，初变之初九，再变、三变各八，并卦为二十六〔一九〕，爻三合之七十八〔二〇〕，此坤卦归馀之数也，馀卦准此。所谓"阴阳老少之数"者〔二一〕，乾九揲而得之，故曰老阳之数九；坤六揲而得之，故曰老阴之数六；震、艮、坎皆七揲而得之，故曰少阳之数七；巽、离、兑皆八揲而得之，故曰少阴之数八。所谓"河图之数"者，河图北方一、南方九、东方三、西方七、东北八、西北六、东南四、西南二、中央五，乾得东、东南、西南〔二二〕、中、北，故其数十有五；坤得西〔二三〕、南、东北、西北，故其数三十；震得东南、西南、东、西、北，故其数十有七；巽得南、中、东北、西北，故其数二十有八；坎得东南、西南、东北、西北、中，故其数二十有五；离得东、西、南、北，故其数二十；艮得南、东、西、东北、西北，故其数三十有三；兑得东南、西南、中、北，故其数十有二，具图如后〔二四〕。

551 揲蓍之法，凡一爻含四卦，凡一阳爻，乾为老阳，两多一少，非震即坎，非坎即艮，少在前震也，少在中坎也，少在后艮也，三揲之中含此四卦方能成一爻。阴爻亦如此，三爻坤为老阴，两少一多，非巽即离，非离即兑，多在前则巽也，多在中离也，多在后兑也。积三爻为内卦，凡含十二卦。一爻含四卦，三爻共十二卦也，所以含十二卦〔二五〕。自相重为六，内卦三爻〔二六〕，凡得六十四卦；重卦之法，以下爻四卦乘中爻四卦得十六卦，又以上爻四卦乘之得六十四卦。外卦三爻，亦得六十四卦〔二七〕。以内外六十四卦复自相乘，为四千九十六卦，方成易之卦。此之卦法也。揲蓍凡十有八变成易之一卦，一卦之中含四千九十六卦在其间，细算之乃见。凡一卦可变为六十四卦，此变卦法，周易是也。六十四卦之为四千九十六卦，此之卦法也，如乾之坤、之屯、之蒙，尽六十四卦，每卦皆如此，共得四千九十六卦，今焦贡易林中所载是也。四千九十六卦方得能却成一卦，终始相生，以首生尾，以尾生首，积至微之数，以成至大，积至大之数，却为至微，循环无端，莫知首尾，故罔象成名图曰："其大无外，其小无内，迎之不见其首，随之不见其尾。"一卦变为六十四卦，六十四卦之为四千九十六卦，四千九十六卦却变为一卦，循环相生，莫知其端。大小一也，积小以为大，积大复为小，岂非一乎？往来一也，首穷而成尾，尾穷而反成首，岂非一乎？故至诚可以前知，始末无异故也。以夜为往者，以昼为来；以昼为往者，以夜为来。来往常相代，而吾所以知之者一也，故藏往知来不足怪也。圣人独得之于心，而不可言喻，故设象以示人。象安能藏往知来，成变化而行鬼神？学者当观象以求，圣人所以自然得者，宛然可见，然后可以藏往知来，成变化而行鬼神矣。易之象皆如是，非独此数也。知言象为糟粕，然后可以求易。

官　政

552 有一朝士，与王沂公有旧，欲得齐州，沂公曰："齐州已差人。"乃与庐州，不就，曰："齐州地望卑于庐州，但于私便尔耳，相公不使一物失所，改易前命，当亦不难。"公正色曰："不使一物失所，唯是均平，若夺一与一，此一物不失所，则彼一物必失所。"其人惭沮而退。

553 孙伯纯史馆知海州日，发运司议置洛要、板浦、惠泽三盐场，孙以为非便，发运使亲行郡，决欲为之，孙抗论排沮甚坚。百姓遮孙，自言置盐场为便，孙晓之曰："汝愚民，不知远计。官买盐虽有近利，官盐患在不售，不患盐不足，盐多而不售，遗患在三十年后。"至孙罢郡，卒置三场。近岁涟、海间刑狱〔二八〕、盗贼、差徭比旧浸繁，多缘三盐场所置积盐如山，运卖不行，亏失欠负，动辄破人产业，民始患之。朝廷调发军器有弩桩、箭干之类，海州素无此物，民甚苦之，请以鳔胶充折，孙谓之曰："弩桩、箭干共知非海州所产，盖一时所须耳，若以土产物代之，恐汝岁被科无已时也。"其远虑多类此。

554 孙伯纯史馆知苏州，有不逞子弟与人争“状”字当从犬、当从大，因而构讼，孙令褫去巾带，纱帽下乃是青巾，孙判其牒曰：“偏傍从大，书传无闻；巾帽用青，屠沽何异？量决小杖八下。”苏民闻之〔二九〕，以为口实。

555 忠定张尚书曾令鄂州崇阳县，崇阳多旷土，民不务耕织，唯以植茶为业，忠定令民伐去茶园，诱之使种桑麻，自此茶园渐少，而桑麻特盛于鄂、岳之间。至嘉祐中改茶法，湖、湘之民苦于茶租，独崇阳茶租最少，民监他邑，思公之惠，立庙以报之。民有入市买菜者，公召谕之曰：“邑居之民无地种植，且有他业，买菜可也。汝村民皆有土田，何不自种，而费钱买菜？”笞而遣之，自后人家皆置圃，至今谓芦菔为“张知县菜”。

权　智

556 王子醇枢密帅熙河日，西戎欲入寇，先使人觇我虚实，逻者得之，索其衣缘中获一书，乃是尽记熙河人马、刍粮之数，官属皆欲支解以殉，子醇忽判杖背二十，大刺面“蕃贼决讫放归”六字纵之。是时适有戍兵步骑甚众，刍粮亦富，虏人得谍书知有备，其谋遂寝。

557 宝元元年党项围延安七日，邻于危者数矣，范侍郎雍为帅，忧形于色，有老军校出，自言曰：“某边人，遭围城者数次，其势有近于今日者，虏人不善攻，卒不能拔。今日万万无虞，某可以保任，若有不测，某甘斩首。”范嘉其言壮，人心亦为之小安，事平，此校大蒙赏拔〔三〇〕，言知兵善料敌者首称之。或谓之曰："汝敢肆妄言，万一言不验，须伏法。"校笑曰："君未之思也。若城果陷，何暇杀我邪？聊欲安众心耳。"

558 韩信袭赵，先使万人背水阵，乃建大将旗鼓出井陉口，与赵人大战，佯败，弃旗鼓走水上。军背水而阵，已是危道，又弃旗鼓而趋之，此必败势也，而信用之者，陈馀老将，不以必败之势邀之，不能致也，信自知才过馀，乃敢用此耳。向使馀小黠于信，信岂得不败？此所谓知彼知己，量敌为计。后之人不量敌势，袭信之迹，决败无疑。汉五年楚、汉决胜于垓下，信将三十万自当之，孔将军居左，费将军居右，高帝在其后，绛侯、柴武在高帝后。信先合不利，孔将军、费将军纵，楚兵不利，信复乘之，大败楚师，此亦拔赵策也。信时威震天下，籍所惮者独信耳，信以三十万人不利而却，真却也，然后不疑，故信与二将得以乘其隙，此"建成堕马"势也。信兵虽却，而二将维其左右，高帝军其后，绛侯、柴武又在其后，异乎背水之危，此所以待项籍也，用破赵之迹则歼矣。此皆信之奇策。观古人者当求其意，不徒视其迹。班固为汉书乃削此一事，盖固不察所以得籍者，正在此一战耳。从古言韩信善用兵，书中不见信所以善者。予以谓信说高帝还用三秦，据天下根本，见其断；虏魏豹、斩龙且，见其智；拔赵、破楚，见其应变；西向师亡虏，见其有大志。此其过人者，惜乎汉书脱略，漫见于此。

559 种世衡初营清涧城，有紫山寺僧法崧，刚果有谋，以义烈自名，世衡延置门下，恣其所欲，供亿无算。崧酗酒、狎博无所不为，世衡遇之愈厚，留岁馀，崧亦深德世衡，自处不疑。一日，世衡忽怒谓崧曰："我待汝如此，而阴与贼连，何相负也？"拽下械系捶掠，极其苦楚，凡一月，滨于死者数矣，崧终不伏，曰："崧丈夫也，公听奸人言，欲见杀则死矣，终不以不义自诬。"毅然不顾。世衡审其不可屈，为解缚沐浴，复延入卧内，厚抚谢之，曰："尔无过，聊相试耳。欲使为间，万一可胁，将泄吾事，设虏人以此见穷，能不相负否？"崧默然，曰："试为公为之。"世衡厚遗遣之，以军机密事数条与崧，曰："可以此藉手，仍伪报西羌。"临行，世衡解所服絮袍赠之，曰："胡地苦寒，以此为别，至彼须万计求见遇乞，非此人，无以得其心腹。"遇乞，虏人之谋臣也。崧如所教，间关求通遇乞，虏人觉而疑之，执于有司，数日或发袍，领中得世衡与遇乞书，词甚款密。崧初不知领中书，虏人苦之备至，终不言情，虏人因疑遇乞，舍崧迁于北境。久之，遇乞终以疑死，崧邂逅得亡归，尽得虏中事以报。朝廷录其劳，补右侍禁，归姓为王。崧后官至诸司使，至今边人谓之"王和尚"。世衡本卖崧为死间，邂逅得生还，亦命也。康定之后，世衡数出奇计。予在边，得于边人甚详，为新其庙像，录其事于篇。

560 祥符中禁中火〔三一〕，时丁晋公主营复宫室，患取土远，公乃令凿通衢取土，不日皆成巨堑，乃决汴水入堑中，引诸道竹木排筏及船运杂材，尽自堑中入至宫门，事毕,却以斥弃瓦砾灰壤实于堑中,复为街衢。一举而三役济,计省费以亿万计。

561 国初两浙献龙船,长二十馀丈,上为宫室层楼,设御榻,以备游幸。岁久腹败,欲修治,而水中不可施工。熙宁中宦官黄怀信献计,于金明池北凿大澳,可容龙船,其下置柱,以大木梁其上,乃决水入澳,引船当梁上,即车出澳中水,船乃笐于空中,完补讫,复以水浮船,撤去梁柱,以大屋蒙之,遂为藏船之室,永无暴露之患。

艺 文

562 李学士世衡喜藏书,有一晋人墨迹在其子绪处,长安石从事尝从李君借去,窃摹一本以献文潞公,以为真迹。一日潞公会客,出书画而李在坐,一见此帖,惊曰:"此帖乃吾家物,何忽至此?"急令人归取验之,乃知潞公所收乃摹本。李方知为石君所传,具以白潞公,而坐客墙进,皆言潞公所收乃真迹,而以李所收为摹本,李乃叹曰:"彼众我寡,岂复可伸? 今日方知身孤寒。"

563 章枢密子厚善书,尝有语:"书字极须用意,不用意而用意,皆不能佳。此有妙理,非得之于心者,不晓吾语也。"尝自谓"墨禅"。

564 世之论书者,多自谓书不必有法,各自成一家。此语得其一偏,譬如西施、毛嫱,容貌虽不同,而皆为丽人,然手须是手、足须是足,此不可移者。作字亦然,虽形气不同，掠须是掠、磔须是磔，千变万化，此不可移也。若掠不成掠、磔不成磔，纵其精神、筋骨犹西施、毛嫱，而手足乖戾，终不为完人。杨朱、墨翟，贤辩过人，而卒不入圣域。尽得师法，律度备全，犹是奴书。然须自此入，过此一路，乃涉妙境，无迹可窥，然后入神。

565 今世俗谓之"隶书"者，只是古人之八分书，谓初从篆文变隶，尚有二分篆法，故谓之"八分书"，后乃全变为隶书，则今之正书、章草、行书、草书皆是也。后之人乃误谓古八分书为隶书，以今时书为正书，殊不知所谓"正书"者，隶书之正者耳，其馀行书、草书皆隶书也。杜甫李潮八分小篆歌云："陈仓石鼓文已讹，大小二篆生八分。苦县光和尚骨立，书贵瘦硬方通神。"苦县，老子朱龟碑也。书评云："汉、魏牌榜、碑文和华山碑，皆今所谓隶书也，杜甫诗亦只谓之'八分'。"又书评云："汉、魏牌榜、碑文，非篆即八分，未尝用隶书。"知汉、魏碑文皆八分，非隶书也。

566 江南府库中书画至多，其印记有"建业文房之印"、"内合同"印。"集贤殿书院"印以墨印之，谓之"金图书"，言惟此印以黄金为之。诸书画中时有李后主题跋，然未尝题书画人姓名，唯锺隐画皆后主亲笔题"锺隐笔"三字。后主善画，尤工翎毛。或云：凡言"锺隐笔"者皆后主自画，后主尝自号锺山隐士，故晦其名，谓之"锺隐"，非姓锺人也。今世传锺画，但无后主亲题者皆非也。

器 用

567 熙宁八年章子厚与予同领军器监，被旨讨论兵车制度，本监以周礼考工记及小戎诗考定，车轮崇六尺六寸〔三二〕，轵崇三尺三寸。毂末至地也，并轸、轐为四尺。牙围一尺一寸〔三三〕，厚一尺三分寸之二。车罔也。毂长三尺二寸，径一尺三分寸之二。轮之薮三寸九分寸之五〔三四〕，毂上札辐凿眼是也。大穿内径四寸五分寸之二，记谓之“贤”，毂之里穿也。小穿内径二寸十五分寸之四〔三五〕。记谓之“轵”，毂之外穿也。辐内九寸半〔三六〕，辐外一尺九寸，并辐广三寸半〔三七〕，共三尺二寸，乃毂之长。金厚一寸，大、小穿其金皆一寸。辐广三寸半。深亦如之。舆六尺六寸，车隧四尺四寸〔三八〕。隧音遂，谓车之深。盖深四尺四寸、广六尺六寸也。式深一尺四寸三分寸之二〔三九〕，七寸三分寸之一在轸内。崇三尺三寸，半舆之广为之崇〔四〇〕。较崇二尺二寸，通高五尺五寸。较，两輢上出式者〔四一〕，并车高五尺五寸。轸围一尺一寸，车后横木。式围七寸三分寸之一〔四二〕，较围四寸九分寸之八，轵围三寸二十七分寸之七，此轵乃輢木之植者、衡者，与毂末同名。轛围二寸八十一分寸之十四，此式之植者〔四三〕、衡者，如较之植轵而名互异。任正围一尺四寸五分寸之二。此舆下三面材，持车正者。辀深四尺七寸，此梁舡辀也。轵崇三尺三寸，此辀如桥梁，矫上四尺七寸，并衡颈为八尺七寸。国马高八尺，除衡颈则如马之高。长一丈四尺四寸。軓前十尺〔四四〕。隧四尺四寸。軓前一丈。策长五尺〔四五〕。衡围一尺三寸五分寸之一，长六尺六寸，轴围一尺三寸五分寸之一，兔围一尺四寸五分寸之二〔四六〕，舆前当辕者，与任正相为四面〔四七〕。颈围九寸十五分寸之九，颈，辀前持衡者。踵围七寸七十五分寸之五十一〔四八〕。踵，辀后承轸处〔四九〕。轨广八尺，两辙之间。阴如轨之长。侧于轨前。靷二，前著骖辔，后属阴。在骖之外，所以止出〔五〇〕。胁驱长一丈，皮为之，前系于衡，后属于轸，当胁所以止入〔五一〕。服马当衡轭〔五二〕，两服齐首。骖马齐衡，两骖雁行，谓小却也。辔六。服马二辔，骖马一辔。度皆以周尺。一尺当今七寸三分少强。以法付作坊制车，兼习五御法，是秋八月大阅，上御延和殿亲按，藏于武库以备仪物而已。

568 古鼎中有三足皆空，中可容物者，所谓"鬲"也。煎和之法，常欲湆在下、体在上，则易熟而不偏烂，及升鼎，则浊滓皆归足中。鼎卦初六"鼎颠趾，利出否"，谓浊恶下，须先泻而虚之，九二阳爻方为鼎实。今京师大屠善熟彘者，钩悬而煮，不使著釜底，亦古人遗意也。又古铜香罏多镂其底，先入火于罏中，乃以灰覆其上，火盛则难灭而持久，又防罏热灼席，则为盘荐水，以渐其趾，且以承灰炧之坠者。其他古器率有曲意，而形制文画大概多同，盖有所传授，各守师法，后人莫敢辄改。今之众学，人人皆出己意，奇袤浅陋，弃古自用，不止器械而已。

569 大夫七十而有阁。天子之阁，左达五、右达五。阁者板格，以庋膳羞者，正是今之立鐀。今吴人谓立鐀为"厨"者，原起于此，以其贮食物也，故谓之"厨"。

校勘记

〔一〕乙酉　“酉”字原作“丑”，据抱朴子仙药改。

〔二〕得之者　“者”字原无，依本条述例补。

〔三〕属木　“木”字原作“金”，从胡校据汇秘笈本及王国维校识改。

〔四〕属水　“水”字原作“金”，从胡校据王国维校识改。

〔五〕黅天之气　“黅”字原作“总”，据黄帝内经素问五运行大论改。

〔六〕而实　“而”字原作“乃”，依本条述例改。

〔七〕大尽三十一日，小尽三十日　“三十一日”、“小尽”六字原无，从胡校据盛如梓庶斋老学丛谈卷六引补。

〔八〕本条爱庐本原无，崇祯本同，汇秘笈本、稗海本、学津本皆有，唯汇秘笈本、稗海本因本条内容与第一二〇条相接，故重复第一二〇条全文，今从胡校据学津本补，不再重复已见于第一二〇条之文字。

〔九〕十二月　“十二”二字原无，从胡校据汇秘笈本、稗海本、学津本下条“上篇所论十二月谓之十二辰”句补。

〔一〇〕五运行大论　“行”字原无，据黄帝内经素问所载篇名补。

〔一一〕“上篇所论十二月”至“五行之时谓之五辰”　此四十五字爱庐本原无，崇祯本同，胡校云“崇祯本、爱庐本因将第五四六条删去，遂并此四十五字亦删去之，全失原来面貌”，从胡校据汇秘笈本、稗海本、学津本补。

〔一二〕戊辰己巳也　五字原无，依本条述例补。

〔一三〕风气承之者　“者”字原无，依本条述例补。

〔一四〕实积　原作“积实”，从胡校据汇秘笈本、稗海本、学津本乙。按作“实积”与本条上下文及第一四三条合。

〔一五〕围九分　此与下文“围九分，八九七十二”之“围”字原作“径”，此处之“分”字原作“寸”，按本条下文小注称“古人言黄钟围九分，举盈数耳”，且云“十二律皆围九分”，故据改。

〔一六〕太簇长八寸　原作“林钟”，据汉书律历志改。按本条下文称“黄钟九寸，三分损一下生林钟，长六寸；林钟，三分益一上生太簇，长八寸”，是括亦以太簇长八寸，作“林钟”者乃传钞致误也。

〔一七〕六九　“六”下原有“分”字，依上文“九九八十一”、“八九七十二”之例，此处之“分”为衍文，故据删。

〔一八〕坤一爻三多　“多”字原作“少”，按第一三七条称“三多，坤也”，故据改。

〔一九〕二十六　“六”字原无作“爻”，从胡校据汇秘笈本改。

〔二〇〕爻三合之　“爻三”原作“三爻”，从胡校据汇秘笈本乙。

〔二一〕所谓阴阳老少之数者　“所谓”、“者”字原无，依本条述例补。

〔二二〕东东南西南　“东东南西”四字原无，据排比各卦方位补。

〔二三〕坤得西　“西”上原有“东”字，经排比乃衍文，故从胡校删。

〔二四〕具图如后　此下原有小注“图缺”，按此当是后人所标，非括自注，故删。

〔二五〕所以含十二卦　此句原为正文，细味之当属小注，故改。

〔二六〕内卦三爻　“内”、“三”二字原无，按小注述重卦之法，以三爻自乘得六十四，下文又云“外卦三爻，亦得六十四卦”，可见此处当称“内卦三爻”，故补。

〔二七〕亦得六十四卦　“得”字原无，此云“亦”，乃亦上文“凡得六十四卦”，则当有“得”字，故补。

〔二八〕涟海间　“涟”字原作“连”，据吴以宁说改。按海州与涟水军相邻，涟、海并称累见于宋、元史籍，吴说是，故据改。

〔二九〕苏民闻之　汇秘笈本“闻”字作“传”。

〔三〇〕大蒙赏拔　“大”字原作“夫”，据汇秘笈本改。

〔三一〕禁中火　“中”字原无，据汇秘笈本补。

〔三二〕六尺六寸　“六寸”二字原无，据周礼考工记补。

〔三三〕牙围　“牙”字原作“互”，从胡校据王国维校识改。

〔三四〕轮之薮　“薮”字原作“数”，从胡校据王国维校识改。

〔三五〕内径二寸　“二”字原作“三”，据周礼考工记注改。

〔三六〕辐内　“内”字原无，据周礼考工记注补。

〔三七〕辐广　“广”字原无，据周礼考工记注补。

〔三八〕车隧　此与小注“隧音遂”、“隧四尺四寸”之“隧”字原作“队”，据周礼考工记注改。

〔三九〕式深　“式”字原作“或”，从胡校据王国维校识改。

〔四〇〕广为　原作“深谓”，从胡校据王国维校识改。

〔四一〕出式　“式”字原作“二”，从胡校据王国维校识改。

〔四二〕式围　“式”字原作“贰”，据周礼考工记改。

〔四三〕式之　“式”字原作“贰”，从胡校据王国维校识改。

〔四四〕軓前　此与下文“軓前一丈”之“軓”字原作“轨”，从胡校据汇秘笈本、学津本及王国维校识改。

〔四五〕策长　“策”空阙，汇秘笈本字原作“筑”，从胡校据王国维校识改。

〔四六〕兔围　“兔”字空阙，据汇秘笈本及周礼考工记补。

〔四七〕舆前当辕者，与任正相为四面　“与”字原作“舆”，据周礼考工记注改。王国维校识云：“注有误，据郑注当云‘辀当伏兔者，与任正相应’。”按括注乃依郑注而自为文，不必改。

〔四八〕之五十一　“十一”二字原无，据周礼考工记注及王国维校识补。

〔四九〕承轸处　“轸”字原作“辕”，据周礼考工记注及王国维校识改。

〔五〇〕止出　“止”字原作“正”，从胡校据王国维校识改。

〔五一〕当胁所以止入　“当”字原作“内”，“入”字原作“之”，据诗小戎正义改。王国维校识云：“‘后属于轸内胁所以止之’，当云‘当骖马内，所以止入’。”

〔五二〕服马当衡轭　王国维校识谓“马”下脱“颈”字。

补笔谈卷三

异　事

570 韩魏公庆历中以资政殿学士帅淮南，一日后园中有芍药一干分四岐，岐各一花，上下红，中间黄蕊间之。当时扬州芍药未有此一品，今谓之“金缠腰”者是也。公异之，开一会，欲招四客以赏之，以应四花之瑞。时王岐公为大理寺评事通判，王荆公为大理评事签判，皆召之，尚少一客，以判钤辖诸司使忘其名〔一〕官最长，遂取以充数。明日早衙，钤辖者申状暴泄不至，尚少一客，命取过客历求一朝官足之，过客中无朝官，唯有陈秀公时为大理寺丞，遂命同会。至中筵翦四花，四客各簪一枝，甚为盛集。后三十年间，四人皆为宰相。

571 濒海素少士人，祥符中廉州人梁氏卜地葬其亲，至一山中，见居人说旬日前有数十龟，负一大龟葬于此山中，梁以谓龟神物，其葬处或是福地，与其人登山观之，乃见有丘墓之象，试发之，果得一死龟，梁乃迁葬他所，以龟之所穴葬其亲。其后梁生三子，立仪、立则、立贤，立则、立贤皆以进士登科。立仪尝预荐，皇祐中侬智高平，推恩授假板官。立则值熙宁立八路选格，就二广连典十馀郡，今为朝请大夫致仕，予亦识之。立仪、立则皆朝散郎，至今皆在，徙居广州，郁为士族，至今谓之"龟葬梁家"。龟能葬，其事已可怪，而梁氏适兴，其偶然邪，抑亦神物启之邪？

杂　志

572 宋景文子京判太常日，欧阳文忠公、刁景纯同知礼院。景纯喜交游，多所过从，到局或不下马而去。一日退朝，与子京相遇〔二〕，子京谓之曰："久不辱至寺，但闻走马过门。"李邯郸献臣立谈间，戏改杜子美赠郑广文诗嘲之曰："景纯过官舍，走马不曾下。忽地退朝逢，便遭官长骂〔三〕。多罗四十年〔四〕，偶未识磨毡〔五〕。赖有王宣庆，时时乞与钱。"叶道卿、王原叔各为一体诗，写于一幅纸上，子京于其后题六字曰"效子美谇景纯"，献臣复注其下曰"道卿隶书〔六〕，原叔古篆，子京题篇，献臣小书"。欧阳文忠公又以子美诗书于一绫扇上。高文庄在坐，曰："今日我独无功。"乃取四公所书纸为一小帖，悬于景纯直舍而去。时西羌首领唃厮啰新归附〔七〕，磨毡乃其子也；王宣庆大阉求景纯为墓志，送钱三百千，故有"磨毡"、"王宣庆"之诮。今诗帖在景纯之孙槩处，扇诗在杨次公家，皆一时名流雅谑，予皆曾借观，笔迹可爱。

573 禁中旧有吴道子画锺馗，其卷首有唐人题记曰："明皇开元讲武骊山，岁翠华还宫〔八〕，上不怿，因痁作，将逾月，巫医殚伎不能致良。忽一夕梦二鬼，一大、一小。其小者衣绛犊鼻，屦一足、跣一足，悬一屦，搢一大筠纸扇，窃太真紫香囊及上玉笛，绕殿而奔。其大者戴帽，衣蓝裳，袒一臂，鞹双足，乃捉其小者，刳其目，然后擘而啖之。上问大者曰：'尔何人也？'奏云：'臣锺馗氏，即武举不捷之士也，誓与陛下除天下之妖孽。'梦觉，痁若顿瘳，而体益壮。乃诏画工吴道子，告之以梦，曰：'试为朕如梦图之。'道子奉旨，恍若有睹，立笔图讫以进。上瞠视久之，抚几曰：'是卿与朕同梦耳，何肖若此哉！'道子进曰：'陛下忧劳宵旰，以衡石妨膳，而痁得犯之，果有蠲邪之物以卫圣德。'因舞蹈，上千万岁寿。上大悦，劳之百金，批曰：'灵只应梦，厥疾全瘳。烈士除妖，实须称奖。因图异状，颁显有司。岁暮驱除，可宜徧识。以祛邪魅，兼静妖氛。仍告天下，悉令知委。'"熙宁五年〔九〕，上令画工摹拓镌板，印赐两府辅臣各一本。是岁除夜，遣入内供奉官梁楷就东西府给赐钟馗之象。观此题相记，似始于开元时。皇祐中金陵上元县发一冢，有石志，乃宋征西将军宗悫母郑夫人墓。夫人，汉大司农郑众女也〔一〇〕。悫有妹名锺馗，后魏有李锺馗，隋将乔锺馗、杨锺馗，然则锺馗之名从来亦远矣，非起于开元之时，开元之时始有此画耳。"锺馗"字亦作"锺葵"。

574 故相陈岐公，有司谥荣灵，太常议之，以荣灵为甚，请谥恭。以“恭”易“荣灵”虽差美，乃是用唐许敬宗故事，适足以为累耳。钱文僖公始谥不善，人有为之申理而改“思”，亦是用于頔故事，后乃易今谥。

575 地理之书，古人有飞鸟图，不知何人所为。所谓“飞鸟”者，谓虽有四至里数，皆是循路步之，道路迂直而不常，既列为图，则里步无缘相应，故按图别量径直四至，如空中鸟飞直达，更无山川回屈之差。予尝为守令图，虽以二寸折百里为分率，又立准望，互融傍验高下〔一一〕、方斜、迂直之法〔一二〕，以取鸟飞之数。图成，得方隅远近之实，始可施此法，分四至、八到为二十四至，以十二支、甲乙丙丁庚辛壬癸八干、乾坤艮巽四卦名之，使后世图虽亡，得予此书，按二十四至以布郡县，立可成图，毫发无差矣。

576 咸平末契丹犯边，戍将王显〔一三〕、王继忠屯兵镇、定，虏兵大至，继忠力战，为契丹所获，授以伪官，复使为将，渐见亲信。继忠乘闲进说契丹讲好朝廷，息民为万世利，虏母老，亦厌兵，遂纳其言，因寓书于莫守石普，使达意于朝廷，时亦未之信。明年虏兵大下，遂至河，车驾亲征，驻跸澶渊，而继忠自虏中具奏戎主请和之意，达于行在，上使曹利用驰遗契丹书，与之讲平。利用至大名，时王冀公守大名，以虏方得志，疑其不情，留利用未遣。会围合不得出，朝廷不知利用所在，又募人继往，得殿前散直张皓，引见行在，皓携九岁子见曰：“臣不得虏情为报，誓死不还，愿陛下录其子。”上赐银三百两遣之。皓出澶州，为徼骑所掠，皓具言讲和之意，骑乃引与俱见戎母萧及戎主。萧搴车帏召皓，以木横车轭上，令皓坐，与之酒食，抚劳甚厚。皓既回，闻虏欲袭我北塞，以其谋告守将周文质及李继隆、秦翰，文质等厚备以待之，黎明虏兵果至，迎射其大帅挞览坠马死，虏兵大溃。上复使皓申前约，及言已遣曹利用之意，皓入大名以告王冀公，与利用俱往，和议遂定，乃改元景德。后皓为利用所轧，终于左侍禁。真宗后知之〔一四〕，录其先留九岁子牧为三班奉职，而累赠继忠至大同军节度使兼侍中。国史所书本末不甚备，予得其详于张牧及王继忠之子从伾之家。蒋颖叔为河北都转运使日，复为从伾论奏，追录其功。

577 前世风俗，卑者致书于所尊，尊者但批纸尾答之曰“反”，故人谓之“批反”，如官司批状、诏书批答之类。故纸尾多作“敬空”字，自谓不敢抗敌，但空纸尾以待批反耳。尊者亦自处不疑，不务过敬。前世启甚简，亦少用联幅者，后世虚文浸繁，无昔人款款之情，此风极可惜也。

578 风后八阵，大将握奇处于中军，则并中军为九军也。唐李靖以兵少难分九军，又改制六花阵，并中军为七军。予按，九军乃方法，七军乃圆法也。算术，方物八裹一，盖少阴之数，并其中为老阳；圆物六裹一，乃老阴之数，并其中为少阳。此物之定行，其数不可改易者，既为方、圆二阵，势自当如此。九军之次，李靖之后始变古法，为前军、策前军〔一五〕、右虞候军、右军、中军、左虞候军、左军〔一六〕、后军、策后军；七军之次，前军、右虞候军、右军、中军、左虞候军、左军、后军〔一七〕。扬奇备伏，先锋、踏白皆在阵外，跳荡、弩手皆在军中[一八]。

579 熙宁中，使六宅使郭固等讨论九军阵法，著之为书，颁下诸帅府，副藏秘阁。固之法，九军共为一营阵，行则为阵，住则为营。以驻队绕之。若依古法，人占地二步、马四步，军中容军、队中容队，则十万人之阵占地方十里馀，天下岂有方十里之地无丘阜、沟涧、林木之碍者？兼九军共以一驻队为篱落，则兵不复可分，如九人共一皮，分之则死，此正孙武所谓"縻军"也。又古阵法有"面面相向[一九]，背背相承"之文，固不能解，乃使阵间士卒皆侧立，每两行为一巷[二〇]，令面相向而立，虽文应古说，不知士卒侧立，如何应敌？上疑其说，使予再加详定。予以谓九军当使别自为阵，虽分列左右、前后而各占地利，以驻队外向自绕，纵越沟涧、林薄，不妨各自成营，金鼓一作，则卷舒合散，浑浑沦沦而不可乱，九军合为一大阵，则中分四衢如井田法，九军皆背背相承、面面相向，四头八尾，触处为首。上以为然，亲举手曰："譬如此五指，若共为一皮包之，则何以施用？"遂著为令，今营阵法是也。

580 古人尚右，主人居左、坐客在右者，尊宾也，今人或以主人之位让客，此甚无义。惟天子适诸侯"升自阼阶"者，主道也，非以左为尊也。礼记曰："主人就东阶，客就西阶。客若降等，则就主人之阶。主人固辞，乃就西阶。"盖尝以西阶为尊，就主人阶所以为敬也。韩信得广武君，东向坐，西向对而师事之，此尊右之实也。今惟朝廷有此礼，凡臣僚登阶奏事，皆由东阶立于御座之东，不由西者，天子无宾礼也。方外唯释门主人升堂，众宾皆立于西，惟职属及门弟子立于东，盖旧俗时有存者。

581 扬州在唐时最为富盛，旧城南北十五里一百一十步，东西七里十三步，可纪者有二十四桥。最西浊河茶园桥，次东大明桥今大明寺前，入西水门有九曲桥今建隆寺前，次东正当帅牙南门有下马桥，又东作坊桥，桥东河转向南有洗马桥，次南桥见在今州城北门外，又南阿师桥、周家桥今此处为城北门、小市桥今存、广济桥今存、新桥、开明桥今存、顾家桥、通泗桥今存、太平桥今存〔二一〕、利园桥，出南水门有万岁桥今存、青园桥，自驿桥北河流东出有参佐桥今开元寺前，次东水门，今有新桥，非古迹也。东出有山光桥见在今山光寺前。又自衙门下马桥直南，有北三桥、中三桥、南三桥，号九桥，不通船，不在二十四桥之数，皆在今州城西门之外。

582 士人李，忘其名，嘉祐中为舒州观察支使，能为水丹。时王荆公为通判〔二二〕，问其法，云："以清水入土鼎中，其下以火然之，少日则水渐凝结如金玉，精莹骇目。"问其方，则曰："不用一切，但调节水火之力，毫发不均，即复化去，此坎、离之粹也。"曰："日月各有进退节度。"予不得其详，推此可以求养生治病之理。如仲春之月草木奋发，鸟兽孳乳，此定气所化也。今人于春、秋分夜半时，汲井水满大瓮中，封闭七日，发视则有水花生于瓮面，如轻冰，可采以为药，非二分时则无，此中和之在物者；以春、秋分时吐翕嗾津，存想腹胃，则有丹砂自腹中下，璀然耀日，术家以为丹药，此中和之在人者。凡变化之物，皆由此道，理穷玄化，天人无异，人自不思耳。深达此理，则养生治疾，可通神矣。

药　议

583　世人用莽草，种类最多，有叶大如手掌者，有细叶者，有叶光厚坚脆可拉者，有柔软而薄者，有蔓生者，多是谬误。按本草："若石南而叶稀，无花实。"今考，木若石南，信然，叶稀、无花实亦误也。今莽草，蜀道、襄汉、浙江湖间山中有，枝叶稠密，团栾可爱，叶光厚而香烈，花红色，大小如杏花，六出反卷向上，中心有新红蕊，倒垂下，满树垂动摇摇然，极可玩。襄汉间渔人竞采以捣饭饴鱼，皆翻上，乃捞取之。南人谓之"石桂"，白乐天有庐山桂诗，其序曰"庐山多桂树"，又曰"手攀青桂枝"〔二三〕，盖此木也。唐人谓之"红桂"，以其花红故也，李德裕诗序曰："龙门敬善寺有红桂树，独秀伊川，移植郊园，众芳色沮，乃是蜀道莽草，徒得佳名耳。"卫公此说亦甚明。自古用此一类，仍毒鱼有验，本草木部所收，不知何缘谓之草，独此未喻。

584　孙思邈千金方人参汤，言须用流水煮，用止水则不验。人多疑流水无异〔二四〕，予尝见丞相荆公喜放生，每日就市买活鱼，纵之江中，莫不洋然，唯鳝䲢入江中辄死，乃知鳝䲢但可居止水，则流水与止水果不同，不可不知。又鱼生流水中则背鳞白而味美〔二五〕，生止水中则背鳞黑而味恶，此亦一验。诗所谓"岂其食鱼，必河之鲂"，盖流水之鱼,品流自异。

585 熙宁中阇婆国使人入贡方物,中有摩娑石二块,大如枣,黄色微似花蕊;又无名异一块,如莲菂,皆以金函贮之。问其人真伪何以为验,使人云:“摩娑石有五色,石色虽不同,皆姜黄汁磨之,汁赤如丹砂者为真。无名异色黑如漆,水磨之,色如乳者为真。”广州市舶司依其言试之皆验,方以上闻。世人蓄摩娑石、无名异颇多,常患不能辩真伪。小说及古方书如炮炙论之类,亦有说者,但其言多怪诞,不近人情。天圣中予伯父吏书新除明州,章献太后有旨令于舶船求此二物〔二六〕,内出银三百两为价,值如不足,更许于州库贴支,终任求之竟不可得。医潘璟家有白摩娑石,色如糯米糍,磨之亦有验,璟以治中毒者,得汁栗壳许入口即瘥〔二七〕。

586 药有用根或用茎、叶,虽是一物,性或不同,苟未深达其理,未可妄用。如仙灵脾,本草用叶,南人却用根;赤箭,本草用根,今人反用苗,如此未知性果同否。如古人远志用根,则其苗谓之小草,泽漆之根乃是大戟,马兜零之根乃是独行,其主疗各别。推此而言,其根、苗盖有不可通者,如巴豆能利人,唯其壳能止之;甜瓜蒂能吐人,唯其肉能解之;坐拏能懵人,食其心则醒;楝根皮泻人,枝皮则吐人;邕州所贡蓝药即蓝蛇之首,能杀人,蓝蛇之尾能解药;鸟兽之肉皆补血,其毛、角、鳞、鬣皆破血,鹰鹯食鸟兽之肉,虽筋骨皆化而独不能化毛,如此之类甚多,悉是一物,而性理相反如此。山茱萸能补骨髓者,取其核温涩能秘精气，精气不泄，乃所以补骨髓，今人或削取肉用而弃其核，大非古人之意。如此皆近穿凿。若用本草中主疗，只当依本说，或别有主疗改用根、茎者，自从别方。

587 岭南深山中有大竹，有水甚清澈，溪涧中水皆有毒，唯此水无毒，土人陆行多饮之，至深冬则凝结如玉，乃天竹黄也。王彦祖知雷州日，盛夏之官，山溪间水皆不可饮，唯剖竹取水，烹饪、饮啜皆用竹水。次年被召赴阙，冬行，求竹水不可复得，问土人，乃知至冬则凝结，不复成水。遇夜野火烧林木为煨烬，而竹黄不灰，如火烧兽骨而轻，土人多于火后采拾以供药，品不若生得者为善。

588 以磁石磨针锋，则锐处常指南，亦有指北者，恐石性亦不同，如夏至鹿角解、冬至麋角解，南、北相反，理应有异，未深考耳。

589 吴人嗜河豚鱼，有遇毒者往往杀人，可为深戒。据本草河豚"味甘温，无毒，主补虚〔二八〕、去湿气、理腰脚"，因本草有此说，人遂信以为无毒，食之不疑，此甚误也。本草所载河豚乃今之鮠鱼，亦谓之"鮠五回反鱼"，非人所嗜者，江、浙间谓之"回鱼"者是也。吴人所食河豚有毒，本名侯夷鱼。本草注引日华子云河豚"有毒，以芦根及橄榄等解之。肝有大毒。又名鯸鱼〔二九〕、吹肚鱼"，此乃是侯夷鱼，或曰胡夷鱼，非本草所载河豚也，引以为注，大误矣。日华子称"又名鯸鱼"，此却非也，盖差互解之耳。规鱼，浙东人所呼，又有生海中者，腹上有刺，名海规；吹肚鱼，南人通言之，以其腹胀如吹也。南人捕河豚法，截流为栅，待群鱼大下之时，小拔去栅，使随流而下，日莫猥至，自相排蹙，或触栅则怒而腹鼓，浮于水上，渔人乃接取之。

590 零陵香本名蕙，古之兰蕙是也，又名薰，左传曰"一薰一莸，十年尚犹有臭"，即此草也。唐人谓之"铃铃香"，亦谓之"铃子香"，谓花倒悬枝间如小铃也，至今京师人买零陵香须择有铃子者〔三〇〕，铃子乃其花也。此本鄙语，文士以湖南零陵郡，遂附会名之，后人又收入本草，殊不知本草正经自有薰草条，又名蕙草，注释甚明，南方处处有，本草附会其名，言出零陵郡，亦非也。

591 药中有用芦根及苇子、苇叶者，芦、苇之类凡有十数多种，芦、苇、葭、菼、薍、萑、葸息理反、华之类皆是也，名字错乱，人莫能分。或谓薍似苇而小〔三一〕，则薍非苇也；舍人云葭一名华〔三二〕，郭璞云葭与苇是一物〔三三〕。按尔雅云"菼，薍；葭，芦"〔三四〕，盖一物也，名字虽多，会之则是两种耳，今世俗只有芦与荻两名。按诗疏亦将葭、菼等众名判为二物，曰："此二草〔三五〕，初生为菼，长大为薍，成则名为萑；初生为葭，长大为芦，成则名为苇，故先儒释薍为萑，释葭为苇。"予今详诸家所释，葭、芦、苇皆芦也，则菼、薍、萑自当是荻耳。诗云"葭菼揭揭"，则葭，芦也；菼，荻也。又曰"萑苇"，则萑，荻也；苇，芦也。连文言之，明非一物。又诗释文云"薍，江东人呼之为乌蓲"，今吴中乌蓲草乃荻属也，则萑、薍为荻明矣〔三六〕。然召南"彼茁者葭"谓之初生可也，秦风曰"蒹葭苍苍，白露为霜"，则散文言之，霜降之时亦得谓之葭，不必初生，若对文须分大小之名耳。荻芽似竹笋,味甘脆可食;茎脆,可曲如钩,作马鞭节〔三七〕;花嫩时紫脆,后白如散丝〔三八〕;叶色重,狭长而白脊;一类小者可为曲薄〔三九〕,其馀唯堪供爨耳。芦芽味稍甜,作蔬尤美;茎直;花穗生如狐尾,褐色;叶阔大而色浅;此堪作障席、筐筥、织壁、覆屋、绞绳杂用,以其柔韧且直故也。今药中所用芦根、苇子、苇叶,以此证之,芦、苇乃是一物,皆当用芦,无用荻理。

592 扶移即白杨也。本草有白杨,又有扶移,扶移一条本出陈藏器本草,盖藏器不知扶移便是白杨,乃重出之。扶移亦谓之蒲移,诗疏曰"白杨,蒲移"是也,至今越中人谓白杨只谓之蒲移。藏器又引诗云"棠棣之华,偏其反而",又引郑注云"棠棣,移也,亦名移杨",此又误也。论语乃引逸诗"唐棣之华,偏其反而",此自是白移〔四〇〕,小木,比郁李稍大,此非蒲移也,蒲移乃乔木耳。木只有常棣、有唐棣,无棠棣,尔雅云"常棣,棣也;唐棣,移也"〔四一〕,常棣即小雅所谓"常棣之华,鄂不韡韡"者,唐棣即论语所谓"唐棣之华,偏其反而"者。常棣今人谓之"郁李"。豳诗云"六月食郁及薁",注云"郁,棣属",即白移也,以其似棣,故曰"棣属",又谓之"车下李",又谓之"唐棣";薁即郁李也,郁、薁同音,注谓之"蘡薁",盖其实似蘡,蘡即含桃也。晋宫阁铭曰华林园中有车下李三百一十四株、薁李一株,车下李即郁也、唐棣也、白移也,薁李即郁李也、薁也、常棣也,与蒲移全无交涉。本草续添郁李"一名车下李",此亦误也,晋宫阁铭引华林园所种,车下李与薁李自是二物。

常棣字或作“棠棣”，亦误耳，今小木中却有棣棠，叶似棣，黄花绿茎而无实，人家亭槛中多种之。

593 杜若即今之高良姜，后人不识，又别出高良姜条，如赤箭再出天麻条、天名精再出地菘条、灯笼草再出苦耽条〔四二〕，如此之类极多。或因主疗不同，盖古人所书主疗皆多未尽，后人用久渐见其功，主疗浸广，诸药例皆如此，岂独杜若也。后人又取高良姜中小者为杜若，正如用天麻芦头为赤箭也。又有用北地山姜为杜若者，杜若古人以为香草，北地山姜何尝有香？高良姜花成穗，芳华可爱，土人用盐梅汁淹以为菹，南人亦谓之“山姜花”，又曰“豆蔻花”，本草图经云杜若“苗似山姜，花黄赤，子赤色，大如棘子，中似豆蔻，出硖州、岭南”者〔四三〕，正是高良姜，其子乃红豆蔻也〔四四〕，骚人比之兰、芷。然药品中名实错乱者至多，人人自主一说，亦莫能坚决，不患多记，以广异同。

594 钩吻，本草一名野葛，主疗甚多，注释者多端，或云可入药用，或云有大毒，食之杀人。予尝到闽中，土人以野葛毒人及自杀，或误食者，但半叶许入口即死，以流水服之毒尤速，往往投杯已卒矣，经官司勘鞫者极多，灼然如此。予尝令人完取一株观之，其草蔓生如葛，其藤色赤、节粗似鹤膝，叶圆有尖如杏叶，而光厚似柿叶，三叶为一枝，如绿豆之类，叶生节间，皆相对，花黄细，戢戢然，一如茴香花，生于节、叶之间，酉阳杂俎言花似栀子稍大，谬说也，根皮亦赤。闽人呼为吻莽，亦谓之“野葛”，岭南人谓之“胡蔓”，俗谓“断肠草”。此草人间至毒之物，不入药用，恐本草所出别是一物，非此钩吻也。予见千金、外台药方中时有用野葛者，特宜子细，不可取其名而误用，正如侯夷鱼与鳐鱼同谓之河豚，不可不审也。

595 黄环即今之朱藤也〔四五〕，天下皆有。叶如槐，其花穗悬，紫色，如葛花，可作菜食，火不熟亦有小毒，京师人家园圃中作大架种之，谓之"紫藤花"者是也，实如皂荚。蜀都赋所谓"青珠黄环"者，黄环即此藤之根也。古今皆种以为亭槛之饰，今人采其茎于槐干上接之，伪为矮槐。其根入药用能吐人。

596 栾有二种，树生，其实可作数珠者谓之"木栾"，即本草栾花是也；丛生，可为杖棰者谓之"牡栾"，又名黄荆，即本草牡荆是也。此两种之外，唐人补本草又有栾荆一条，遂与二栾相乱，栾花出神农正经，牡荆见于前汉郊祀志，从来甚久，栾荆特出唐人新附，自是一物，非古人所谓栾荆也。

597 紫荆〔四六〕，陈藏器云"树似黄荆，叶小，无桠，至秋子熟〔四七〕，正紫〔四八〕，圆如小珠"，大误也。黄荆丛生小木〔四九〕，叶如麻叶，三桠而小；紫荆稍大，圆叶，实如樗荚〔五〇〕，著树连冬不脱，人家园庭多种之〔五一〕。

598 六朝以前医方唯有枳实，无枳壳，故本草亦只有枳实，后人用枳之小嫩者为枳实、大者为枳壳，主疗各有所宜，遂别出枳壳一条，以附枳实之后，然两条主疗亦相出入。古人言枳实者便是枳壳，本草中枳实主疗便是枳壳主疗，后人既别出枳壳条，便合于枳实条内，摘出枳壳主疗，别为一条，旧条内只合留枳实主疗，后人以神农本经不敢摘破，不免两条相犯，互有出入。予按神农本经枳实条内称“主大风在皮肤中如麻豆苦痒，除寒热结，止痢，长肌肉，利五脏，益气轻身，安胃气，止溏泄，明目”，尽是枳壳之功，皆当摘入枳壳条，后来别见主疗，如通利关节，劳气欬嗽，背膊闷倦，散瘤结，胸膈痰滞〔五二〕，逐水，消胀满、大肠风，止风痛之类〔五三〕，皆附益之，只为枳壳条；旧枳实条内称“除胸胁痰癖，逐停水，破结实，消胀满，心下急痞痛逆气”，皆是枳实之功，宜存于本条，别有主疗，亦附益之可也。如此二条始分，各见所主，不至甚相乱。

校勘记

〔一〕忘其名　此三字原为正文，据汇秘笈本改。按笔谈述例，凡“忘其名”前后文不可断开者，此三字皆当为小注。

〔二〕相遇　汇秘笈本“相”上有“道”字。

〔三〕便遭　汇秘笈本“便”字作“颇”。

〔四〕多罗　稗海本、学津本作“为官”。

〔五〕磨毡　此与下文“磨毡乃其子也”、“故有磨毡”之“磨”原作“摩”，按第四七六条作“磨毡”，从胡校据汇秘笈本改。

〔六〕道卿隶书　“隶书”原作“著”，按既称“叶道卿、王原叔各为一体诗”，改诗者又非道卿，故作“著”显误，刘贡父诗话述此事云“以古文篆隶”写之，则道卿所书乃古隶，汇秘笈本作“御著”，盖“隶书”之讹，故据改。

〔七〕唃厮啰　“啰”字原作“罗”，依第四七六条改。

〔八〕岁翠华还宫　胡补证：“古今事文类聚前集卷六引无‘岁’字，子史精华卷一一二引改‘岁’为‘幸’，若‘岁’字无误，则其下当脱一字,疑为'暮'字。"

〔九〕熙宁五年　石林燕语卷五称神宗于禁中得此像镂板赐二府在元丰元年,与括所纪不同。

〔一〇〕汉大司农郑众女也　王国维校识云:"郑仲师女乃生宗悫,何年之长?"按方以智已注意及此,通雅卷二一谓:"汉郑众相去远,或其曾孙女乎?"

〔一一〕互融　"互"字原作"牙",胡道静谓当作"互同"(梦溪笔谈补证,中华文史论丛一九七九年第三辑),辛德勇认为当作"互融",并谓"'互融'与'傍验'及其以下文字应当连读"(准望释义,载纵心所欲,北京大学出版社,二〇一一年),其说是,故据以校改、标点。

〔一二〕迂直之法　"之"字原作"七",从胡补证说改。

〔一三〕王显　胡校证:"望都之役,与王继忠同战者乃镇、定、高阳关三路都部署王超,见宋史王超传及王继忠传,王显本为前任,至是已调河阳三城节度,宋史王显传亦未言显与望都之役,意者沈括误记。"

〔一四〕知之　"之"字原无,从胡校据汇秘笈本补。

〔一五〕策前军　三字原无,从胡校据长编卷二六〇引补。

〔一六〕左军　二字原无,从胡校据长编卷二六〇引补。

〔一七〕"策后军"至"后军"　二十五字原无,从胡校据长编卷二六〇引补。

〔一八〕皆在　"皆"前原有"其人"二字,从胡校据长编卷二六〇引删。

〔一九〕又古阵法　"又古"原作"有言",从胡校据长编卷二六〇引改。

〔二〇〕一卷　"一"字原无,从胡校据长编卷二六〇引补。

〔二一〕今存　二字原无,从胡校据汇秘笈本补。

〔二二〕时王荆公为通判　胡补证:“据蔡上翔王荆公年谱考略,安石于皇祐三年至五年为舒州通判。又据续通鉴长编卷一七七,至和元年九月辛酉朔‘殿中丞王安石为群牧判官,安石力辞召试,有诏与在京差遣,及除群牧判官,安石犹力辞,欧阳修谕之,乃就职馆阁校勘’,则嘉祐中安石不得仍在舒州为通判,本条‘嘉祐中’之‘嘉’或为‘皇’之讹耶?”

〔二三〕青桂枝　白氏长庆集卷七山中独吟“枝”字作“树”。

〔二四〕流水无异　良方卷一“流水”下有“止水”二字。

〔二五〕鱼生流水　良方卷一“鱼”上有“鲫”字。

〔二六〕章献太后　“献”字原作“宪”,据长编及宋史后妃传改。

〔二七〕即瘥　“瘥”字原作“差”,从胡校据汇秘笈本改。

〔二八〕主补虚　“主”字原无,据政类本草卷二一补。

〔二九〕又名鯸鱼　“名”字原作“为”,据本条下文及政类本草卷二一改。按政类本草卷二一所引日华子称别名有三,以校本条,此处“鯸鱼”下阙“规鱼”二字,依本条下文,括原文似当有此二字。盖括以为,日华子以有毒之河豚有三别名,称“鯸鱼”者“此却非也,盖差互解之耳”,作“规鱼”、“吹肚鱼”不误,然后分释二名。

〔三〇〕铃子　“铃”字原作“零”,按本条下文云“铃子乃其花也”,则作“零”字误,从胡校据汇秘笈本改。

〔三一〕或谓蒚似苇而小　“谓”字原作“疑”,“蒚”字原作“芦”,按下文既云“则蒚非苇也”,则称“芦似苇”与之不合,按尔雅释草“芡蒚”郭注“似苇而小”,则所引乃郭注,故据改。

〔三二〕舍人云葭一名华　“舍”字原作“今”,豳风七月孔疏引此句作“舍人”,按“舍人”即经典释文序录所称“犍为文学尔雅注”,诸书多称“犍为舍人”,故据改。又,阮元校勘记谓,“一名华”之“华”字乃“苇”之讹。

〔三三〕郭璞云葭与苇是一物　“葭与”二字原作“蒹似”，据尔雅释草及郭注改。按上文既引郭注称“蒹似苇”，并谓“则蒹非苇也”，则此处不当谓两者“是一物”，此句既承“葭一名华”而言，当云葭、苇是一物，尔雅释草“葭芦”郭注“苇也”，故据改。

〔三四〕葭芦　“葭”字原作“苇”，据尔雅释草改。

〔三五〕此二草　“二草”二字原作“物”，据豳风七月孔疏改。

〔三六〕萑蒹为荻　“萑”字原作“信”，从胡校据汇秘笈本改。

〔三七〕茎脆可曲如钩作马鞭节　疑此句有讹误，按戴侗六书故卷二四云“荻茎短小而实，其末曲如钩，类马鞭节”，则此句似当作“茎短，末曲如钩，类马鞭节”。

〔三八〕后白如散丝　“后”字原作“则”，戴侗六书故卷二四云“其华先紫脆，后白如散丝”，故据改。

〔三九〕一类小者可为曲薄　胡校：“汇秘笈本无‘者’字，‘可’下有‘用’字。”

〔四〇〕此自是白杨　“白杨”二字原无，从胡校据汇秘笈本、戴侗六书故卷二一引补。

〔四一〕木只有常棣有唐棣无棠棣尔雅云常棣棣也唐棣杨也　“木只有”以下十九字原无，汇秘笈本此段作“木只有棠棣有唐棣无棠尔雅云棠棣棣也唐棣杨也”，胡校据补。按汇秘笈本“只有棠棣”、“棠棣棣也”之“棠”字乃“常”之讹，尔雅释木可证；“无棠”下依文义当有“棣”字，植物名实图考长编卷二一引可证，故从胡校补并据以校改。

〔四二〕苦耽　“耽”字原作“耽”，从胡校据汇秘笈本、崇祯本改。

〔四三〕硖州岭南者　原作“峡山岭南北”，据政类本草卷七改。

〔四四〕红豆蔻　“豆”字原无，据政类本草卷九补。

〔四五〕黄环　本条“黄环”之“环”字原皆作“镮”，据政类本草卷一四及文选蜀都赋改。

〔四六〕紫荆　“紫”字原作“柴”，从胡校据汇秘笈本、稗海本、学津本改。

〔四七〕至秋　“至”字原作“夏”，据政类本草卷一三改。

〔四八〕正紫　“紫”字原无，据政类本草卷一三补。

〔四九〕黄荆丛生小木　“黄”上原有“紫荆与”三字、“荆”下原有“叶”字，按下文云“紫荆稍大，圆叶”，则其植株与叶不与黄荆并述，“叶如麻叶”显指黄荆，故据删。

〔五〇〕樗荚　“荚”字原作“英”，依文义改。

〔五一〕园庭　“庭”字原作“亭”，据汇秘笈本改。

〔五二〕胸膈痰滞　“膈”字原作“胁”，据政类本草卷一三改。

〔五三〕止风痛　“风”字原无，据政类本草卷一三补。

续笔谈[一]

599 鲁肃简公劲正不徇，爱憎出于天性。素与曹襄悼不协，天圣中因议茶法，曹力挤肃简，因得罪去，赖上察其情，寝前命，止从罚俸，独三司使李谘夺职谪洪州。及肃简病，有人密报肃简，但云“今日有佳事”。鲁闻之，顾婿张昷之曰：“此必曹利用去也。”试往侦之，果襄悼谪随州，肃简曰：“得上殿乎？”张曰：“已差人押出门矣。”鲁大惊曰：“诸公误也，利用何罪至此，进退大臣岂宜如此之遽？利用在枢密院，尽忠于朝廷，但素不学问，倔强不识好恶耳，此外无大过也。”嗟惋久之，遽觉气塞，急召医视之，曰：“此必有大不如意事动其气，脉已绝，不可复治。”是夕肃简薨。李谘在洪州，闻肃简薨，有诗曰：“空令抱恨归黄壤，不见崇山谪去时。”盖未知肃简临终之言也。

600 太祖皇帝尝问赵普曰：“天下何物最大？”普熟思未答间，再问如前，普对曰：“道理最大。”上屡称善。

601 杜甫诗有“家家养乌鬼，顿顿食黄鱼”之句，近世注杜甫诗，引夔州图经称：“峡中人谓鸬鹚为乌鬼。”蜀人临水居者皆养鸬鹚，系绳其颈，使之捕鱼，得鱼则倒提出之，至今如此。又尝有近侍奉使过夔、峡〔二〕，见居人相率十百为曹，设牲酒于田间，众操兵仗，群噪而祭，谓之“养鬼”养读从去声〔三〕，言乌蛮战殇，多与人为厉，每岁以此禳之。又疑此所谓“养乌鬼”者。

602 寇忠愍拜相白麻，杨大年之词，其间四句曰：“能断大事，不拘小节。有干将之器，不露锋铓；怀照物之明，而能包纳。”寇得之甚喜，曰：“正得我胸中事。”例外别赠白金百两。

603 陶渊明杂诗“采菊东篱下，悠然见南山”，往时校定文选，改作“悠然望南山”，似未允当。若作“望南山”，则上下句意全不相属，遂非佳作。

604 狄侍郎棐之子遵度有清节美才，年二十馀，忽梦为诗，其两句曰：“夜卧北斗寒挂枕，木落霜拱雁连天。”虽佳句，有丘墓间意，不数月卒。高邮士人朱适，予舅氏之婿也，纳妇之夕，梦为诗两句曰：“烧残红烛客未起，歌断一声尘绕梁。”不逾月而卒。皆不祥之梦，然诗句清丽，皆为人所传。

605 成都府知录虽京官，例皆庭参。苏明允常言，张忠定知成都府日，有一生忘其姓名，为京寺丞知录事参军，有司责其庭趋，生坚不可，忠定怒曰：“唯致仕则可免。”生遂投牒乞致仕，自袖牒立庭中，仍献一诗辞忠定，其间两句曰：“秋光都似宦情薄，山色不如归意浓。”忠定大称赏，自降阶执生手，曰：“部内有诗人如此而不知，咏罪人也。”遂与之升阶，置酒欢语终日〔四〕，还其牒，礼为上客。

606 王元之知黄州日，有两虎入郡境夜斗〔五〕，一虎死，食其半，又群鸡夜鸣，司天占之曰“长吏灾”。时元之已病，未几移刺蕲州，到任谢上表两联曰：“宣室鬼神之问，绝望生还；茂陵封禅之书，付之身后。”上闻之愕然，顾近侍曰：“禹偁安否，何以为此语？”不逾月元之果卒，年四十八，遗表曰：“岂知游岱之魂，遂协生桑之梦。”

607 元祐六年高丽使人入贡，上元节于阙前赐酒，皆赋观灯诗，时有佳句，进奉副使魏继廷句有“千仞彩山擎日起〔六〕，一声天乐漏云来”，主簿朴景绰句有“胜事年年传习久，盛观今属远方宾”。

608 欧阳文忠有奉使回寄刘原甫诗云〔七〕：“老我倦鞍马，谁能事吟嘲？”王荆公赠弟和甫诗云〔八〕：“老我孤主恩〔九〕，结草以为期。”言“老我”则语有情，上下句皆有惜老之意。若作“我老”，与“老我”虽同，而语无情，诗意遂颓惰。此文章佳语，独可心喻。

609 韩退之诗句有“断送一生唯有酒”，又曰“破除万事无过酒”。王荆公戏改此两句为一字题四句曰：“酒，酒，破除万事无过，断送一生唯有。”不损一字，而意韵如自为之。

校勘记

〔一〕续笔谈　“谈”下原有“十一篇”三字，因与前体例不协而删。又，书题下稗海本有注：“张设安正本有之，安正云传自梦溪之子传毅。”胡校云:“按朱彧萍州可谈卷三载沈括长子博毅,‘传’字当是‘博’字之误。”

〔二〕夔峡　“峡”字原作“陕”,从胡校据第二七四条及邵氏闻见后录卷一九引改。

〔三〕养读从去声　邵氏闻见后录卷一九引此注在“养”字下,仅“去声”二字。按邵氏所引是,考笔谈小注标音未有称“读从”者,盖传钞者所改易。

〔四〕置酒　“置”字原作“直”,从胡校据稗海本、学津本改。

〔五〕郡境　“境”字原作“城”,从吴以宁说据司马光涑水记闻卷三、释文莹玉壶清话卷四改。

〔六〕魏继廷　“廷”字原作“延”,从胡校据郑麟趾高丽史卷一〇、卷九五改。

〔七〕寄刘原甫　“原”字原作“元”,从胡校据李壁笺注王荆文公诗卷一引改。

〔八〕赠弟和甫诗　据临川先生文集卷一,此诗标题作“夜梦与和甫别如赴北京时和甫作诗觉而有作因寄纯甫”,则此处当作“赠弟纯甫诗”,盖括误记。

〔九〕孤主恩　“孤”字原作“衔”,从胡校据李壁笺注王荆文公诗卷一引改。

附　录

补笔谈条前批语

补笔谈汇秘笈本二卷（上卷止于第五五一条），稗海本合并为一卷，学津本承之，皆不分类，有条前批语。崇祯本重编为三卷，除改易一条次序（详见下）外，分类并删去批语，爱庐本承之。今既依爱庐本标校整理，复录汇秘笈本条前批语于次（稗海本、学津本与之有异者出校），以存旧本款式。

第五〇八条“补第二卷后十件”

第五一八条“补第三卷二件一中一后”

第五二〇条“补第四卷后十件”

第五三〇条“补第五卷一件中”

“五”字原作“二”，据稗海本、学津本改。

第五三二条“补第七卷十件一中九后”

第五四二条“补第六卷三件一中二后”

"三件一中二后",稗海本作"三条一中一后",学津本作"二件一中一后"。按此条汇秘笈本、稗海本、学津本在五三一条之前,今本次序出崇祯本改易。此条并五三一条正为二件,五三二条前另有批语,则当作"二件一中一后",学津本是。

第五四三条"补第八卷一件中"

第五四四条"补第九卷一件中"

第五四五条"补第十卷后七件"

汇秘笈本、稗海本五四六条前原有二条,内容与一二〇条重出,其实与其下之五四六条乃一条,系括重写之条,本整理本从胡校删去,将溢出一二〇条之内容作为五四六条。因此,汇秘笈本、稗海本以数计虽有九条,实际仍为七条。

第五五二条"补第十一卷一件中"

第五五三条"补第十三卷二件中"

"三"字原无,据稗海本、学津本补。又,稗海本、学津本将五五五条并计,删去原五五五条之条前批语,并改本条批语之"二"为"三"字。

第五五五条"补十四卷后一件"

稗海本、学津本并本条于上项,故无此批语。

第五五六条"补第十五卷后六件"

"五"字原无,据稗海本、学津本补。

第五六二条"补第十八卷后五事"

稗海本、学津本"事"字作"件"。

第五六七条"补第二十卷后三事"

稗海本、学津本"事"字作"件"。

第五七〇条"补第二十三卷二件一中一后"

第五七二条“补第二十五卷后一件”

第五七三条“补第二十六卷一件中”

第五七四条“补第二十七卷一件中”

第五七五条“补第二十八卷后八事”

稗海本、学津本“事”字作“件”。

第五八三条“补二十九卷后三事”

稗海本、学津本“补”下有“第”字，“事”字作“件”。

第五八六条“补第三十卷十二件药议二”

此以下计有十三条，则“十二”之“二”字当为“三”之讹。

序跋选录

乾道本跋

广陵罋丁云扰，幸存黉宫两庑，析为官舍、储粟之所，士皆暴露，时有“子衿”之叹。大帅周侯开藩之二年，慨然谓成俗之方，本乎礼义，学宫又礼义之本，一日尽屏官舍，储廩于外[①]，因其旧，扶颠易圮而新之，继广田租，稍增生员，寻又斥其馀刊沈公笔谈，为养士亡穷之利。今方领侈袂，彬彬然礼义之风，皆昔之在城阙者也。夫教、养相须，既教而养之蔑如，虽唐虞不能以化民，此稷、契二官所以相为表里也。今既辟弦歌之地，又开资给之源，可谓教、养兼得矣。此书公库旧有之，往往贸易以充郡帑，不及学校，今

① 储廩 大德本“廩”字作“粟”。

兹及是，益见薄于己而厚于士，贤前人远矣。脩年代匮泮宫，备校书之职，谨识其本末，且证辨讹舛凡五十馀字，疑者无他本，不敢以意骤易，姑存其旧，以俟好古博雅君子。笔谈所纪，皆祖宗盛时典故、卿相太平事业，及前世制作之美，虽目见耳闻者，皆有补于世，非他杂志之比云。乾道二年六月日左迪功郎充扬州州学教授汤脩年跋。

大德本序

褚先生喜读外家传语，张华尽天下奇秘书，韩昌黎手不停披百家之编，故其学浩博而文渊永，乃知学子耽经玩史外，别有虞初稗官之书，亦未可少。吴兴沈存中博览古今，于制度犹悉，粤在熙、丰，诋车战、上奉元历、编修郡国图，颇极博综，前史称之。暮年著笔谈，计二十六卷，自故事而下，曰象数、曰官政、曰乐律、曰药议，辨讹正谬，纂录详核，闻未闻、见未见，融之可以润笔端，采之可以裨信史。昔王俭出巾箱几案杂服饰，令学士隶事，事多者与之，人各得一二物，陆澄后至，出众所不知事各数条，皆俭所未睹，并旧物夺去，若澄更得此书，又当夺几筹。大德乙巳春茶陵古迂陈仁子刊于东山书院并序。

崇祯本序

重刻梦溪笔谈序

始吾幼时从塾师授中庸，至“蒲卢”注“沈括以为蒲苇，是也”，不觉失笑。蒲与卢，妇人、牧子宜知之，文公号博极者，何必远引括言为据？即括以苇解卢，何异二五解十？已读毛氏诗，见其传蜾蠃为蒲卢，有疑焉，及按孔氏疏，知为尔雅释虫之文，明言“中庸‘政也者蒲卢’即此是”，始悟自汉历唐以来，所更大儒颛门之学，如孔氏者不少，至括始断为蒲苇，真可谓杰然超世之识，宜文公之有取于斯言也。少长读宋史，知其为熙宁、元丰间人，后读文献通考，知其有梦溪笔谈二十六卷，且言：“括好功名，城永乐不克，贬死，而实才高博学，多技能，音律、星历尤邃。自序云‘退处林下，深居绝过从，所与谈者笔砚而已’，故以名其书，凡十七目。”盖通考所引如此。贱贫无力，又僻处海隅，无藏书好事之家，求所谓笔谈者不可得，后乃得会稽商氏稗海，此书在焉，卷第良是，而独无自序与目。盖虽率尔纪载之语，其辩证考究，信有非汉、唐诸儒所及者。顾板刻袭误，舛错零落之病，至不可意会。予喜揽此书，每岁必一再过，然大抵皆阙疑耳。前年夏五月奉檄同修上海志，与王君昌纪朝夕联事，君祖学宪公圻，故松之藏书好事家，借得乾道扬州本，篇首序目悉如通考所引，每揽一条，所疑冰释。古人谓“思误书是一乐”，吾于此书思之十年，通之一旦，其乐又何如也。因悉遵宋本缮写翻刻，略序其由，以告同志。坡公有言：“使来者知昔之君子见书之难，而今之学者有书不读为可惜也。”吾于斯序乎有感。崇祯四年夏六月既望嘉定马元调序。

重编补笔谈序

世所传补笔谈，每篇首必题所补之卷，又有“前几件”及“中”与“后”之分如“补第二卷后十件”之类，似非后人所得而创，其为旧本无疑。原书二十六卷，不补者十，馀各有补。今以其书考之多不合，如“故事，不御前殿”云云十件补第二卷既然矣，次则“廊屋为庑”、“梓榆为朴”二件亦补第二卷[①]，第二卷乃故事，岂谓是乎？犹可解者，或三卷之讹为二，乃若“子午属寅”本论纳甲语，而以补六卷之乐律，何邪？“卢肇论海潮”当补象数，今以补第九，第九乃人事，于海潮何预焉？“王子醇枢密帅熙河日”六件大氐皆权智，当补十三卷，而属十五，十五艺文也。凡此类不可悉举。又若原书止二十六卷，今其所补有自二十七以至三十者，益不可晓。疑此虽旧本，或沿袭日久，舛讹特甚，譬之远年架阁文字，其格式非有变革，而风雨浸淫，虫鼠蠹蚀其间，若年月之久近、数目之多寡，渐不可辩，而后之胥史或以意为补缀[②]，岂非毫厘之差者乎。然则当何如？曰：参伍故籍，钩稽见数，通行打算，别自攒造，此籍乃可行耳。语云：“琴瑟不调甚者，必举而更张之。”予师此意，尽去所补卷第及“前”、“中”、“后”件之名，而悉以原书十七目从事，所言故事直以补故事，辩证也直以补辩证，以至乐律、象数、官政、权智、艺文、器用、异事、杂志、药议等目皆然。目自为补，

① 胡校证：“原本作‘补第三卷二件’，非第二卷也。马氏误引，又从而为之说。”

② 胥史　校证录作“胥吏”，此从新校正所录。

复者削之，疑者阙，厘为三卷，然后粲然可考。盖古人之书原无定卷，即以笔谈言之，通考二十六卷，今所行者是，宋史则二十五卷，郑樵通志艺文略则二十卷，分并不恒有如此者。世所传补卷第既与通考不合，而宋史、通志之所载卷第各别，今皆不传，又不知其孰补，此吾所以放笔而为之更定也。巽甫题。

重刻梦溪笔谈后序

吾既序所以重刻笔谈之指，客有问及梦溪者，因考得其说。元丰五年括以龙图阁学士知延州，坐永乐城陷不能救，谪均州团练副使，徙秀州，后以光禄少卿分司居润，自号梦溪翁，著此书。盖润州图志："丹阳县东三十五里有金牛山，一名经山，山东有溪，即梦溪。括尝梦至其处，谪居得此溪，宛如梦中，故名梦溪。"括又有忘怀录三卷，相传括少有怀山录，可资山居之乐者辄记之，及得此溪，自谓"今可忘于怀矣"，故易名"忘怀"，或曰元丰中梦上丈人撰，非括也。要之，见其书然后是非乃可辩。括又有修城法式二卷，熙宁八年括判军器监时所撰次，所言敌楼、马面、团敌式样，并申明条约。又有良方十卷、灵苑方二十卷[①]，又长兴集四十一卷，俱求之未得。吾少喜聚书，十年来既无志进取，益聚书为乐，家有刻板，专用以新易故，每僦居迁徙，累日不能尽，家人辈潜相诋诮："读书不求官，多奚以为？"及偶考一书辄不具，即欲有所尚论，无以为资，授笔复废者

① 灵苑方 "方"字原无，从胡校据本书第四八一、四九二条及郡斋读书志补。

数矣。又闻括兄子翰林学士遘所著西溪集十卷，遘弟审官西院主簿辽云巢集十卷，与长兴集号“三沈集”。呜呼！安得尽古人之书而藏之，而有考必得也哉？抑又有可叹者，宋史叙遘与辽为括从弟，万历中莆田柯主事维骐辑宋史新编，覃思博考，易二十寒暑乃克就，宜尽纠脱脱之谬，卒亦相沿者，何哉？夫括之父周、周之弟同、同子扶、扶子遘，见临川集周与遘墓志，其世次至明且易考。呜呼！临川集家有之，而馆阁良史、山林大手笔，其读之不能详到若此，然则虽尽得古人之书而藏之，尤在善读也哉。后一日巽甫又序。

四库提要

梦溪笔谈二十六卷补笔谈二卷续笔谈一卷两江总督采进本

宋沈括撰。括字存中，钱塘人，寄籍吴县，登嘉祐八年进士。熙宁中官至翰林学士、龙图阁待制，坐议城永乐事，谪均州团练副使，后复光禄寺少卿，分司南京，卜居润州以终，梦溪即其晚岁所居地也。事迹附载宋史沈遘传中。祝穆方舆胜览曰：“沈存中宅，在润州朱方门外。存中尝梦至一处，小山花如覆锦，乔木覆其上，梦中乐之。后守宣城，有道人无外者，为言京口山川之胜，郡人有地求售，以钱三十万得之。元祐初道过京口，登所买地，即梦中所游处，遂筑室焉，名曰梦溪。”是书盖其闲居是地时作也。凡分十七门，曰故事、曰辩证、曰乐律、曰象数、曰人事、曰官政、曰权智、曰艺文、曰书画、曰技艺、曰器用、曰神奇、曰异事、曰谬误、曰讥谑、曰杂志、曰药议，共二十六卷。又有补笔谈二卷、续笔谈一卷，旧本别行，近时马氏刻本始合之，而重编补笔谈为三卷，续笔谈十有一条附于末，其序有曰："世所传补笔谈，每篇首必题所补之卷，又有'前几件'及'中'与'后'之分，如'补第二卷后十件'之类，似非后人所得而创，其为旧本无疑。原书二十六卷，不补者十，馀各有补。今以其书校考之多不合，如'故事，不御前殿'云云十件补第二卷既然矣，次则'廊屋为庑'、'梓榆为朴'二件亦补第二卷，第二卷乃故事，岂谓是乎？'子午属寅'本论纳甲语，而以补六卷之乐律；'卢肇论海潮'当补象数，而以补九卷之人事；'王子醇枢密帅熙河日'六件大抵皆权智，当补十三卷，而以补十五卷之艺文。凡此类不可悉举。又若原书止二十六卷，今其所补有自二十七以至三十者，益不可晓。"又云："通考笔谈二十六卷，今所行者是，宋史则二十五卷，郑樵通志艺文略则二十卷，分并不恒有如此者，此吾所以放笔而为之更定也"云云。今案，宋史艺文志颠倒舛讹，触目皆是，其二十五卷之说，原可置之不论。至通志二十卷之说，则疑括初本实三十卷，郑樵据以著录，因辗转传刻，阙其一笔，故误"三"为"二"。其后勒著定本，定为二十六卷，乾道二年汤脩年据以校刻，颇为完善，遂相承至今。而所谓补笔谈、续笔谈者，则乾道本原未载，或稿本流传，藏弆者欲为散附各卷，逐条标识，其所据者仍是三十卷之初本，故所标有二十七卷、三十卷之目，实非括之所自题，分类颇舛固不足异也。然传刻古书当阙所疑，故今仍用原本，以存其旧，而附订其舛异如右。括在北宋，学问最为博洽，于当代掌故及天文、算法、钟律，尤所究心。赵与旹宾退录议其积罂一条文字有误，王得臣麈史议其算古柏一条议论太拘，小小疎失，要不足以为累。至"月如银丸，粉涂其半"之说，朱子语录取之；"蒲卢即蒲苇"之说，朱子中庸章句取之，其他亦多为诸书所援据。汤脩年跋称其"目见耳闻，皆有补于世，非他杂志之比"，勘验斯编，知非溢美矣。四库全书总目卷一二〇子部杂家类四杂说之属

学津讨原本跋

右梦溪笔谈二十六卷，系汲古原书，其补、续二种则从稗海增入者也。补编不标门目，但分题"补几卷几件"，近代马氏刻本重为更定，而纠其列卷之不符、分补之多舛，其说良是。然历观诸家书目，篇帙分并彼此互异者甚多，无论后人有所窜乱，即作者自定，亦间有先后之不同，无足怪也。今补编既有三十卷之目，安知笔谈初本之不原为三十卷，而后经重订者乎？且考原书分卷多寡不均，如乐律、象数之多至二十馀条，艺文之少至三条，则此二十六卷之目，其真出存中之手，未敢遽必也。今试分乐律、象数、杂志之二为三，异事、药议之一为二，并艺文之三为二，则适合三十卷之数，而其先后次第亦悉符所补之目，惟"纳甲"一条错入乐律中耳。即谓未必尽然，而疑以传疑，似亦无庸执彼以废此也。恭读四库提要，亦疑括书或原作三十卷，而

以旧本著录，窃幸管窥有合。但商本文注混淆，其段落亦多舛错，爰又即马刻再三参订，以期妥善，而仍附著所见，以质之好古君子云。张海鹏识。

书梦溪笔谈后

宋志梦溪笔谈二十五卷，通志二十卷，惟文献通考云二十六卷，与今本合。世又别行补笔谈二卷、续笔谈一卷，见商氏稗海。明马元调合刻本以补笔谈所标卷目至三十卷，且不合原书篇第，径删去之，悉依原书十七目分类，即此本也。四库全书提要："疑括初本实三十卷，后定为二十六卷，乾道二年汤脩年校刻，相承至今。而所谓补笔谈、续笔谈者，或稿本流传，藏弆者欲散附各卷，逐条标识，所据仍三十卷之初本，故所标有二十七卷、三十卷之目。"按，此说似矣，而犹未尽。今以稗海所录补笔谈原本证之，"不御前殿"以下十条皆故事类，云补第二卷；"廊屋为庑"以下十二条皆辩证类，云补第三、四卷；"兴国中"条乐律类，云补第五卷，皆适符今卷。至"子午属庚"条与卷五"六十甲子纳音"条为类，而云补第六卷；"十二律每律名用"以下十一条皆乐律类，在卷五、六，而云补六、七卷，是乐律分五、六、七三卷也。"十月遇壬"条、"海潮"条、"历法"以下七条杂出于卷七、八象数一类，而云补第八、第九、第十等卷，是象数类亦分三卷也。"王沂公"以下四条皆人事类，在今卷九、卷十，而云补十一及十三卷；"王子醇"以下六条皆权智类，在今卷十三，而云补十五卷；"李学士"以下五条皆艺文类，在今卷十四至十七，而云补十八卷；“兵车制度”以下三条皆器用类，在今卷十九，而云补二十卷；“韩魏公”以下二条皆异事类，在今卷二十一，而云补二十三卷；“宋景文”条讥谑类，在今卷二十三，而云补二十五卷；“吴道子”以下十条盖杂志类，在今卷二十四、五，而云补二十六、七、八卷；自“莽草”以下十五条皆药议类，在今卷二十六，而云补二十九、三十卷，皆迥与今本不同。按，今本所分十七目，多有可议者。二十四、五卷诸类杂陈，然名为“杂志”，可勿论，他如乐律类“海州士人”条当入艺文；人事类“寇忠愍”条当入权智，“贡举人”条当入故事；艺文类“书之阙误”条、“音韵之学”条、“王圣美治字学”条、“史记年表”条、“切韵之学”条、“枣与棘”条，书画类“古文己字”条、“鲤鱼”条，谬误类“竹箭”条、“瓦松”条、“车渠”条，并当入辩证；讥谑类“司马相如”条当入辩证或谬误；辩证类“阳燧”条、“解州盐泽”条，艺文类“王圣美为县令”条、“幽州僧行均”条，技艺类“贾魏公”条，当入杂志；技艺类“钟乳石”、“芎䓖”二条，谬误类“段成式”条，当入药议；又“李溥”条当入官政，技艺类“散笔作隶”条当入书画。神奇、异事二类，往往相涉；人事、官政二类，可互易者数条；象数类中术数、历法、易卦、运气，前后错出，都无伦次。窃意当日随笔纪述，略依类比，厘为三十卷，时自增删，未有定本，故多寡不一。妄人得其一本，横分十七目，为二十六卷，汤修年见而刻之。昭文张氏谓“二十六卷之目，未必真出自存中手订”，是也。而别本逸出，犹存三十卷之旧，好事者更欲以馀稿分补，遂于各条标识卷第，以类相从。观补笔谈所标，但有卷目，不言某类，可知原书本未尝分类矣。今本卷五乐律一凡二十三叶，卷六乐律二仅四叶，何不并为一卷？卷十四艺文一凡八叶，卷十五艺文二凡九叶，卷十六艺文三仅二叶，何不并为二卷？分卷如此，极为无谓，又可知非著书人原帙也。补笔谈“十二律并清宫”一条与今本卷六第四条止数字不同，其“子午属庚”条首“又一说云”，明承原论纳音条来，馀亦多有与原书复见者。然则当日增删未定，多寡不一，流传稿本各有不同无疑也。而马氏乃辄据今本删其卷第，分隶十七目，又区“子午属庚”一条为象数，“王沂公”以下四条为官政，“宋景文”条为杂志，则并失原分十七目之意，斯不谓之妄作无知，可乎？沈氏原书既不可考，今本独行，惟当与补笔谈各存其旧，慎毋以意编纂，使古人胡卢地下也。张文虎舒艺室杂著甲编卷下

人名索引

说　明

一、本索引所列人名，非帝王者以姓名立条，书中所见之别称作为参见条。一般僧人，在法名前加“僧”字立条。帝王一般以习见之帝号、庙号或封号立条，书中若有异称，亦作为参见条。

二、凡同姓名、同称号者，在条后加括弧注释予以区别。

三、本索引之人名条，按中文拼音序排列。

四、书中所述沈括仕宦经历、活动，依其所属条目编号为序，另编为“沈括行迹”，列于索引之末。

五、出处标注，斜杠前的中文数字为所属卷数，斜杠后的阿拉伯数字为所属条目编号。

C

D

E

F

G

H

J

K

L

M

N

O

P

Q

R

S

T

W

X

Y

Z

沈括行迹